铁力市区鸟瞰图

繁华的步行街

革命烈士纪念园内大型浮雕墙——"走向胜利"浮雕

革命烈士纪念园内大型浮雕墙——"走向胜利"碑文

中共庆铁持支遗址（双丰镇老道屯南）

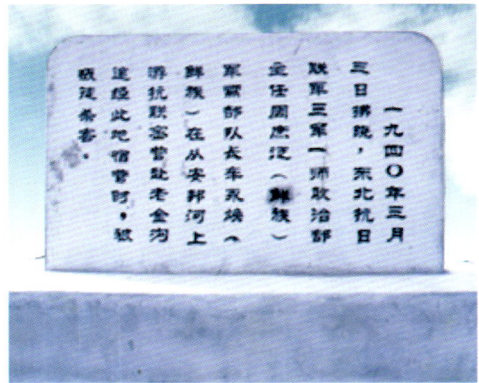

抗联烈士周庶泛、车永焕同志遇难地（工农乡林场村西）

1932年，铁力民众武装在此歼灭自绥化入侵的日军二十余人（双丰镇李昌屯南）

马永顺纪念馆（马永顺林场）　　　　石长抗日救国会遗址（桃山镇石长村）

铁力县第二届人民代表大会第一次会议合影（1956年）

铁力木材干馏厂水塔（1961年）

在解放牌汽车上的合影（1958年）

栽培模式试验

年丰乡收割富硒水稻

黏玉米培育基地

农业科技示范园区

美丽乡村建设

人工栽培的人参

北药黄芪

简　介

功能与主治：补气固表，托毒排脓，利尿，生肌。用于气虚乏力、久泻脱肛、自汗、水肿、子宫脱垂、慢性肾炎蛋白尿、糖尿病、疮口久不愈合。

北药黄芪种植基地

黑龙江玉双食品有限公司

上海皇象铁力蓝天制药有限公司（2018年）

铁力市澳骊源食品加工有限公司

铁力市第一中学（2018年）

铁力旅游
手绘地图

伊春市

智取威虎山实景演绎基地
机场
马永顺纪念馆
日月峡滑雪场

依吉密河漂流
日月峡国家森林公园

透龙山风景区
相思山
朗乡石林地质公园

水伊方水上乐园
益灵山养生度假村
益灵山猪谷景区
神树山庄
石林河漂流

映山湖生态园
桃山四季温泉假日酒店

小黑河民俗村
鹤哈高速
铁力火车站
朗乡镇、朗乡林业局
带岭区

香草河农场

双丰林业局、双丰镇
铁力林业局
铁力市
铁力步行街
桃山林业局、桃山镇
桃源湖风景区

铁力地方特产精品市场
朗乡玉兔仙潭风景区

绥化市
凌云山
桃山玉温泉
悬羊峰
桃山悬羊峰

凌云山明命寺
桃山国际狩猎场

石头山
桃山小东沟原始森林
蝴蝶谷漂流
八仙湖休闲度假区

平顶山

燕窝山

燕安生态小镇
方正县

铁道
国道
高速公路
火车站
行政中心
山峰

铁力日月峡滑雪场

朗乡石林

狮面山

石林公园

铁力市革命老区发展史

铁力市老区建设促进会　编

黑龙江教育出版社

图书在版编目（CIP）数据

铁力市革命老区发展史 / 铁力市老区建设促进会编
. -- 哈尔滨：黑龙江教育出版社，2021.5
ISBN 978-7-5709-2226-0

Ⅰ．①铁… Ⅱ．①铁… Ⅲ．①铁力市－地方史 Ⅳ．
①K293.54

中国版本图书馆CIP数据核字(2021)第074662号

顾　　问　　于万岭
丛书主编　　杜吉明
副 主 编　　白亚光　张利国　李树明　李　勃

铁力市革命老区发展史
Tielishi Geming Laoqu Fazhanshi

铁力市老区建设促进会　编

责任编辑　　高　璐
封面设计　　朱建明
责任校对　　杨　彬
出版发行　　黑龙江教育出版社
地　　址　　哈尔滨市道里区群力第六大道1305号
印　　刷　　哈尔滨博奇印刷有限公司
开　　本　　787毫米×1092毫米　1/16
印　　张　　18.25
字　　数　　230千
版　　次　　2021年5月第1版
印　　次　　2021年5月第1次印刷
书　　号　　ISBN 978-7-5709-2226-0　　定　价　48.00元

黑龙江教育出版社网址：www.hljep.com.cn
如需订购图书，请与我社发行中心联系。联系电话：0451-82533097　82534665
如有印装质量问题，影响阅读，请与我公司联系调换。联系电话：0451-51789011
如发现盗版图书，请向我社举报。举报电话：0451-82533087

总　序

在举国欢庆新中国成立70周年前夕，中国老区建设促进会王健会长请我为《全国革命老区县发展史》丛书作序，作为一名在老区战斗过并得到老区人民生死相助的老兵，回首往事，心潮澎湃，感慨万千，深感义不容辞，欣然应允。

中国革命老区，是以毛泽东为代表的中国共产党人在领导人民推翻帝国主义、封建主义和官僚资本主义三座大山，争取民族独立和人民解放伟大斗争中建立的革命根据地，在这片红色的土地上，诞生了无数可歌可泣的革命英雄儿女，为后人树起了一座不朽的丰碑。她是新中国的摇篮，是党和军队的根。

在艰苦卓绝的战争年代，老区人民把自己的命运与中华民族的命运紧紧地联系在一起，与中国共产党和人民军队的命运紧紧地联系在一起，他们生死相依，患难与共。我曾亲历过战争年代，并得到过老区红哥红嫂的救助，切身感受到发生在身边的一幕幕撼天动地的革命故事，在那极其艰难的条件下，老区人民倾其所有、破家支前，不怕艰难困苦，不怕流血牺牲。"最后一碗米送去做军粮，最后一尺布送去做军装，最后一件老棉袄盖在担架上，最后一个亲骨肉送去上战场"，这是当时伟大的老区人民为建立新中国做出巨大牺牲的真实写照，它将永远镌刻在中国共产党、中国人民解放军、中华人民共和国的历史丰碑上。他们的光辉业绩永载史册，他们的革命精神必将影响一代又一代的革命新人，造就一代又一代的民族脊梁。

在社会主义革命和建设时期，革命老区和老区人民响应党的号召，面对落后的面貌、脆弱的经济、恶劣的生态环境，他们本色不变，精神不丢，自力更生，艰苦奋斗，干一行爱一行。始终坚持"革命理想高于天"，自觉做共产主义远大理想的坚定信仰者和忠实实践者，勇于向恶劣的自然环境和贫穷落后宣战，他们在各条战线上为国建功立业，用平凡的双手创造了一个又一个不平凡的奇迹，彰显了老区人的崇高精神和人格力量。

在改革开放的伟大进程中，老区人民解放思想，勇于创新，发奋图强，攻坚克难，老区的经济社会建设取得了辉煌成就。特别是在改变中国的面貌、中华民族的面貌、中国人民的面貌、中国共产党的面貌的伟大实践中发挥了至关重要的作用。老区人民既是改革开放的参与者，也是改革开放的推动者。

艰苦练意志，危难见精神。老区人民在近百年的革命战争、社会主义建设和改革开放的伟大实践中，孕育形成了伟大的老区精神：爱党信党、坚定不移的理想信念；舍生忘死、无私奉献的博大胸怀；不屈不挠、敢于胜利的英雄气概；自强不息、艰苦奋斗的顽强斗志；求真务实、开拓创新的科学态度；鱼水情深、生死相依的光荣传统。这是党和人民宝贵的精神财富、丰厚的政治资源，是凝心聚力、振奋民族精神的重要法宝，也是社会主义核心价值观的重要内容。

中国老区建设促进会怀着强烈的政治责任感和历史使命感，组织全国各地老促会人员克服困难，尽心竭力编纂《全国革命老区县发展史》丛书，记录老区的光辉历史和辉煌成就，传承红色基因，弘扬老区精神，是功在当代，利及千秋的一件大事。手捧这部丛书的部分书稿，读着书中的故事，倍感亲切，深感这部丛书具有资政、育人、存史的社会功能，有着重要的时代和历史价值。它是不忘初心、牢记使命的源头活水，是赞颂共产党、讴歌老区人民的一部精品力作，是弘扬老区精神、传承红色记忆的丰厚载体，是一项继承优秀传统文化、弘扬革命文化、发展社会主义先进文化，坚定"四个自信"的宏大文化工程。它必将成为一种文化品牌，为各界人士了解老区宣传老区支持老区提供一部有价值的研究史料。希望读者朋友们能从中了解并牢记这些为党和民族的利益不断奉献的老区人民，从中得到教益，汲取人生奋斗的精神动力。

新时代赋予新使命，新起点开启新征程。让我们更加紧密地团结在以习近平同志为核心的党中央周围，坚持以习近平新时代中国特色社会主义思想为指导，增强"四个意识"，坚定"四个自信"，做到"两个维护"，弘扬老区精神，铭记苦难辉煌。为实现"两个一百年"奋斗目标，实现中华民族伟大复兴的中国梦做出新的更大的贡献！

迟浩田

2019 年 4 月 11 日

编写说明

2017年6月，中国老区建设促进会组织全国各地老促会启动编纂《全国革命老区县发展史》丛书，按照"建立中国共产党、成立中华人民共和国、推进改革开放和中国特色社会主义事业"三大里程碑的历史脉络，系统书写革命老区百年历史，深入挖掘革命老区红色文化资源，这对于充实丰富中国革命史籍宝库、在新时代传承红色基因、弘扬革命精神、强固根本，对于激励人们在新的历史条件下夺取中国特色社会主义伟大胜利，实现中华民族伟大复兴的中国梦具有重要意义。

丛书编纂以习近平新时代中国特色社会主义思想为指导，以《中国共产党历史》《中国共产党的九十年》等重要文献为基本依据，以党的领导为核心，以老区人民为主体，以老区发展为主线，体现历史进程特征，突出时代发展特色，坚持辩证唯物主义和历史唯物主义相统一、历史真实性与内容可读性相统一的原则，书写革命老区从站起来、富起来到强起来的光辉革命史、不懈奋斗史、辉煌成就史，把老区人民的伟大贡献、伟大创造、伟大成就、伟大精神充分展示出来，形成一部具有厚重历史特征和鲜明时代特色的精品力作。这是一部培根铸魂、守正创新，既为历史立言，又为时代服务，字里行间流淌着红色血脉、催生着革命激情的传世之作。丛书的编纂出版将成为讴歌党讴歌人民讴歌时代、传播红色文化、为革命老区和老区人民树碑立传的重要载体。丛书按照编年体与纪事本末体相结合、以编年体为主的编写体例确定框架结构；运用时经事纬、点面结合的方式记述史实；坚持人事结合、以事带人的原则处理人与事的关系；采取夹叙夹议、叙论结合以叙为主的方法展开内容。做到史料与史论、历史与现实、政治与学术统一，文献性、学术性、知识性相兼容。

为编纂好《全国革命老区县发展史》丛书，打造红色文化品牌，中国老区建设促进会认真组织积极协调，提出政治立场鲜明、史料真实准确、思想论述深刻、历史维度厚重、时代特色突出、编写体例规范、篇目布局合理、审读把关严格、出版制作精良的编纂出版总要求，力求达到革命史籍精品的精神高度、思想深度、知识广度、语言力度，增强丛书的权威性和社会影响力。各省（区、市）、市（州、盟）、县（市、区、旗）老促会的同志，以强烈的使命感、责任感和紧迫感，勇于担当，积极作为，认真实施，组织由老促会成员、专家学者等参加的十余万人编纂队伍。编纂工作主体责任在县，省、市组织协调、有力指导、审读把关。各方面人员以高度负责的精神和科学严谨的态度，满腔热情地投入工作，为丛书编纂出版做出了重要贡献。丛书编纂工作还得到了党和国家有关部委、地方各级党委政府及有关部门的大力支持和积极参与，社会各界也给予了热情帮助。中共中央政治局原委员、中央军委原副主席、原国务委员兼国防部长迟浩田上将，对老区人民怀有深厚感情，对革命老区建设发展十分关注，欣然为《全国革命老区县发展史》丛书作总序。

　　丛书由总册和1 599部分册（每个革命老区县编纂1部分册）组成，共1 600册。鉴于丛书所记述的史实内容多、时间跨度长和编纂时间紧，不妥之处，敬请批评指正。

中国老区建设促进会

目 录

序　言

　　编史修志，既是传统事业，也是文化建设，更是政治建设。随着经济社会的快速发展，岁月缔造的价值越来越被重视，修史存史，以史为鉴，资改育人，已成为各级党组织的一项重要工作。在举国上下奋斗新时代，奋斗新征程，全面决胜小康社会之际，《铁力市革命老区发展史》即将问世。铁力市老区建设促进会编纂人员及市委党史研究室的同志，把铁力市革命老区的发展史，用图书的形式保存和利用起来，完成了一件有益当今、惠及后世的文化壮举，值得肯定和庆贺。

　　《铁力市革命老区发展史》是铁力市的第一部革命老区的历史，也是铁力市的革命斗争史和开发建设史。其编修人员，以习近平总书记关于革命老区的系列重要讲话精神为指导，按照中国老区建设促进会《关于编纂全国1599个革命老区县发展史的安排意见》和黑龙江省老区建设促进会关于落实安排意见的通知精神，在征集了大量翔实的文献资料的基础上，经过调研、论证、搜集、整理，坚持历史唯物主义和辩证唯物主义的观点，本着实事求是、以史为据的原则，客观、真实地记叙了在党的领导下，铁力市老区人民发扬革命精神，进行新民主主义革命、社会主义革命、建设、改革开放和夺取新时代中国特色社会主义伟大胜利、实现中华民族伟大复兴的中国梦而不懈奋斗的光辉历程。

这部史书，上限为1930年8月，下限为2017年12月。全书为章节体，共有八章，章下分节，节下分目，节下直接叙述或节下分目展开叙述。第一章，从地理、历史、社会、经济、文化五方面介绍了铁力市域概况。第二章，按地方党组织的活动、浴血奋战、无私援抗三部分叙写了抗日战争和民众援抗的斗争故事，表现了老区人民不顾个人安危，浴血奋战的革命精神。第三章通过革命遗址和侵华日军罪证遗址的介绍，见证了中国共产党人和铁力人民为民族独立和人民解放而英勇奋斗的光辉历程。第四章，从铁骊建立人民政权开始，记叙了铁力市老区创建革命根据地，在斗争中建党建政的革命历程。第五章，则从发展地方经济、生产资料的社会主义改造、高举"三面红旗"、全面调整国民经济，叙写了铁力市老区对社会主义建设道路的探索。第六章，从农村改革、工业战线改革、商贸业体制改革，记叙了铁力市老区的改革开放。第七章，从精神文明、生态文明、工农业生产和文化教育等十个方面，记叙自2000年以来，铁力人民在党的领导下，传承和发扬革命老区的光荣传统，全面建设小康社会的伟大斗争历程。第八章，从旅游产业、北药产业、园区经济三个方面，介绍了铁力市进一步发展的产业优势。第九章，展望了铁力市革命老区实现全面小康目标的灿烂远景。

自20世纪30年代初，中国共产党人就在铁力这片土地上开展了前赴后继的革命活动，用鲜血和信念，铸造了可歌可泣的英雄壮歌。解放战争时期铁力作为革命根据地，有力地支援了解放战争。中共铁力县委带领翻身解放、当家作主的人民，用他们的聪明才智和辛勤汗水，唤醒了铁力这块沉睡的土地，以无私奉献的博大胸怀兼容了80多年的风雨坎坷，在历史的长卷上描绘了壮丽的图画。一个历史时段，染红一阕史册，宝贵的精神财富，值得后继者珍惜。

　　回首过去，铁力市的发展有目共睹，令人心潮澎湃；喜看今朝，铁力市的各项事业稳步推进，硕果累累；展望未来，铁力市的前途充满光明，催人奋进。以史为鉴、以志为鉴，相信全市人民在习近平新时代中国特色社会主义思想指引下，一定会与时俱进、更新观念、奋勇拼搏、开拓创新，以高度的热情和百倍的信心投入到铁力市的社会主义现代化建设事业中，为铁力市的明天谱写更壮丽的篇章，创造更辉煌的业绩！

铁力市老区建设促进会

2018年9月

第一章　铁力市概况

　　铁力市是国家民政部1979年批准的二类革命老区，有10个村被批准为革命老区村。

　　铁力自然资源丰富，素称"八山一水一分田"，是黑龙江省重要的林农县份，是中国北方森林生态、旅游和度假胜地，先后获得中国优秀旅游城市、中国低碳旅游示范市、中国特色魅力城市、中国生态强市等荣誉称号。

第一节　地理概况

　　铁力，位于中国黑龙江省的中部，小兴安岭东南段山地及西南山麓的丘陵、平原地带，它东连小兴安岭的千里林海，西接松嫩平原的万顷良田。市境东西横跨140公里，南北纵越115公里，行政区划面积6 443.34平方公里。市政府驻地距省会哈尔滨市220公里，距伊春市120公里。其地理坐标东经127° 31′30″—129° 27′7″，北纬46° 23′50″—47° 27′30″，按世界时区划分，铁力属东九区。

　　铁力市为伊春市辖县级市，东和东北与伊春市乌马河区、翠峦区、带岭区和南岔区交界，东南与哈尔滨市依兰县接壤，南与哈尔滨市通河县、木兰县毗邻，西南、西北隔安邦河、依吉密河与绥化市庆安县相望。绥佳铁路过境，境内长120千米，为双轨上、下行铁路，有朗乡、桃山、铁力、双丰4个主要车站。鹤哈高速公路过境，有双丰、铁力、日月峡3个出口。省道鸡讷公路和哈伊公路222国道过境。现辖铁力、双丰、桃山、朗乡4个镇；王杨、工农、年丰朝鲜族3个乡。2016年，户籍总人口为35.07万人。汉族34.19万人，占总人口的97.49%；另有朝鲜族、满族、回族、蒙古族、锡伯族、达斡尔族、鄂伦春族等21个少数民族，共8 807人，占总人口的2.51%。

境内东、南、北被锅盔顶山、太平岭、滑山、大箐山、石帽顶子山、老平秃山、燕窝山、爱林山等群山环绕，山岳连绵。境内西部是呼兰河、安帮河、依吉密河冲积平原。以桃山为界，可分为东、西两部，东部多山，称山区，西部是丘陵和平原，为平原区。山区海拔500~1 429米；平原区海拔190~300米。山地面积488 666.67公顷，占总面积76.5%；水面面积28 666.67公顷，占总面积4.5%；耕地面积26 000公顷，占总面积4.1%。主要树种有红松、落叶松、鱼鳞松、白松、冷杉、樟子松、水曲柳等20余种。有野生动物金雕、雉鸡、啄木鸟、猫头鹰、紫貂、梅花鹿、马鹿、猞猁、水獭、狍子、林蛙等140多种。境内已发现有铁、金、银、铅、铜、锌、钨、钼、石墨、大理石、建筑石、建筑用砂、黏土等矿种。铁力居北寒温带，属大陆性季风气候。一年四季气温变化悬殊，冬季漫长，夏季短促，全年1月份最冷，平均气温为-23.4℃；7月份最热，平均气温为21.3℃；东部山地年平均气温为0.4℃；西部安邦河、呼兰河冲积平原一带年平均气温为2.8℃。年平均日照数2 398小时，历年≥10℃的活动积温平均为2 450℃，可以满足农作物生长所需要的热量。境内降水充足，近20年间全市年平均降水量为638毫米。境内200多个泡沼星罗棋布，35条河流纵横交错，分别注入呼兰河和汤旺河，皆属松花江水系。全县河流径流量为22.46亿立方米，水能理论蕴藏量1.13万千瓦，水利资源丰富，适宜农田灌溉和小型发电。平原区土质黝黑、疏松，水分、养分充足，是生产稻、豆、米粮食作物和人参、平贝等中药材的"天府良地"。

第二节　历史概况

一、政区沿革

铁力，唐属黑水靺鞨，辽属东京道女真铁骊部，金属上京会宁府，元属辽阳行省水达达路，明属奴儿干都司，清代先后属呼兰城守尉和呼兰副都统管辖，为鄂伦春、蒙古族游牧之地。清光绪十七年（1891年）三月，委派镇边军右翼统领领兵于铁山包驻防。清光绪三十二年（1906年）闰四月，将北团林子协领移驻铁山包，修建协领公署，"招抚庚子屯田逃亡之户，安插贫民小户"。清光绪三十四年（1908年）五月，东三省总督徐世昌、黑龙江巡抚周树模奏请拟设"铁骊县，驻铁山包"列为缓设之缺。1915年2月10日，黑龙江省巡按使公署援照清末"设立铁骊县旧条"，裁撤铁山包协领，设立铁骊设治局，以馀庆县安邦河以东地区为铁骊设治局管辖范围，隶属绥兰道。1929年2月，改由省直辖。东北沦陷后，隶属黑龙江省。1933年10月，将铁骊设治局改为铁骊县。1934年12月，划归滨江省管辖，1939年6月划归北安省管辖。1943年7月，将庆城县与铁骊县合并为庆安县。1945年抗日战争胜利后，始设铁骊特别区。1946年6月27日，将原铁骊地区从庆安县划出，恢复铁骊县，县政府驻铁骊镇，隶属黑龙江省管辖。1947年2月，黑龙江省与嫩江省合并为黑龙江嫩江联合省，铁骊隶属黑嫩省。9月黑嫩省政府撤销，仍隶属于黑龙江省。1956年3月，划归新设立之绥化专区管辖。同年11月，国务院批准，将铁骊县改为铁力县。1958年8月，撤销绥化专区，设立松花江专区，铁力县隶属松花江专区。同年9月，国务院批准，撤销铁力县，并入庆安县。1962年10月，庆安、铁力分县，铁力恢复原县制，仍属松花江专区。1965年6月，改属绥化专区。1970年4月，划归伊春地区管辖。1979年12月，撤销伊春地区，恢复伊春市，铁力县归伊春市领导。1988年9月13日，国务院批准，撤销铁力县，设立铁力市（县级），由伊春市代管至今。

二、早期开发

铁力原名"铁山包"，源于地域形貌而命名，其历史源远流长。中华民族的先人，很早以前就在这块富饶的土地上生息、繁衍。

清光绪十七年（1891年）三月，清镇边军右翼五营统领（相当于旅长）富古唐阿，率步兵2 500人进驻铁山包。为屯垦戍边，他首先率部在治城东4里处修筑了5座呈梅花形营垒，即前、后、左、右、中五营，人称五大营。富古唐阿统领驻扎中营行使军令。为了使从事农垦生产的官兵往来方便，车辆畅通无阻，在铁山包河上架设木桥1座，因富统领监造，故定名为"统领桥"。为了减少往返，方便官兵驻地开垦，以兴地利，在今王杨火车站东南1.5公里处，设了行营窝堡，当时人称"统领窝堡"。镇边军在富古唐阿的统领下，在铁骊境内屯垦戍边、防止帝俄入侵、肃清匪患、发展农业和交通事业，起到了一定作用。因而军民关系融洽，人民安居乐业，铁山包一度呈现升平景象。光绪二十年（1894年），中日甲午战争爆发，富统领挥师南下，参加对日作战。

　　清光绪三十二年（1906年）十一月，乌珍布任铁山包协领。为开发铁山包，他着重对日俄战争庚子之乱造成的屯田逃亡之户进行招抚，对贫民小户积极的安插。任期政绩卓著。光绪三十三年（1907年），乌珍布任职的第二年，便着手监造铁山包协领署。于镇边军营址以西，呼兰河北岸踩城基，负山面水，其面积纵横各1.25公里。祗因水土不佳，人烟稀少，垦务未兴，商务不振，乌协领的城垣兴建计划未能全面实施。

　　清宣统三年（1911年）巴施武任铁山包协领。莅任后，为开发振兴铁山包，他筹谋深计，用心良苦，但因地方财力不佳，上司又不支持，因此未能全部实现他的凤愿。据六佐官兵在1913年呈报："现因生齿日繁，毫无营业。惟赖饷糈度日，稍有愆期，即形困累。现就诸物昂贵，所有一切衣食之需，昼夜焦思"的实际情况，拟请铁山包屯田界内，逃户遗出之荒，自呼兰河以北，依吉密河南，由西至东划留130方地发给官兵，以次生计。但遭到护理都督兼护民政长毕桂芳的否决。又于1914年，依据绅士闫桂龄及奉天招徕领荒绅民孙培基等所请，"拟就领荒各户筹款（每方地筹银5两），以之购买军械，蓄养兵勇，则是贼氛可熄，地面可靖"的正当主张，亦被黑龙江行政公署否定。

　　1915年6月，巴协领因公调省，遗缺即以铁骊设治员王树声暂行兼代。1916年12月，在本人力争和士绅李春山、谭德、刘纯等恳请下，巴协领仍回原任。铁骊父老称颂说："回忆巴施武协领，自到任数年以来，为官廉洁，凤兴夜寐，勤政爱民，体贴民情，关心百姓疾苦，商民踊跃，奔此乐土，地面渐而振兴，凡事无不尽心竭力，妥善筹办。"人们对他无不怀有敬仰之情，当时人都尊敬地称"巴大人"。1923年5月，铁山包协领署移防绥化西永安镇，巴协领仍行寓兵于农之制。

追溯历史，清光绪三十二年（1906年），建立铁山包协领署之时，境内仍森林密布，古树参天，杂草丛生，人烟稀少，飞禽走兽出没四野。一直到1915年5月，铁山包改名为"铁骊"，成立铁骊设治局，铁力才增置人口，垦荒造田，逐步得到开发。

三、军民共愤，同仇敌忾

铁力人民同全国人民一样，勤劳、智慧、勇敢、富有斗争精神，曾多次开展过反帝、反封建的英勇斗争，不少志士仁人为争取自由和解放献出了宝贵的生命。1931年"九一八"事变，日军入侵，东北沦陷。铁骊以其地据要冲，资源丰渥而为日本侵略者所看重，故其"移民入殖"之开拓团密布，抢夺林木资源之机关重重，屠杀抗日军民之驻军如林。民众受害，之酷之烈，史所罕闻。自日军铁蹄踏入铁骊大地，抗日烽火即燃遍了全县。在中共满洲省委（包括临时省委）的领导下，抗日武装，义旗四举，爱国民众，赢粮影从，铁骊为坚持抗战最久之游击区。境内有马占山义勇军奋起抗击，有激于民族大义之绿林骁勇的对敌截歼，更有中共"庆城特支"驰猎于密林泽薮，杀敌于河滨水源。另有东北抗日联军第三军、第六军、第九军、第十一军，在赵尚志、祁致中、李兆麟等领导下，在铁骊一带开展了长达14年之久的抗日游击战争。1936年冬，李兆麟率部夜袭神树日本关东军森升部队大本营，当场击毙了森升司令官。1938年，抗联七团团长张连科等14名战士与日伪讨伐队浴血奋战在马鞍山上，给日伪反动派以沉重打击，他们全部为国捐躯。1942年，抗联支队长朴吉松、孙国栋，在群众配合下，出没在铁路沿线，劫列车、袭车站，使王杨、桃山车站的伪铁路警护团丧魂落魄，有力地挫败了日军的所谓"治安肃正""匪民分离""讨伐""封锁"等反动计划，使整个铁骊大地刮起了席卷日本侵略者的狂飙。十几载军民共愤，同仇敌忾，出生入死，艰苦卓绝，大小百余战，毙敌数千人。抗联名将赵尚志、李兆麟、许亨植、冯仲云、金策、于天放等忍弹冒刃，留迹于此；抗联英烈魏长魁、朴吉松、隋得胜、张连科、曲学礼等数百名烈士的鲜血洒在了铁骊这块土地上，谱写了可歌可泣的篇章。抗联战士的壮举，为革命而捐躯的忠魂，更激励着铁骊人民的激情，铁骊人民成为抗日联军的坚强后盾。区区小县，不足3万人口，亦有1 200余援抗民众，与抗联战士箪食壶浆，相濡以沫，打掩护、送情报、任向导、匿行迹、疗伤员、供粮米、实军需……牺牲者亦有200余人。人民群众供军粮、做服装，自发地送到山里抗联根据地的粮食7 470斤，棉鞋717双。在抗击日军侵略的战斗中，涌现出很多以孙绍文为榜样的，不顾个人安危，掩护抗联将士的英雄事迹。

在日军铁蹄的践踏下，国破家亡，损辱皆来，热血之民义愤填膺，揭竿而起。然强敌如虎，兵革如林，区区一县，地僻人稀，势孤力薄，虽逞一奋，与敌亦有卵石之殊。幸赖中国共产党昭大义于天下，布真理于人民，组织军队，号召群众，浴血奋战，驱虏逐寇，铲除凶顽，终至长天破晓。

第三节　社会概况

一、朝鲜民族风情

铁力市设有年丰朝鲜族乡，有4个朝鲜族村，另外，双丰镇、桃山镇、工农乡各有1个朝鲜族村，朝鲜族群众，有着与汉族不同的民俗民风。以年丰乡为例，年丰乡建有以朝鲜族文化为底蕴，具有浓郁朝鲜族民俗风情的风情园。接待大厅有180平方米大炕，被誉为"天下第一炕"；饮食方面推出风味打糕、米酒、狗肉、泡菜等；文化艺术方面编排了具有民族特色农乐舞、扇子舞、顶水舞等；体育方面可表演朝鲜族式摔跤、荡秋千、跳板、拔河、球类等各种比赛；生活风俗方面可在风情园用民族礼节表演结婚、过生日等活动；民族工艺方面可展现具有代表性民族工艺品、服饰、鞋帽、锅、碗、瓢、盆、石磨、石碾、棒槌等。

少数民族体育活动更别具特色，具有鲜明的民族特色。每年农闲时节，各村屯之间自发组织足球、排球、朝鲜族式摔跤、秋千、跳板等各种比赛活动，既锻炼了身体，又丰富了群众的精神生活。每隔几年，必组织少数民族运动会，许多民族村派出代表队参加比赛。运动会设立男子足球、排球、摔跤和女子排球、秋千、跳板、象棋（朝鲜族式）等多个项目。每年还组织民族舞蹈等项目进行表演。

二、节日时令

春节，正月初一为春节，俗称"过年"。春节在传统节日里是最大的节日，农历腊月三十（如小月则二十九）为除夕。解放前，除夕夜家家烧香上供，祭神祭祖，封建迷信色彩浓厚。解放后，一扫过去封建迷信，除夕之日贴对联，挂红灯，晚上放鞭炮、吃水饺、全家团聚辞旧迎新。

元宵节，农历正月十五为元宵节，元宵节古谓上元佳节，也称灯节。解放前，一般从正月十四到十六的夜晚闹元宵，街头有龙灯舞、狮子舞、旱船、高跷、赶驴秧歌舞等。解放后，节日这天民间仍是家家挂灯、放燃花、吃元宵等。市文化部门在节日的夜晚组织赛灯会、放焰火等。

端阳节，农历五月初五为端阳节。端阳节又称端午节。为纪念故楚三间大夫屈原，有吃粽子、荷包蛋等风俗，民间多在这天日出前到野外采集艾蒿插在门庭前，用露水洗脸，在手腕、脚脖系五彩丝线，佩香囊（荷包），挂纸葫芦等，以此驱毒虫攘温气。

中秋节，农历八月十五为中秋节。古时尚有"中秋拜月"的风俗，于户外设香案，陈放月饼、西瓜、葡萄等食品，望月祭扫。现在，全家聚餐，吃月饼、瓜果、毛豆等。孩子们常围在老人周围，静听"嫦娥奔月""吴刚伐桂""广寒玉兔"等神话故事。

还有元旦、三八国际劳动妇女节、五一国际劳动节、五四青年节、六一国际儿童节、七一中国共产党建党日、八一建军节和国庆节等。各节日期间，铁力市都举行相应的庆祝或纪念活动。

三、体育锻炼

近年，体育锻炼已成为铁力人民生活中不可或缺的重要内容。市成立了全民健身计划委员会，制定了"一二一"启动工程实施方案，推行《社会体育指导员技术等级制度》《中国成年人体质测定标准》，要求每人每天参加一次体育健身活动，每人学会并运用2种以上体育健身方法，每人每年进行1次体质测定。全市建体育馆一座，建灯光球场3个，普通球场51个，各系统有球队20支，乡镇球队7支，经常举办节假日赛事，和周边兄弟单位球队开展友谊赛，推动球类运动开展。每年"八一"前后，有关部门举办军地乒乓球友谊赛，举办篮排球赛，现场观看上千人。每天在西河公园和体育场参加晨练群众达2万人次。群众还自发地在西河公园成立了太极剑协会，成立了大秧歌队；在体育场成立了太极扇辅导协会，全民健身活动开展广泛，形式丰富多彩。

在全民健身活动中，老年体育活动更是多姿多彩。铁力市有中老年娱乐健身协会，有老年乒乓球协会，有老年棋类协会，有老年体育协会，拥有会员6 000多人。这些协会和辅导站组织健全，宗旨明确，有规章制度，常年开展活动，在中老年健身方面发挥了重要作用。

四、环境保护

经多年预防和治理，环境污染状况得到遏制，2005年，大气环境质量符合国家二级标准，城镇水域水质符合国家Ⅲ标准，饮用水源水质达标率100%，市域环境噪声小于54分贝，工业固体废物处置利用率100%。2011年，环境质量进一步改善和提高。监测数据表明：空气质量一级天数346天，二级天气7天，三级天数12天，达到二级或好于二级的天数占全年天数的96.7%。区域内依吉密河水质符合GB3838-2002《地表水环境质量标准》Ⅱ类水域标准，呼兰河水质符合GB3838-2002《地表水环境质量标准》Ⅲ类水域标准，饮用水水源地水质达标率100%。区域环境噪声平均值为51.3分贝，交通干线噪声平均值为67.1分贝，均符合GB3096-2008《声环境质量标准》相应区域标准。2011年本级财政用于环境保护的资金1.8亿元，占财政支出的12%，占GDP3.04%。近几年，加快智慧城市建设，加强城市管理，拆除城区大烟囱、小锅炉等污染源99处，新上节能减排项目106个，削减污染物排放总量2 233吨，城市空气质量长期保持在国家二级标准以上。连续五年开展城乡环境综合整治行动，乱堆乱放、乱涂乱画、私接乱建等得到有效治理，城乡环境进一步改善。

第四节　经济概况

一、综合实力增强

2016年，全市生产总值实现73.05亿元，是2011年的1.23倍，年均增长4.5%；公共财政收入实现2.78亿元，是2011年的2倍，年均增长14.9%；社会消费品零售总额实现25.74亿元，是2011年的1.8倍，年均增长12.8%；城镇和农村常住居民人均可支配收入分别达到19 242元和12 295元，分别是2011年的2.1倍和1.6倍，年均分别增长11.9%和11.5%。

二、转型发展提速增效

通过转方式、调结构，一二三产业加速融合发展，2013年和2015年两次被评为全省县域经济发展质量效益优秀县。

现代农业进程加快。深入实施"精粮、扩菜、促牧、兴企"工程，五年实施旱改水6万亩，改造高标准农田13万亩，绿色有机水稻、甜玉米分别发展到40.9万亩和2.5万亩，绿色食品认证标识达到28个；新建蔬菜基地3处、蔬菜大棚1 000栋；食用菌发展到3 000万袋；规模化养殖场发展到150家，农业产业化龙头企业发展到16家，农民专业合作社发展到189家。2016年第一产业增加值实现39.89亿元，是2011年的1.45倍，年均增长7.5%。

工业产业集聚壮大。铁力工业园区成功晋升为省级经济开发区，入驻项目达到30个，完成投资29.3亿元，20户企业陆续投（试）产。启动了双丰产业园建设，入园项目2个，完成投资5 000万元。招商引进北京佳龙集团、禾中集团等国内知名企业先后落户铁力。五年共引进项目58个，到位资金61.65亿元，是前五年的1.5倍。

第三产业蓬勃发展。旅游业带动作用日益凸显，2016年接待游客人数和旅游收入比2011年翻两番以上，分别达到192万人次和16.5亿元。以旅游业为牵动，商贸物流业加快发展，新增宾馆饭店等场所300余家，形成了五一街"新商圈"；松涛物流中心建成运营，物流公司、快递公司分别发展到16家和23家。阿里巴巴、京东商城、苏宁易购、中国网库等大型电商平台相继落地运营，电商企业发展到20余家，淘宝网店总数达到4 200家，年网络交易额实现3.6亿元。金融存贷余额分别达到131.8亿元和37.8亿元。2016年第三产业增加值预计实现24.56亿元，是2011年的1.49倍，年均增长7.9%。

三、民生投入增加

近五年，民生投入超过65亿元，年均投入占公共财政支出的75%以上，被评为全省民生工作十强县。五年办成了185件民生实事，为机关事业单位职工人均月增资2 244元，为离退休人员人均月增资1 510元，环卫工人、社区委员的工资实现翻番；新开通乡镇及市区公交线路22条，新上大型供热锅炉3台，铺设供热供水及天然气管网113公里，供热能力达到640万平方米，日供水能力达到2.2万吨，天然气管线接入19个小区，覆盖1万余户居民；投资1.1亿元对全市21所学校和幼儿园的基础配套设施进行全面升级改造；移址新建了中医院，对6个乡镇卫生院进行了改造提升，市医院和中医院成功晋级二甲医院；新建、改扩建城乡文化体育场所94个，文化体育硬件设施明显改善；深入推进"大众创业、万众创新"，五年发放小额创业担保贷款1.42亿元，城镇新增就业1.7万人；在全省率先开展了困难职工大病救助工作，积极落实农林牧渔、厂办大集体等政策，将原参保体制外的7 376人纳入养老统筹，城乡基本养老保险和医疗保险实现全覆盖。

四、城区面貌日新月异

20世纪80年代末，城区建设是转折点，自来水入户、地下管网排水、集中供热、城乡用电、集资开发房地产等城建工作有了突破性进展。近五年，是城乡面貌日新月异的五年。改造城市棚户区76.57万平方米，新建楼房269万平方米，分别是前五年的1.7倍和1.3倍；新建改造城乡道路121.7公里，城区形成"六横十五纵"道路格局。完成铁力公园、体育休闲广场等多处景观改造，新建铁甲河带状公园30万平方米，新增路灯3 931基，新增城市绿地65.86万平方米，城区绿化覆盖率达到35%。同步推进美丽乡村建设，为55个重点村硬化道路124公里，安装太阳能路灯604基，改造农村危房9 389户55万平方米，农村住房砖瓦化率提升到87%；实施农村饮水安全工程56个，解决了2.2万人的饮水安全问题。

第五节 文化概况

一、教育资源分布合理

区域内有幼儿园4所，在园幼儿482人，专任教师46人；小学12所，在校生8 247人，专任教师865人，小学适龄儿童入学率100%；初中4所，在校生4 832人，专任教师406人，初中适龄人口入学率100%，小升初中升学率100%，九年义务教育覆盖率达100%；普通高中2所，在校生3 463人，专任教师321人；中等职业学校1所，在校生851人。各级各类民办学校和教育机构12所。2011年以来，每年教育经费1.82亿元，国家财政性教育经费0.26

亿元，财政预算内教育经费1.79亿元，预算内教育事业费1.79亿元，预算内教育经费（包括城市教育费附加）占财政支出的16%。

二、科学技术快速发展

区域内有工业研究所、农业技术研究所、中药材研究所、中国林蛙铁力研究所4个科研机构，共拥有科技人员2 164人，其中正高16人，副高216人，中级1 062人，初级870人。铁力市承担各类科技项目46项，其中国家级8项，省级25项，市级13项。中药材研究所承担的人参红皮病防治技术项目，获省科技进步二等奖，获省卫生医药系统科技进步一等奖。2006—2009年，铁力市承担了联合国与中国政府合作项目：中国农村科技扶贫创新和长效机制探索项目。另有市乡两级协会、学会46个，会员848人。全年地方财政科技支出309万元，科技普及支出55万元。全市农业科技贡献率为52%，农业先进技术覆盖率和农作物优良品种覆盖率均达到95%。铁力市先后与东北农业大学、东北林业大学、黑龙江中医药大学、哈尔滨商业大学、黑龙江省农业科学院水稻研究所、黑龙江省药品检验所等高校及科研单位建立了长期合作关系，在农业、林业、医药等领域进行合作，承担的黑龙江省科学技术厅绿色食品专项"绿色水稻关键技术及产业化示范"课题取得很好效果，水稻"三超"获得成功，单产全国领先，近十年全省水稻高产大王均出在铁力，高明三还曾被评为全国人参高产大王。

三、电视节目引人入胜

2000年建新办公楼和186米高的自立塔，有线电视网络与省网接通，播出节目30套。2004年，对影响市容的中心路南侧、保健街东段、松涛街东段、东四路道口等8处有线电视传输线路进行改造，铺设地下管线1 800米。为双丰、王杨、年丰、工农、桃山等乡镇架设光缆53公里。全市已有30个村屯接通有线电视，农村用户超过2 000户。2005年，完成城网线路改造63公里，农网新架设干线传输光缆18公里，新增城镇用户1 686户，农村用户2 150户，全市有线电视用户达到16 450户。2011年，实现了电视节目的采、编、播、制作和播出的全数字化，完成了同省和伊春市的光缆联通，所有乡镇也完成了光缆联通，传输节目130套。有线电视用户总数达到2.7万户，其中数字电视用户1.7万余户。

在有线电视迅速发展的过程中，电视台播出的自办节目数量不断增多，质量不断提高。《铁力新闻》已由原来的每周3次播出，改为每周6次播出。先后开办《农业技术讲座》《七彩时光》《天气预报》《信息之窗》《快乐周末》《少儿乐园》《双休日影院》《健康广场》《幽默班车》《电视剧场》《超级影院》《广告文艺》《记者见闻》等十多个节目和新闻专题片，丰富了全市人民的业余生活。电视的兴起和发展，不仅使新闻的传播变得极为快捷，而且满足了人们憧憬已久的坐在家里看电影的愿望。

四、精神文明深入人心

从20世纪从90年代开始，铁力市持续开展创建文明城市、文明单位、文明村镇活动。由于创建文明城市成绩显著，铁力市先后获得"黑龙江省甲级园林化城市"、绿化工程黑龙江省"光明杯奖"、省委、省政府命名"文明城市建设先进市"、伊春市"创建文明城市标兵"等多项荣誉。1999年开始，私营企业纳入创建精神文明单位活动行列。全市建学雷锋基地，建青年志愿者服务队，开展清理不良文化现象突击活动，对带有封建迷信色彩、有违社会公德、有辱国格、丧失民族尊严的文化现象进行清理。开展创建购物"放心商店"活动,开展"树新世纪铁力人形象"活动,开展创"文明窗口"示范活动。文明村创建与城镇文明单位创建相对应,内容同样非常广泛,有效地提高了农村居民乃至全社会的精神文明和道德水平。伊春市文明村镇建设现场会曾在铁力召开,与会人员参观了铁力市文明村建设10个典型村。在黑龙江省宁安县文明村镇建设现场会上,铁力市介绍城乡共建文明村镇经验,并在全省推广。铁力镇被评为全国文明镇,桃山镇新建村、工农乡兴隆村、双丰镇双河村晋升为国家级文明村,年丰乡永胜村、王杨乡长富村、工农乡二道河村、年丰乡吉松村和云山村晋升为省级文明村。在创建文明城市、文明单位和文明村镇的同时,全市城乡还普遍开展了文明家庭和文明户活动,各乡镇涌现出数千个"五好家庭""文明户""文明之家""五好文明家庭""小康之家"等。

五、文化大县成果斐然

2004年,铁力启动文化大县建设活动,制定了《建设文化大县发展规划》。在提出建设文化大县之前,铁力市的经济、社会尤其是在文化方面的发展,已经达到了相当的水平,为建设文化大县打下了深厚的基础。文学艺术创作成绩突出,王跃斌出版了《卫士的赞歌》《铁山包逸事》《知青坟》三部作品,并在《生活报》开设专栏;曹锋、潘作成出版报告文学集《脚步声声》,并在省级报刊发表许多作品;吴仲三出版散文集《我所经历的岁月》;鲁贵龙编辑报告文学集《科苑撷英》等,均在社会上产生较大影响。《铁力文学》已连续出版9期,参加创作人员达300余人。全市专兼职作家在省级刊物发表作品100多篇;书法创作在全省各县处于领先水平。体育文化蓬勃发展。经过多年努力，铁力已经在各类体育设施的建设、群众性体育活动的开展等方面，取得了非常突出的成绩。启动文化大县建设活动后，完成了工人文化宫、文化体育广场、图书馆建设改造工程，新建文化活动场所6个，开辟文化活动广场7个，新增文化设备VCD、电视机、扩音器14套，图书2 510册，健身器材30件。旅游在发展中借助了文化的力量，金骊都旅行社挂牌，兴安画廊隆重揭幕，旅游项目发布会成功举行，使铁力旅游蒸蒸日上。城市建设中文化内涵日益厚重，以建设生态园林城市、省级文明城、全国优秀旅游城市为目标，对城区进行了总体描绘和规划，为文化发展创造了条件。

第二章　铁力人民抗击侵略

抗日战争时期，铁力市是日本侵略军"治安肃正""移民入殖"和掠夺森林资源的重点县，同时也是发起时间最早和坚持时间最长的抗日根据地游击区。

在党组织和抗联部队的发动下，铁力市人民为抗日战争的胜利做出过重大贡献，付出了巨大的牺牲。他们有的直接参加抗联，有的不惜家财，忍受饥寒，冒着被捕、拷打、坐牢和杀头的危险，为战斗在深山里的抗联将士送粮、送衣、送子弹、送药、担任向导、救护伤员、传递情报。在东北抗战的14年中，铁力有姓名可考的参加抗联、帮助抗联的有730人。其中，牺牲在战场和在送粮、送衣服途中冻死、冻伤、淹死和被敌人杀害的有160多人；被敌人逮捕、拷打、坐牢和杀头的近400人。较大的惨案有5起之多，这些案件中的凌云山警防所案、小山吴村案，都曾在中华人民共和国最高人民法院特别军事法庭作为侵华罪证，对日本战犯提起公诉。

第一节　地方党组织活动

一、庆城特支的建立

20世纪30年代初，安邦河一带有60余户朝鲜族农民居住，他们是1910年朝鲜沦为日本帝国主义的殖民地之后，逃亡到中国东北的一批贫苦农民，其中多数是朝鲜共产党员和共青团员。

1930年1月，中共满洲省委派朝鲜族中国共产主义青年团员弓日均、韩光宇来到庆城开展工作。3月，又派中共党员韩宽淑（男，朝鲜族）等4人来这里与弓日均、韩光宇接头。在庆城县稻田公司屯（今铁力双丰镇毕文相屯区划内，原名水船口，后因水灾此屯灭迹），以稻农身份为掩护，从事党的地下工作。

1930年5月，中共满洲省委派中共党员全大一（朝鲜族）抵达稻田公司屯，改组朝鲜共产党组织，帮助组建中共庆城党组织和共青团组织。全大一到稻田公司屯后，向朝鲜共产党员传达了共产国际关于"一国一党"的决定和中共满洲省委关于改组在中国东北的朝鲜共产党的有关精神。经过工作，吸收崔友山、权大山、权吾吉、金石林、金永佑、车铁秀、车元哲、崔再顺、韩宽淳、金贤七等10人为中共党员，正式成立了中国共产党庆城特别支部（庆城县分成铁骊与庆安后，称庆铁特支），韩宽淑任特支书记。同时，建立了中国共产主义青年团庆城特别支部，崔再顺任团特支书记，有团员弓日均等7人。中共庆城特支成立后，按照中共满洲省委的指示，将活动区域扩大到庆城、铁骊、木兰、巴彦、东兴、绥棱等地，主要工作是在朝鲜族群众中进行反日宣传，发动群众进行抗租、抗捐斗争。

为了扩大党的影响，充实党员队伍，韩宽淑日夜奔波于庆城、东兴、木兰之间，先后在东兴、木兰一带建立起党小组，并在此基础上建立了东兴分支部，韩宽淑任支部书记。中共庆城特支根据中共满洲省委的指示，有组织有计划地建立起党的外围组织。从1930年到1931年，庆城特支和东兴分支部在其活动区域内建立了反帝同盟会、中韩反日会、农民互助会、青妇会、少年儿童队等革命群众组织，总人数约4 000人。其附属组织有讨论会、演讲团、妇女讲习会等。这些群众组织按照庆城特支指示，在各阶层群众中积极开展工作，推动了反帝反封建斗争的开展。1931年，日本侵略军进犯庆城。庆城特支为配合巴彦游击队进行抗日活动，派韩宽淑率东兴分支部参加了游击队，他们随游击队转战数次，有力地打击了日本侵略军的嚣张气焰。

庆城特支在抗日斗争中，积极进行抗日宣传，组织罢工，反捐税，抗征兵，参加抗日游击队等，活动极为频繁。但是由于秘密工作不够完备，一些活动在朝鲜族民众中公开进行，被日伪当局察觉，使特支惨遭破坏。1934年秋季，组织上决定，中共庆城特别支部部分党团员和一些进步女同志，统编入抗联张甲洲巴彦游击队，在松花江一带进行抗日活动。

中共庆城特支在日伪当局的白色恐怖下，虽然中止了组织活动，但其历史功绩和作用是巨大而卓著的。庆城特支在不到3年的时间里就发展党员31人、团员25人，组建了抗日会等抗日群众组织，与日本侵略者和地方反动当局进行了英勇的斗争，震慑了敌人，鼓舞了人民团结抗战的斗志，在庆城、铁骊、巴彦、木兰、东兴、绥棱一带扩大了党的影响，撒下了革命种子。他们是庆城、铁骊人民进行抗日斗争的一面旗帜，为东北抗日战争的发展做出了卓越的贡献。

二、马三省传播革命火种

1944年，中共党员马三省受党组织的委派，从牙克石到铁骊管辖的圣浪火锯厂，以火锯力工的身份为掩护，活动在桃山、石长、神树、鸡岭、圣浪、朗乡一带，在群众中传播革命火种，培养积极分子，组织群众，开展武装斗争。日本投降后，神树一带政权被反动势力所把持，保安大队长温业显纠集日伪余孽成立了

"神树维持会"。马三省等为除掉"维持会"，迎接人民大众的彻底解放，于1945年9月24日午后4时许，在神树铁路公寓召集抗日救国会会员骨干会议，准备夺取"神树维持会"的枪支，不幸暴露，被国民党神树保安大队包围。为掩护同志转移，他挺身迎战，负伤被俘。马三省被捕后，宣传革命真理，怒斥敌人，宁死不屈，表现了一个共产党员的英雄气概。9月26日午夜，马三省和一名工人被温业显秘密杀害于神树铁路西大桥，牺牲时年仅32岁。神树人民群众冒着生命危险从河水中寻找并打捞出马三省等两位同志的尸体。1945年5月27日，神树人民为马三省烈士召开了隆重的追悼大会，为这位烈士安葬立碑。至今，马三省烈士的英雄事迹仍在人民群众中广为传诵，马三省烈士永远活在铁骊人民的心中！

三、苏联红军在铁骊的活动

1945年8月18日凌晨，7名苏军伞兵降落到铁骊东圣浪以北约4公里的马鞍山南麓。中共党员马三省和抗日救国会成员十几人，把苏军伞兵小分队接到圣浪村。经过与上级和各方面的联络，22日，空降小分队3人到铁骊，4人到神树，迫使日本守备队全部缴械投降。

11月初，绥化苏联红军司令部派苏军一个连进驻铁骊，维持地方治安，遣送日侨和日军回国。

11月15日，我绥化部队在苏军支援下，一举包围庆安县城（1943年7月1日，庆城、铁骊两县合并，改为庆安县，1946年6月原铁骊地区划出，恢复铁骊县），将顽固阻挠我党接收的庆安伪县长刘绪宗、于化鹏、黄雨廷一伙及其反动武装——"保安大队"赶出县城，遂派干部接收了庆安，尹东征任县长。

第二节 浴血奋战

一、白石砬子激战

1931年10月，马占山临危受命，任黑龙江省代主席兼代军事总指挥，与日军血战于齐齐哈尔嫩江桥，打响了中国军队抗日第一枪。1932年7月初，经庆城涉呼兰河进入铁骊县城。在铁骊设治局衙门，冒雨召开民众大会，号召同胞奋起抗日。将军站在衙门西南炮台上，声泪俱下，慷慨陈词，令千余与会者为之动容。翌日，追兵又至，将军率部东出桃山，复南折进凌云山腹地及铁骊南部山区。7月14日，有日军第十四师团，第八师团和部分伪军，在野炮和飞机的掩护下，向迂回在森林中的马占山部队猛烈进攻。马将军率部，在白石砬子山口，利用地理环境的优势，与日军进行了一场恶战。经过六昼夜迂回战斗，终于把凶猛的敌人击退，这次战事的激烈，较1931年江桥战役有过之而无不及。

白石砬子之战后，马将军率队北上绥棱，经40多天的艰苦跋涉，走出了小兴安岭深山老林，抵达龙门（现龙镇），重整旗鼓，继续抗日。

二、安邦河畔痛歼日军

1932年7月，在铁骊北部老金沟一带活动的双英、四合和马四炮三支反日山林队，得到日军要从庆城开往铁骊的情报，准备打其措手不及。三路人马提前一天来到李昌屯南侧，把部队埋伏在公路两侧。一天后，一辆汽车载着狂妄骄横的日本兵，过安邦河进入铁骊境，当日军进入义勇军的埋伏圈时，汽车被拦头截住，战斗激烈打响，车上的日本兵被全部歼灭。待庆城日军得到消息，大队人马增援时，抗日义勇军早已收拾好战利品，消失得无影无踪。

三、闯王打铁骊

1933年8月中旬，铁骊伪军三营营长芦振和奋起抗日，秘密拉出3个连，联合保匪军、占全、公平、长海和北国等几支反日山林队，组成100多人的队伍，报号闯王，攻打铁骊县城。队伍从城西攻入，伪县公署的日满官员，闻攻城枪声，惊恐万状，慌忙顺过街地道逃进对面钟家用草筏子围成的大院躲避。闯王的联合军攻打日军特别守备队久战不克，退而遁入山林。

四、滚鞍岭反"讨伐"激战

1936年9月，抗联第三军一师在师长张光迪、哈北司令李熙山率领的西征先遣队渡松花江北上，经过半个多月的行军，于10月上旬到达铁力北部的滚鞍岭。同行的还有郑洪涛团长带领的抗联第四军二团的两个连，部队在滚鞍岭附近宿营。后半夜，两个当地群众赶来报信，日伪军步、骑兵300多人已经从铁骊出发多时，正向一六道岗袭来，让抗联部队早作准备。队伍刚刚集合，敌人先头部队就已经逼近。由于抗联将士宿营于河边，地势不利，第三军一师急忙向滚鞍岭方向撤走，随行的抗联四军二团在团长郑洪涛指挥下就地过河，抢占对岸山头。张光迪带领20多人边打边往南撤。部队马匹、粮食均落入敌手。得意忘形的日伪军只顾向滚鞍岭方向追赶李熙山部，把后尾暴露在四军二团和六师的火力之下，郑团长趁势指挥四军二团，张光迪指挥六师调回头来猛烈地扫射，把顾头不顾尾的敌人后尾部队给打乱了，敌前头部队见后路被抄，慌忙回援，李熙山一师、九师乘机反击，与第四军形成夹击之势，打得日伪军首尾不能相顾，匆忙撤退。战斗从拂晓打到下午，双方反复地拉锯。凶顽的敌人组织了两次冲锋，前沿阵地展开了白刃战，抗日联军终于英勇顽强地击退了敌人，又乘胜追击两里多地才结束战斗。

这次战斗，日军被打死7人，伪军被打死20余人，部队损失的马匹和给养全部夺回。但第三军一师杨福珍团长、薛和营长等20人壮烈牺牲，司令部也受了损失。战士们含泪掩埋了牺牲同志的遗体，迈着沉重的步伐向北面老金沟进发，并把先遣队的司令部安在了老金沟。

五、夜袭神树大兵营

1936年冬，日本侵略军派日军指导官森升，率600名日伪军到神树驻扎，准备修筑绥化至佳木斯铁路线。

为了破坏侵略军的修路计划，抗联三军、六军后方留守处主任李兆麟率抗联战士100余人，从汤旺河后方根据地老白山密营出发，来到神树保护筑路的日伪兵营附近。夜深人静，李兆麟率几十名战士，向大营东南方的据点靠近，有几名战士先剪断了敌军的电话线。为了不惊动敌人，李兆麟把棉大衣脱下撕成四块，让四名战士缠在脚上，防止踩在雪地上发出声音，向敌人哨兵摸去。不到10分钟，敌哨兵就成了我军的俘虏。其他三路人马，也顺利地拿下了另外三个据点。根据俘虏的口供，我军摸清了中心大营敌军的情况。李兆麟带领100多名抗联战士，逼近中心大营门口，神不知鬼不觉地绑走了岗哨，包围了日伪军的宿舍和森升指导官的官邸。李兆麟和几名战士站在森升住宿房子的窗外，大声喝道："举起手来！投降留命！"

几个汉奸吓得直哆嗦，乖乖地举起手来。森升一面命令汉奸回击，一面掏出枪把灯打灭。几个汉奸慌里慌张地去摸手枪，准备抵抗，被抗联战士打死。森升一面胡乱开枪，一面摇着电话机，喊着话，可是根本听不到任何回音。李兆麟和战士们冲进屋里，逼迫森升投降。在手电筒的光圈中，森升还想垂死顽抗，拿起马刀，像一匹受伤的恶狼，号叫着朝李兆麟扑来。"砰！砰！砰！"一连几声枪响，恶贯满盈的森升躺在地上一动不动了。

李兆麟的部队，迅速拿下神树大兵营，击毙日军指导官，俘虏日伪军500多人，给日伪当局以沉重的打击。

六、袭击横泰开拓团

1938年8月31日夜，抗联某部袭击了在杨德仲屯备料准备建房的横泰开拓团团部，缴获军马23匹，炸毁储油罐，烧毁房木，缴获许多粮食衣物。战斗中，抗联的一位姓魏的连长光荣牺牲。此次战斗给日军以沉重打击。

七、袭击二屯

1938年初冬的一个夜晚，三军警卫团政治部主任朴吉松率抗联30余骑兵，自二屯村东鸣枪而入，迅速占领村中间自卫团团部和村公所，缴获了6支大枪和1支短枪。队伍在村中吃饭、喂马和筹措给养，于天亮前撤出。

事后，日伪警察特务集结二屯，寻找抗联踪迹和追查卖给抗联粮食衣物的农民。又从伪兴安省调来蒙古军一个连，漫山遍野地寻找抗联，结果一无所获。

八、张家湾战斗

1939年初，绥化、庆安、铁骊三县的日本守备队和伪警察队联合组成一支搜山队，沿着依吉密河逆流而上，到张家湾"讨伐"。抗联交通员刘大爷得知这一情况后，日夜兼程奔回抗联深山密营，向支队长雷炎和政委郭铁坚报告。

当时，北满抗联第四支队在雷炎和郭铁坚率领下，活动于依吉密河支流小黑河附近。雷炎根据刘大爷提供的情报，立即与政委郭铁坚等召开军事会议，研究对策，决定派9名侦察员扮作山民接近敌人，任务是寻找机会混入敌"讨伐"队了解情况。这9名战士下山后，主动接近"讨伐"队。果然在第二天，被敌人当普通农民抓了。当时"讨伐"队正缺人倒背，就把他们临时编进倒背队里扛运弹药、给养和炉具等物品。在弄清了敌情后，4人留下做内应，5人返回报告。当日夜里，雷炎亲率50名精干战士轻装出发，夜半一时到达张家湾，向敌人发起突然攻击。机枪步枪一齐开火，手榴弹接连爆炸，在伪警察和鬼子的号叫声中，河边上的4顶帐篷顿时起火，烈焰冲天。敌人死的死、伤的伤，没死没伤的逃进了冬夜的森林。

这场漂亮的袭击战进行了半个多小时，打死日伪军30余人，缴获重机枪1架，轻机枪4挺，步枪多支，子弹、手榴弹数箱，还有大量的粮食、衣物和药品。

九、青峰岭战斗

青峰岭位于田升（现双丰）林业局西南63公里处，是少凌河的发源地，森林资源十分丰富。1938年冬，庆城（现庆安）县大罗镇的温三爷和他孙子温福才带着十几个同村农民到这里采伐木材，搭建了木营。周庶泛带领三军一师70多人驻扎在青峰岭以东的安邦河上游。在进出山林的活动中，与温三爷成为朋友。温三爷与木营的乡亲们多次冒着生命危险，为周庶泛的队伍筹措粮食和衣物。

温三爷援助抗联的爱国行动，很快被日伪特务得到讯息。1939初，一个风雪交加的清晨，凶恶的敌人包围了大罗镇，把全村男女老少全赶到一起，查找温家的男人。找不到温家的男人，敌人就把温福才的媳妇抓起来，当众把她怀中两岁的孩子活活摔死在雪地上，又把她狠狠地毒打了一顿。

次日仍大雪纷飞，气急败坏的敌人开着4辆汽车，顺着警备汽车道直扑青峰岭，包围了温三爷的木营，扬言要把木营中的人斩尽杀绝。可走进木营一看，竟是一座空营。日本指导官山木见扑了个空，气得暴跳如雷，哇哇乱叫，下令烧了木营，派人四处搜寻，一无所获，只好垂头丧气地爬上汽车，沿原路回返。

汽车行驶在风雪中，敌人龟缩在车厢里。当行驶到大碴子山下时，机枪声、手榴弹爆炸声突然响起。原来，敌人在大罗镇的兽行，早有人报告给周庶泛，足智多谋的周庶泛断定敌人一定会进山抓人，就在木营设了空城计，在大碴子山设下伏兵。在"轰、轰"的爆炸声中，前面的汽车戛然停下，后面的三辆追尾相撞，车里的敌人乱作一团。70余名抗联战士如猛虎下山一样向敌人发起攻击，顽抗的敌人纷纷中弹，其余的急忙缩回车厢。后三辆车虽然还能开动，可吓傻了的司机乱了方寸，不知所措，让日军山木一顿大骂，这才如梦初醒，忙启动马达，加大油门，绕过前面被炸坏的那辆汽车夺路而逃。前面车上没有被打死的敌人争相跳下车，拼命地爬上要逃走的那三辆车，没命地往回跑。敌人扔下一辆汽车，二十几具尸首和几十条大枪，狼狈地逃走了。此战役大大地震慑了敌人，使日军再不敢轻举进山。

十、张连科捐躯马鞍山

1939年4月4日拂晓，独立二师师长张连科与十一军三旅九团团长隋德胜，带领战士60多人，到马鞍山西南山沟的一个采伐木营，为部队筹措给养，以解决行将断炊的粮食和就要换季的衣服。返回时，在马鞍山西南坡与伪铁骊大呼兰河森林警察队遭遇。因敌强我弱，张连科带领姜副官、王副官等13人轮流设卡阻击敌人，掩护隋德胜等其他同志撤退。筹粮的大部分战士迅速撤离，而张连科等13人，终因寡不敌众，陷入了敌人的重重包围，经过一番激战，张连科和13名战士壮烈牺牲。

十一、处决任永富

1939年5月30日，东北抗日联军三路军成立，周庶泛担任三军一师政治部主任，任永富担任副师长，继续战斗在安邦河上游一带。

任永富，任氏三兄弟的老二，人称"二任"；老三任永林，人称"三任"；老大人称"大任"（名字和生平不详）。三兄弟合伙拉起个山林队，报号"明阳"。

"明阳"队被抗联改编后，任永富先后任三军一师二团团长、二师副师长、一师副师长，并混入党内。此人出身胡匪，被改编后恶习不改，经常违反军纪，受过周庶泛多次规劝和批评，仍不思改悔，我行我素。1939年7月，他竟然与打入抗联部队内部的绥化日本宪兵队特务李玉民、庆城警察游击队特务姜勋云勾结在一起，结成了18人的奸细集团，破坏后方被服厂，破坏执法处，制造木把头与抗联的纠纷，挑拨鄂伦春人与抗联的团结，进行了一系列的腐蚀队伍、制造分裂等罪恶活动。他们还在士兵中鼓动"归顺"，阴谋叛乱，妄图与日伪军的"讨伐"里应外合，搞垮一师队伍。在危急时刻，周庶泛坚定地团结一师的革命同志，用公开审判的方式查清了事实真相，然后召开全体军人大会，宣布了这个奸细集团的罪行，处决了任永富和他的同伙。对"三任"任永林，本来打算发钱遣送回家，可他表现出对革命信誓旦旦，骗取了周庶泛的信任，被留在队伍之中，还当了周庶泛的随身警卫，为后来周庶泛的被害埋下了祸根。

十二、小西北河给养争夺战

1940年，全国抗战处于艰苦的相持阶段，铁骊亦然。这一年，抗联活动的北满地区早霜歉收，日军又加重掠夺"出荷粮"，当地人民生活困苦不堪。在这种艰难的条件下，英勇的抗日联军为了减轻群众负担，尽量从敌人手中夺取粮食和服装。"小西北河"战斗就是抗日联军奇袭日本侵略者夺取武器给养的一次战斗。

1940年农历除夕的前一天，活动在小兴安岭南麓的抗联第三军第二支队（师的建制）一部52人，在支队长于天放率领下，从老金沟出发，直奔铁骊大依吉密伐木场，准备袭击那里的山林警察队，夺取武器和给养。行军途中，从敌人那里逃跑的人口中了解到，在小西北河有一支从绥化来的"讨伐"队，由60多名日军和30多名伪警察组成，还有70多名给他们背给养和帐篷的民工。敌人携带重机枪1挺、轻机枪2挺、掷弹筒2门、步枪70多支，背的给养主要是大米和准备过农历年吃的冻饺子。得悉这一情况，于天放当机立断，取消了原作战计划，决定就近袭击小西北河这伙敌人。

晚十点前，按照预定部署，队伍首先接近了民工住处。细致侦察后，支队顺着河身悄悄运动到敌人驻地。十点整，一声总攻击命令的清脆枪声，战斗猛烈打响。支队集中火力猛击东边的圆形帐篷，并高喊："中国人不打中国人，缴枪不杀"等口号，迫使伪警察投降。这个帐篷内住的确实是伪警察，日本人怕抗联军夜袭，让伪警察和他们换了住处，伪警察当了日军的替死鬼。情况明了后，年轻战士魏臣怒火填胸，奋不顾身冲向敌营，迅速地扔了一颗手榴弹，虽然扔过了头，但硝烟烈火乘着风势将日军的帐篷点着了，日本兵被烧得哇哇乱叫，可机枪还在不停地作响，从帐篷里窜出的子弹把在最前面的老李打倒了，抗联军立即集中火力，猛击日军所在的帐篷，日军的机枪"哑巴"了，几个日本兵滚的滚、爬的爬，狼狈地逃出帐篷，奔向树林，其余的全部被消灭在帐篷里。这一仗打得非常漂亮，只用半个小时就胜利结束了战斗。

这次战斗，抗联军队以少胜多，击毙日伪军60多人，缴获重机枪1挺、轻机枪2挺、掷弹筒1门、步枪40多支、弹药、服装和很多食品。重机枪因不便携带，被扔入火海。被抓的那些民工，大多数回家，少数参加了抗联。我军1人牺牲，1人受伤。

十三、周庶泛、车永焕依吉密河遇难

1940年3月，原北满省委执委、东北抗联三军一师政治部主任周庶泛及其爱人洪明淑，原北满省委书记、三军政治部主任张兰生，三军军需队长车永焕，周庶泛的随行副官任永林（三任），警卫员王某，周庶泛部下的王班长，一行七人奉北满省委和抗联三路军总指挥部的命令，从安邦河上游密营出发，去铁骊北部的老金沟。

3月3日，行至五花与北斗之间的依吉密河畔，七人在此宿营。早春的黎明，河畔的天空和森林依然笼罩在昏暗之中。突然几声凄厉的枪声划破山林的寂静，在将要熄灭的火堆边上，盖着军大衣正在熟睡的周庶泛头部被近距离射击的子弹打穿，鲜血染红了身边的雪地。

枪声惊醒了火堆旁另外四个睡觉的人，他们霍地站了起来，面对两个一高一矮、满目凶光、正要对他们下手的年轻人大声呵斥："三任，你们要干什么？"那个矮个的年轻人冷冷地答道："干什么？为我哥哥报仇！"四个人边说边伸手摸枪，可枪已经不见了，早被两个凶手偷走，扔到远远的深雪之中。这时，四个人中的一个壮汉弯腰抠起火堆上一根胳臂粗的木棍，抢上几步，拼命地朝那两个凶手抢去。两个凶手被这突如其来的攻击打得措手不及，纷纷后退，怕在搏斗的混乱中开枪打中同伙，只好一手拿枪，一手抓起火堆的木棍和那个壮汉对打起来。

那个抢木棍的壮汉是车永焕，他边打边喊："张主任，你们快跑！快往那边林子里跑！"十几步远处是一片冬天不落叶的浓密的臭松林子。

不一会儿，张兰生、洪明淑、王班长三人消失在密林之中，而两个凶手一个被车永焕打飞了枪，一个被打倒在雪地上。车永焕见状也向臭松林子跑去，可刚跑出十几步，身后的枪响了，车永焕趔趄了几下，倒在了血泊之中。

两位声名赫赫的抗联领导人，没有死于日本人的枪弹，也没有屈服于敌人的阴谋，却死在两个叛徒警卫的枪口之下，令人惋惜。

十四、依吉密河畔以少胜多

1940年12月，一个风雨交加的黄昏，驻扎在张成礼屯宿营地的东北抗日联军三路军六支队队长高继贤、政委于天放等20多人得到消息，有日本侵略军15人的测量队驻扎在离此屯五里多地的依吉密河河畔。高继贤和于天放当机立断，决定消灭这伙日军。趁着夜色摸到日本测量队的驻扎地点，却发现驻扎地有五顶大帐篷，燃烧着几十个火堆。其中三顶灰白色帐篷里，驻扎着大约200名伪军，两顶黄色新帐篷里驻扎着约100名日军。小分队面对数倍强敌，出其不意、攻其不备，向敌军发起猛烈攻击，当时的场面火光冲天，抗联小分队战士趁着夜色越战越勇，而日伪军不知抗联有多少人马，被打得蒙头转向，抱头鼠窜，整个战斗进行了四十几分钟，共击毙日军80多人、伪军172人，俘虏8人，缴获枪支120多支、子弹2 000多发，还缴获了大量的米、面、猪肉等物资。抗联战士面对数倍强敌，毫无惧色，创下了铁力革命老区抗战史上以少胜多、大快人心的典型战例。

十五、袭击铁骊车站

1941年正月某日的半夜时分，抗联三路军六支队指导员朴吉松，率十余名抗联战士袭击铁骊车站。车站的伪铁路警察一面还击，一面向驻扎在县城里的关东军守备队告急。经过激战，有一个伪警察被打伤，两个被俘，许多武器、弹药、粮食和衣物成了抗联战士的战利品。

激战中，有一个27岁姓张的抗联战士受伤被俘，当天下午被押进县警务科。敌人为了从他口中得到情报，把他送到县医院进行治疗包扎，三天后，严刑审讯。这位英勇的抗联战士，面对敌人花言巧语的诱降和鞭笞酷虐的拷打，正气凛然，坚贞不屈。他挺直了胸膛，高昂着头，揭露日本帝国主义侵我国土，杀我同胞的野蛮罪行。最后，这名战士英勇就义。

十六、隋德胜血染筹粮途

1941年11月，抗联三路军六支队指导员朴吉松，带领30多名战士，从安邦河上游的密营出发，到庆城南大罗镇去筹措粮食。在行进的途中，误入了敌军的圈套，激烈的战斗随之打响。朴吉松沉着指挥，由六支队十六大队队长隋德胜、指导员高凤祥带领几名机枪手设卡阻击，其他战士夺路回撤。抗联战士边打边撤，已撤退到凌云山老道庙附近，日伪军仍紧追不放。一直到黄昏，战士们利用密林掩护，总算摆脱了敌人的追击。然而，队长隋德胜和三名机枪手，在狙击敌人的战斗中，血染疆场，壮烈牺牲。他们用年轻的生命掩护了战友，为抗联保存了有生力量。

十七、袭击王杨车站

1942年5月18日夜，朴吉松率抗联战士20余人，从燕窝山出发，傍晚时分到达小山吴付赵永江地窝棚，休整后隐藏在王杨站南的水渠边。夜半时分进入车站，没费一枪一弹，俘虏了值班站长和5个铁路警察，缴获步枪6支、子弹120发、手枪1支、子弹20发、刺刀5把、粮食和被服物品若干。袭击成功后，抗联队伍迅速向东南方向撤去。

十八、孙国栋夜袭桃山站

1942年5月20日，孙国栋带领抗联队伍从石长南山下来，首先袭击了伪桃山西庙警察分驻所，正在熟睡的伪警们一枪没开，都乖乖做了俘虏。

接着，孙国栋带领队伍向东边的车站奔去，刚要接近目标，就被车站站岗的日军哨兵发现。这个日本兵边鸣枪喊叫，边没命地往屋里跑，没等进屋，被抗联战士打倒在地。屋里的众警察闻声，仓皇迎战，可没打上几枪，就在抗联的攻势下，纷纷扔枪投降。

这次战斗，我军战死1人，负伤1人，缴获步枪7支、步枪子弹360发、手枪1支、手枪子弹20发、刺刀5把、粮食被服若干。在袭击车站的战斗中，桃山站日本警护分团长吉田刚，听到枪响就钻进了仓库，保住了性命。

十九、袭击八家户军用机场

1942年6月26日，抗联朴吉松小队与张瑞麟小队20人，袭击田升（现双丰）车站东4公里处正在修建的八家户日本军用机场，缴获了运石料的13匹马和衣物5件、现金650元、大米100公斤。战斗速战速决，使修机场的日伪军提起抗联闻风丧胆。

二十、马克正小队坚持抗战

1943年10月，东北抗日联军的主力转移到苏联境内，国内只剩下几支小股部队，其中三路军总部教导指导员马克正率领的一支小队仍活动在小白村地区。马克正小队由4人组成，分别是马克正、陈富、于铁嘴子、苏方。这个小队虽然仅有4人，但为了抗日战争的最后胜利，他们矢志奋斗，发动群众，坚持最后的斗争。

1943年12月，马克正小队到小白山里的一个采伐木营搞给养，因汉奸告密而遭到伪山林警察的追击。双方交火中，战士苏方壮烈牺牲，敌人也遭到重创。这就是日本投降前发生在小白村的"马克正事件"。

二十一、孙国栋英勇就义

1944年12月19日，由于汉奸王山东子告密，活动在庆安、铁骊、绥棱山区的于天放、孙国栋、于兰阁、杜希宝等同志，在绥棱宋万金屯和绥化九井子，被铁骊的李秉恒等特务逮捕。于天放被押往北安监狱，后来从监狱逃出。而曾在铁骊石长南山长期活动的孙国栋，则被伪满洲国哈尔滨高等检察官沟口嘉夫，绞死在哈尔滨道里监狱。时间是1945年8月14日下午3时许，是日本宣布无条件投降的前10个小时。

第三节　铁骊民众支援抗战

一、李均海夫妇支援抗战

1936年下半年，抗联三军九师雷炎部队有200多骑兵在铁骊南部凌云山喇叭河子附近山区，开展抗日游击战斗。农民李均海住在凌云山脚下，经常留抗联战士在家吃饭、住宿。在他的影响下，附近居住的冯宝山、陈矮子、赵福有等很多爱国民众纷纷为部队提供粮食和衣物，支持部队坚持抗日斗争。

某日，抗联部队在李均海家附近与上山"讨伐"的日伪军警遭遇交火，勇猛的九师骑兵一举击败了"讨伐"部队，日伪军被打得溃不成军。日伪当局恼羞成怒，回过头来找老百姓出气，以莫须有的罪名逮捕了李均海、冯宝山、陈矮子、赵福有等人，还放火烧了李均海家的房子，把李家人赶出凌云山。李均海等人在铁骊县监狱被打得奄奄一息，出狱时体力衰弱、身体致残。李均海的夫人李周氏，看到丈夫被折磨得不成人样，国恨家仇在胸中燃烧，毅然继承夫业，继续为援助抗联开展工作。有一天，她骑马到铁骊街内为抗日联军代购衣物和药品，不幸被特务发现，遭受一顿毒打。特务又把她带进一处趟子房，拔去正在做饭的铁锅，把她放在锅台上烘烤。李周氏在高热难耐的折磨中，视死如归，宁死不屈，表现出不畏强暴、大义凛然的英雄气概。

二、孙绍文援助抗联的义举

1939年2月，日本人在王杨南建青叶开拓团，孙绍文等30多户人家被赶到铁路以北荒原建王道新村，新村设3个屯，分别称前王道、腰王道、后王道，孙绍文任村长。

同年农历腊月十六，李兆麟、张光迪和朴吉松率部队来前王道筹粮。孙绍文发动群众，安排战士到各家休息、吃饭和喂马，又筹措小米2石、苞米碴子1.5石、黄豆1石、大芸豆1麻袋、棉衣4套、帽子2顶、乌拉鞋6双以及火柴、食盐等生活必需品，并安排高君等6人用牛马驮着，趁风雪夜把这些给养送到安邦河上游抗联密营。高君送粮回屯时，被铁骊县伪警察署侦知此事。为了保全高君等人，孙绍文让高君主动去投案，只说送粮是被逼去的，放回来迷了山，都到哪了也不知道。日本人和伪警察对他严刑逼供，高君始终咬定去南河是被逼的，而且迷了山。日本人怎么打他也没改口，日本人没得到任何有用的情报。5年后，此案又发，高君爷爷被打死，高君本人也被打了个半死。

1940年冬天，孙绍文看到抗联官兵在大雪纷飞的寒夜仍然穿着单衣，便暗中动员20多户群众凑了大批食盐和粮食，但弄不着一点布匹和棉花，怎么办？他就和大伙商量，想出了拆被褥做棉衣的办法，一夜工夫做了50件棉衣，虽然五颜六色，但能挡风御寒，极大地鼓舞了勇敢杀敌的将士。从此，孙绍文认识了黑龙江绥化军区司令员于天放。以后的4年，孙绍文不顾个人生命危险，给抗联送去一批批子弹和药品。于天放被捕后越狱逃走，日军大批人马搜捕。在危急关头，于天放来到孙绍文家，孙绍文不顾被抄家、杀头的危险，把于天放藏在河套草屋里，日夜看护，送汤送饭，使于天放安全脱险，重返抗日前线。

三、小山吴抗日救国会

伪满时期，年丰乡东河村西面有个小屯，称小山吴村，住着二十几户人家，白明久、吴崇信和赵永江三家是这个小屯的种地"大户"。

1939年，抗联三军警卫团政治部主任朴吉松来到此屯，以白明久、吴崇信和赵永江三家为主，组织成立了抗日救国会。两年多的时间，救国会多次给朴吉松的抗联队伍送粮食、棉衣、鞋帽、食盐、火柴、黄烟之类的用品。他们把粮食、食盐、胶鞋、棉衣用袋子封好，把大酱装在瓶子里，然后埋到送粪的车下，偷偷地运送给抗联队伍。秋收季节，他们把粮食藏在地里，然后通知抗联战士到藏粮地点去取，为抗联战士解决军粮之需。

1941年春，因给抗联送粮，救国会成员白明久、白克理、白克义、薛连春、王玉山、吴崇信、吴崇文、赵永江和史长珍等多人被捕，有4人惨遭杀害，其余被押送到哈尔滨香坊监狱，吴崇信被判无期徒刑，狱中被折磨致死，其余人在监狱中受尽酷刑，带着伤残死里逃生。1942年，日本侵略军对这个小屯施行报复，把这个屯的房屋强行扒掉，荡平了小山吴村。

四、庙窝堡筹粮

1939年腊月二十九黄昏，李兆麟与朴吉松带七八十人到刘纯屯东3公里处庙窝堡筹粮。明命寺监院岳明广与把头吕汉奎带领道士和庙工50多人热情地接待抗日队伍，给抗联战士安排了丰盛的饭菜。临走时，又送给抗联队伍许多粮食、衣物，还给战士们带了路上吃的食物。

过了一段时间，岳明广的儿子岳玉经又从铁骊街里买了50双胶鞋，背送到庙窝堡南山朴吉松指定的地点。此后，抗联战士经常到庙窝堡筹粮。

五、史文德等十一人遇难

1940年夏，在田升当过伪警长的史文德反正抗日，来到凌云山的套子里，他与苏凤山、赵明山、张海山、汤炮、许秉新、施文富等11人结成联盟，以捆木排为由住进南关门嘴警防所，设计抢走了警防所的所有枪支。警防所枪支被抢的消息传到伪铁骊警务科，驻铁骊日军大惊失色，召集汉奸李秉衡、陈国英等人密谋出借刀杀人之计。李秉衡和陈国英把索利连的人哄骗进城，先把索利连队员软禁，把队长陈山关进监狱。然后提审陈山的弟弟陈有，恐吓威胁说："你们私通共匪之事，日本人已经知道了，是我劝说日本人给你们一个将功赎罪的机会，你们可以用史文德那帮人的人头，换你哥哥和索利连这些人的脑袋，否则……"陈有进退两难，但为了保住哥哥陈山与索利连这帮兄弟的性命，只好听从。即日，陈有带了索利连的一些人到凌云山去找史文德。

史文德等11人抢了警防所的枪支后，准备投奔抗联三军朴吉松，但在山里转了几圈未能找到。正巧碰到来找他们的陈有等人，陈有谎称说他们也准备投靠抗日联军，史文德深信不疑。在一个月黑风高之夜，陈有提议庆贺两路英雄聚会，陈有的人用酒把史文德等11人灌醉，凶残地把他们全部杀害，把11颗血淋淋的人头割下带回城里。日伪军在伪铁骊县公署前广场上召开"庆功"大会，然后用大笸箩装上人头游街，又挂在电线杆上示众。这是日本侵略军在铁骊灭绝人性的又一滔天罪行。

六、凌云山抗日救国会

侵略军进驻铁骊后，修建了5个"警防所"。凌云山警防所是其中之一，警员有20多人。所长刘纯金是爱国人士，他带领这里的警员多次支援抗日活动。在凌云山警防所防区，还有个木把头魏忠，他把采伐营房秘密提供给抗日联军做投宿地。抗联三军军部和北满省委机关曾设立在魏忠的木营。

1940年6月，抗联十二支队队长朴吉松，秘密与警务所长刘纯金和木把头魏忠联系，成立了凌云山抗日救国会。为了帮助抗联战士生活上的困境和解决抗联队伍的后勤之需，他们人背马驮，以各种方式为抗联送粮食、猪肉、布匹、衣物、胶鞋、子弹等，而且运送的物资数额巨大，他们还以各种方式为抗联提供情报。每当"讨伐"队进山时，警防所的救国会成员就以欢迎"讨伐"队为名，把日满国旗高高地悬挂在瞭望塔上，抗联队伍见旗就撤进深山，使日本人的"讨伐"多次扑空。

1942年5月下旬，伪哈尔滨铁路警护旅派要员2人，带1名高级翻译到铁山包，纠集铁力警务科所有特务，小呼兰河森林警察队和铁山包铁路警护团所辖各分团路警，还有铁骊大训练所训练生近300人，组成"讨伐大队"进行大"讨伐"。其宿营时，抗联战士将火堆旁的哈警护旅要员击毙。

同年，警防所刘纯金等二十几名伪山林警察被诱捕，审讯后把其中7名与朴吉松结拜的人送哈尔滨香坊监狱，刘纯金、吴春荣、徐惠民被绞死，陈洪福、刘凤岐、曹振清、闫绍才被判无期徒刑，陈洪福、刘凤岐在监狱中被折磨致死，曹振清、闫绍才在光复后才被释放。其余伪警被日本人抓去做苦役，受到非人的虐待，押了半年才释放。木把头魏忠也同时被捕，送到北安监狱，关押了97天，在狱中受尽酷刑后获释。出狱后，伤未痊愈，他就继续为支援抗战东奔西走。这一带的老百姓，称他是"毁家纾难的木把头魏忠"。

七、石长工人无私支援抗战

1941年，抗联三路军九支队大队长孙国栋，率部队在石长一带山区活动。孙国栋依靠这里的工人成立了石长抗日救国会，会长由三兴石长薪炭组合的组合长王树声担任。由于孙国栋等人的抗日宣传，救国会不断壮大，范喜铭、陶把头、段把头、王把头、耿氏三兄弟（耿化廷、耿喜春、耿喜惠）、账房先生李连瑞、王秀山、尹师傅等30多人先后加入救国会。石长抗日救国会不断地为部队筹措粮食和衣物，并为部队搜集情报，使抗联队伍得以生存并坚持斗争。

当年日伪军进行大"讨伐"，抗联队伍被日伪军围困在石长南山，形势十分危急。耿化廷、耿喜春、耿喜惠三兄弟和范喜铭、李连瑞等人得知消息，冒着生命危险，把战士引领到两个废弃的炭窑藏匿，每天由尹师傅给战士送干粮。坚持半个月，直到"讨伐"队撤离，部队才转危为安。

1942年农历正月十五，耿喜春赶着爬犁，把100斤元宵、100双棉胶鞋、10套棉衣和香烟等物，如约送到石长车站北的废炭窑处。孙国栋和战士们正等候在那里。爬犁刚刚卸完，一队尾随其后的伪山林警察就赶到了。孙国栋端着机枪，一梭子子弹打死了敌机枪手，打伤了另一个伪警察，余者仓皇逃走。孙国栋得歪把子机枪1挺、子弹数发。

1942年5月20日，石长抗日救国会王树生、耿化廷、耿喜惠、范喜铭等26人被捕，审讯中范喜铭当夜被打死。6月16日，将其中13人与狱中20余人押送至哈尔滨伪高等检察厅。此案直接死者8人，间接死者6人，重伤多人。

八、破坏日伪运输线

1941年农历七月，铁路工人在岩手（现桃山）车站采石场支线的货车车轴油线中装入砂子，在道岔处的路轨上插上道钉，欲使列车颠覆，破坏日军的铁路运输。此事被铁路工务段发觉，报告了铁路警护团护监金寿延，金寿延率领警察赶到现场，经勘查怀疑是铁路工人的破坏行为，遂逮捕铁路工人60多人。经严刑拷打，审讯无果，把怀疑最重的3名工人送交绥化地方检察厅判了刑。

九、小白中华抗日救国会

任作舟，原是吉林抗日救国军王德林部的一个团长，该部失败后，他到小白山区。在抗联部队的帮助下，联合众柜头成立了"中华抗日救国会"，自任会长，经常以粮食、马匹和衣物等支援抗联。

1944年5月，小白中华抗日救国会的成员及抗日群众52人，被伪三江省警务厅及保安局派出的"特谍班"袭击。有1人拒捕时被打死，其余51人被捕。其中有7人被枪毙，8人被毒打惨死于狱中，6人由于饥饿、劳累、伤残、毒打死于牡丹江苦役场，有20人下落不明（很可能被送到佳木斯三岛理化研究所，当了侵略军细菌武器的试验品）。只有10人幸免于难，光复后出狱。中华抗日救国会的成员42人，在抗日战争胜利的前夕，英勇献身，这是老区民众苦难与抗争的真实写照。

新中国成立后，据民政部门不完全统计，铁力参加抗联和支援抗联的人数有1 200余人，其中被逮捕、监禁、拷打、判刑，直至杀害者占60%以上。抗日战争中，为国捐躯的抗联将士和爱国群众，永远铭记在铁力人民心中。

第三章　革命遗址与侵华罪证

　　在中国共产党的领导下，抗日联军和铁力人民在抗日斗争中留下了许多珍贵的革命遗址。这些革命遗址铭刻着中国共产党人和铁力人民为民族独立和人民解放而英勇奋斗的光辉历程，蕴含着中国共产党人和铁力人民艰苦奋斗、不屈不挠、一往无前、敢于胜利的革命精神。革命遗址与日军侵华罪证，是抗日战争在铁力这块土地上的重要历史见证。

第一节　革命遗址

周庶泛、车永焕遇难地

　　周庶泛、车永焕遇难地位于铁力市工农乡北星村南200米，伊哈公路南侧10米。2001年被铁力市人民政府公布为铁力市文物保护单位。2002年8月15日，抗战胜利57周年之际，铁力市政府在此地立碑纪念。

曙光中共庆城特支遗址

　　曙光中共庆城特支（庆安、铁骊分县后也称庆铁特支）遗址，位于铁力市双丰镇曙光村二组南500米，东距双南路1千米，西面安邦河东500米原稻田公司屯。

曙光中共庆城特支全称中共庆城特别支部委员会，曾是历史上铁力与庆安合县期间满洲省委直接领导下的第一个中共基层组织。1930年5月，曙光中共庆城特支成立。庆城特支刚一成立就积极带领群众进行反帝反封建的革命斗争。"九一八"事变后，又带领群众投身抗日斗争。1932年6月，特支按照满洲省委的指示，派党员韩宽淑、金德山等7人到绥棱参加马占山领导的抗日义勇军队伍。同年8月，弓记崔友山又带领韩宽淑等20多人在铁力凌云山参加了张甲洲和赵尚志领导的巴彦游击队，历经多次战斗，几人壮烈牺牲。1933年2月，由于汉奸告密，特支大部分成员被捕，组织被破坏，特支活动转入地下。

曙光中共庆城特支遗址于2001年被铁力市人民政府公布为铁力市文物保护单位。2002年8月15日，抗战胜利57周年之际，铁力市政府在此立碑纪念。

抗日义勇军歼灭日军处

抗日义勇军歼灭日军处，位于铁力市双丰镇安邦河大桥东100米处，李昌屯南、绥佳铁路与伊哈公路之间。

战斗地当时是河旁灌木丛，方圆约200米，现为耕地。1932年秋，首次侵入铁力的日军20余人乘卡车自绥化、庆城路经此地时，被事先埋伏好的东北抗日义勇军老金沟的"双英""四合"队伍全部歼灭。只留下一个中国翻译小孙。此处是铁力人民打响抗日第一枪的地方，具有重要意义。

2002年8月15日，抗战胜利57周年之际，铁力市政府在此立碑纪念。

燕窝山山脊抗联密营遗址

燕窝山山脊抗联密营遗址，位于铁力市双丰镇南70公里，双丰林业局爱林经营所，燕窝山南山山峰处。

铁力、庆安和通河交界的燕窝山中，众河之源头，在神仙撂石峰西南坡300米左右的小石砬子前面，大石垒成围墙，现高仍有1.5米，围墙内有大小两间房子，大者居东，东西长约7米，南北宽约5米，小者居西，长4米，宽3.5米，屋内火炕和灶台的形状还很清楚，残灰和灰中的余碳尚存，遗址挖出许多遗物。1936年春季以后，抗联第三军几次西征至此，直到1943年底，这里都是北满抗联的重要后方根据地，留下密营无数。这些密营大多保存尚好，是反映小兴安岭地区抗日斗争的遗址。

燕窝山东松岗抗联密营遗址

燕窝山东松岗抗联密营遗址，位于铁力市双丰镇南70公里，双丰林业局爱林经营所，燕窝山南山山峰处。

此地中心是背靠燕窝山南山主峰东500米的密营营房，遗址长9米，宽6米。房四周有哨位和掩体，营房和哨位间有木克楞通道相连，密营前100米有汲水草沟，此处出土许多遗物。在山峰的南坡，山脊遗址西北相距500米，原为三间半地下房屋。

59北沟抗联密营遗址

59北沟抗联密营遗址，位于铁力市双丰镇南55公里，双丰林业局青林经营所59号林班北沟，是安邦河上游抗联密营之一。

该遗址木克楞营房建在一隐秘的山腰之中，营房亦不很大，约两间房大小，营房早已坍塌、腐朽，但残址中灶台、土炕十分清晰。特别是自营房以东的山脊上，有掩体9个，每个相距不过20米；营房西北40米处较高的小坡上有1哨位，哨位和营房间有1米多深战壕蛇形相通。从地点和大小分析，此营不是主营，应是主营的前哨阵地。该遗址有大量出土物。

燕窝山山坞抗联密营遗址

燕窝山山坞抗联密营遗址，位于铁力市双丰镇南70公里，双丰林业局爱林经营所，燕窝山南山山坞处。

山坞抗联密营在山脊密营遗址西北120米的山坞（山洼）之

中，该遗址在燕窝山的四个遗址中是最大、最完备的，似中心营地。房屋4间坐北向南，东西长12米，南北宽6米，建筑面积72平方米。房基外是土夯围墙，宽1.5米，高1米。墙外2米处东面和北面是战壕及掩体。遗址南面20米处是石砬子，峭壁50余米高。出土大量遗物。

燕窝山崖口抗联密营遗址

燕窝山崖口抗联密营遗址，位于铁力市双丰镇南70公里，双丰林业局爱林经营所，燕窝山南山山崖峰处。

1936年春季以后，抗联第三军几次西征至此，直到1943年底，这里都是北满抗联的重要后方根据地。此是木克楞哨所遗址，南北长5米，东西宽3米。南面不足1米就是悬崖峭壁，易于瞭望，易守难攻。此遗址应该是主营的前沿哨所或前沿阵地，在主营遗址西北，相距约200米。东北为山之缓坡，所用圆木直径30厘米左右，时过70余年，残迹清晰可见，房墙还有80多厘米高。

七厂抗联密营遗址

七厂抗联密营遗址，位于铁力市双丰镇南70公里，双丰林业局爱林经营所西北3.5公里，是安邦河上游抗联密营遗址之一。

该遗址在一平缓的坡地上，营房为相距不足两米的大小两栋房屋，大营房东西长9米，南北宽5米；小营房东西长6米，南北宽4.5米。房屋四周为战壕，东西长40米，南北宽25米，战壕四角各有一能容2至3人的方形掩体。20世纪70年代，在这里曾发现日军的坟墓，墓主人脚上的军用皮靴尚未完全腐烂。出土一些物品。

关五爷大山抗联密营遗址

关五爷大山抗联密营遗址，位于铁力市双丰镇南70公里，双丰林业局爱林经营所，神仙摞南山里关五爷大山东山山脚下。

关五爷大山遗址是安邦河上游抗联密营遗址之一。原三间营房为木克楞的半地下房屋,营房前有一地下通道,长约20米,宽约3米,深2米。现营房和通道上盖早已坍落,通道两侧的树木已有合抱粗细,而原建木克楞的大松木仍未完全腐尽,分析此营可能是北山中共北满省委三路军总部神仙摞密营之前哨,该址挖出不少遗物,以子弹为多。

青林神仙摞东北抗日联军第三军密营遗址

青林神仙摞东北抗日联军第三军密营遗址,位于铁力市双丰镇横太山村南双丰林业局施业区青林林场境内,爱林沟64公里神仙摞南300米,铁力、庆安和通河交界的燕窝山中。

1936年春至1943年末,抗联第三军几次西征至此。这里是北满抗联的重要后方根据地,建有许多密营。神仙摞是安邦河抗联密营遗址之一。在神仙摞石峰西南坡300米左右的小石碴子前,大石垒成围墙,现高仍有1.5米,围墙内有大小两间房子,大房子在东侧,东西长约7米,南北宽约5米,小房子在西侧,东西长5米,南北宽3.5米,屋内火炕和灶台的形状还很清楚,残灰和灰中的余碳尚存。

青林神仙摞东北抗日联军第三军密营遗址,于2001年被铁力市人民政府公布为铁力市文物保护单位。

安乐沟抗联密营遗址

安乐沟抗联密营遗址,位于铁力市双丰镇南70公里,双丰林业局爱林经营所东南5.5公里。

安乐沟抗联密营遗址,建在湿地北边隆起的小山坡上,四周为一人余深的战壕,战壕每隔10余米有一直角转弯,战壕四角有哨位,哨位和营房间有战壕相通。1936年春、秋,赵尚志两次率部西征,点燃小兴安岭西麓抗日斗争烽火。1938年北满抗联部队再次西征,将中共北满省委机关和抗日中心转移至此,直到抗战胜利前夕，山上山下陆续发现许多密营遗址。此处发现过整箱子弹、日制手榴弹、大量生产生活用品。

透笼山中共北满省委临时会议遗址

透笼山中共北满省委临时会议遗址，位于铁力市工农乡北星村东，铁力林业局施业区马永顺林场西南1公里透笼山上，北距依吉密河1公里。

中共北满省委临时会议在透笼山上的透笼洞召开，洞内南北深18米，东西宽7.5米，共计66平方米。洞北口（入口）宽约4.5米，南口（通风口）宽约1米，皆为不规则形。洞内东壁镌有抗联老战士陈雷（原黑龙江省省长）题字："中共北满省委依吉密河会议遗址"。

透笼山中共北满省委临时会议遗址，于2001年被铁力市人民政府公布为铁力市文物保护单位。

老金沟抗联会师地

老金沟抗联会师地，位于铁力市工农乡五花村北铁力林业局施业区向阳林场。

1936年秋、冬，是铁力抗日斗争大发展时期，先后有8支抗联队伍会师老金沟。1936年春，东北抗联第三军军长赵尚志，率部西征留在庆（安）铁（力）木（兰）坚持斗争，与开辟新根据地的第三军六师师长张光迪、政治部主任兰志渊（后叛变）约300人经铁力东部石长、北部依吉密（现铁力林业局建设经营所）和十六道岗，于9月到达老金沟。第二批有4支队伍，由哈北司令李熙山率第三军一师200余人，同赵尚志第二次西征的先遣队从依东出发西进，在通河、铁力境内与第三军九师一部会合，共同北上。10月上旬，在庆铁北十六道岗与先行到达的第六师会合到达老金沟。随第三军一师共同活动的还有团长郑洪涛率领的第四军一师二团和师长关书范率领的第五军一师两支部队。第三批由活动在松花江南岸的第三军二师、三师，分别在政治部主任吴景才和师长张连科的带领下渡江北上，于10月上旬到达老金沟，然后转战于鸡岭、马鞍山一带。第四批队伍由第三军司令部直属的保安师、一师和五师各一部混合编成的500人的骑兵队伍，在军长赵尚志的亲自率领下，于11月末，从汤北老钱柜（现伊春市上甘岭区平川农场）出发西进，先奔蒙古山，而后又回师北上，直奔庆安、铁力北部，12月到达老金沟。抗联8支队伍在老金沟的大会师，壮大了抗联在铁力的抗日力量。从此铁力林区的抗日斗争进入了新阶段。

老金沟抗联会师地，于2001年被铁力市人民政府公布为铁力市文物保护单位。

向阳140林班枪支发现地

向阳140林班枪支发现地，位于铁力市工农乡北，铁力林业局施业区向阳林场西北8公里，140林班乱石塘的石缝下。

向阳140林班枪支发现地共发现枪支15支，其中1支手枪、1支苏制冲锋枪，其余13支是日制三八枪和中国汉阳造长枪，木质部分已腐朽，判断为抗联转移时所藏枪支。同时还发现鞋面已腐朽的胶鞋底5个。

欧根河抗联密营遗址

欧根河抗联密营遗址，位于铁力市工农乡北，铁力林业局施业区东方红林场西南500米，欧根河左岸，林场苗圃南20米处。

欧根河抗联密营遗址东西长70米，南北宽18米，曾发现铁桶、马蹬、弹壳、白瓷片等物。1952年到老根据地慰问的抗日英雄于天放同志也带人重访于此，又在密营附近取出毛毯、枪支和许多遗物。人称此地为"于天放大营"。

滚鞍岭战斗遗址

滚鞍岭战斗遗址位于铁力市工农乡北星村北，铁力林业局施业区泥河林场至保马农场公路中段路东侧，西距欧根河30米。

卫东沟抗联密营遗址

卫东沟抗联密营遗址，位于铁力市工农乡五花村北，铁力林业局施业区向阳林场西北9公里一个不深的山沟内，西南距青水山主峰2.5公里。

山沟两岸密营遗址7个，相距在50至100米不等，营址大小不一。遗址分布面积约8万平方米。地表采集许多生产生活和军械用品遗物，有一块铁锅残件仍留在遗址树下，山沟两侧草塘以外多为杨树，树径都在30厘米以下，土质也很肥沃，据有经验的林区人分析，这里以前曾种过地，应是抗联的农垦地。

鱼眼泡战斗遗址

鱼眼泡战斗遗址，位于铁力市工农乡东北，铁力林业局施业区马永顺林场东，依吉密河北岸。

鱼眼泡是庆铁抗日斗争史上很有名的地方。此地曾经发生过两件大事：一是1938年9月下旬，有抗联第三军政治部主任、中共北满省委委员，后任北满省委书记金策，带领抗联第三军西征队伍，与抗联第六军军长王明贵带领的六军西征队伍在此地会师，展开小兴安岭西的抗日斗争。二是抗联第三军龙南部队在此与来自绥化的日伪"讨伐"队进行了激战，大获全胜，缴敌机枪4挺、大小枪支50余支、子弹2 000多发、军用品甚多。

小黑河抗联密营遗址

小黑河抗联密营遗址，位于铁力市工农乡五花村北，铁力林业局施业区黑河森林经营所东北4.5公里，小黑河支流北岸。

小黑河抗联密营为四合院形式。北房东西长34米，南北宽8米；南房东西长35米，南北宽8米；东房南北长33米，东西宽8米；西房南北长35米，东西宽7.5米。西南角空缺较宽，应是出入大院门位置。曾采集到碗片、罐头盒、弹夹、子弹和生产生活用工器具等。遗址可见已经腐朽的房木，西厢房是厨房，南北两头有多眼石砌灶台。遗址上遍及荒草和树木。

小西北河战斗遗址

小西北河战斗遗址位于铁力市工农乡五花村北，铁力林业局施业区向阳林场西侧10公里。

张家湾抗联战斗遗址

张家湾抗联战斗遗址，位于铁力市工农乡北星村北，铁力林业局施业区卫星森林经营所西南0.5公里，处晓河北岸。

张家湾战斗是抗联第十一军和第六军教导队西征到达铁力后，进行的一次规模较大的战斗。此次战斗之后，日军在此地西1公里、警备道东侧，为战死的日军立混凝土座的招魂碑。同时，在西北小山又设了个警防所，称三股峰警防所，招魂碑的碑体已无存，只有碑座尚在。与山上的警防所遗址是抗日联军抗击日军侵略的历史见证。

魏长魁烈士牺牲地

魏长魁烈士牺牲地位于铁力市桃山镇石长村西2公里，路北苇塘沟。

1938年7月，根据中共北满临时省委第七、第八次常委会议决定，中共北满临时省委执委、组织部长、抗联九军政治部主任魏长魁，抗联第九军二师师长郭铁坚，率领九军二师第四团、第五团和三军政治保安师组成的首批北满抗联西征队伍共150余人，自依东出发西征。远征部队由洼洪出发，从沙河子过江后，在小古洞、鹰窝集中半个月筹备给养。后经耳朵眼，从神树与桃山之间过呼兰河，继续向铁骊、庆城前进，来到现石长村西约2公里一个叫苇塘沟的地方，遭到了伪森林警察队的袭击。我军仓促应战，多人受伤。战斗中抗联九军政治部主任魏长魁，因在突围部队后面照顾病号，不幸被流弹击中，两处负重伤。他在双腿不能行走，独自爬行许久，感到身体难以支撑归队无望时，为了不泄露党和部队的机密，不做敌人的俘虏，把随身携带的文件尽数烧毁，毅然自刎，年仅33岁。

魏长魁烈士牺牲地，于2001年被铁力市人民政府公布为铁力市文物保护单位。

磨盘山640高地战斗遗址

磨盘山640高地战斗遗址位于铁力市桃山镇丰收村南34.4公里，桃山林业局施业区奋斗经营林场西南6.4公里，磨盘山北山坞中。

山坞东、南、西高，北低坡向下，呈簸箕形，约3 500平方米。1943年3月24日，抗联第三军第十二支队与前来"围剿"的日伪"讨伐"队展开激烈的战斗，打死日伪军多人，一名抗联战士牺牲，损失轻机枪两挺，无线电发报机一台，抗联战士用鲜血和生命保住高地，给日军以重创。

抗联第三军被服厂遗址

抗联第三军被服厂遗址，位于铁力市朗乡镇迎春村南38.4公里，朗乡林业局施业区新东林场被服厂沟。

1937年4月，抗联第三军被服厂因惨遭敌人破坏，由西林区汤梨川（原南岔的帽儿山），转移到北满临时省委机关所在地附近新东林场被服沟。当时有第三军的陈静芝、于桂珍、于秀珍、于岩秀、王秀平、姜新玉和金伯文7名战士，还有从通河调来的金碧荣、张景淑、张照淑、洪明淑、朴景淑和金玉碧等共十四五名战士，陈静芝任厂长，金伯文任党支部书记。她们在距现抗联第三军被服厂沟沟口3 000米处，一座猎人小木屋旁边盖起了一座长约10米、宽约5米的大木克楞房子，在房子里为前方将士们缝制军衣。

抗联第三军战士在战斗中缴获了大量布匹、棉花和粮食，藏在被服厂30里以外的山上。上级命令务必在大雪封山前把这些原材料和给养运到被服厂，被服厂的战士们在木克楞房子里开工生产。1937年秋，在距被服厂沟口约5千米的密林深处（现新东林场54林班），用红松圆木建起了两栋木克楞房子。

抗联第三军被服厂遗址，于2001年被铁力市人民政府公布为铁力市文物保护单位。

抗日联军第三军电讯学校遗址

抗日联军第三军电讯学校遗址，位于铁力市朗乡镇迎春村南38.4公里，朗乡林业局施业区新东林场场部院内。

1936年7月，根据北满抗联总司令赵尚志成立电讯学校、培养抗联通讯人才的命令，曾在苏联学习无线电技术的于保合，率马玺贵等9名战士和1名炊事员来到这里，搭建校舍，掘井埋锅，利用在老钱柜战斗中缴获的一架电台，办起了抗联唯一的电讯学校。于保合任党支部书记兼校长和教官，马玺贵任学员队长，协助于保合工作。8月下旬，学校正式开学上课。学校开三门课程，技术课、文化课和政治课。因为学员文化水平偏低，识字不多，学历最高的是初小。所以，要学技术，还得补习相应的文化课。技术课分为两部分：三分之一讲电学、电工原理和使用无线电报的常识；三分之二进行收发报练习和国际电语练习。政治课每天1小时。学员们学习都十分刻苦努力，提高得很快。正式上课3个月后，赵尚志提出把电讯学校与在伊春办的东北抗日联军政治军事学校合并。1936年12月，电讯学校的教官、学员背上器材和行军给养，在第三军六师师长张光迪的带领下，来到设在伊春的东北抗日联军政治军事学校。此后，这9名学员除了继续学习技术课和文化课以外，也要和其他学员一起学习政治军事课，直到1937年2月结束。东北抗日联军第三军电讯学校的成立，为抗日联军各部培养出一批无线电人才，使得在以后战斗中缴获的无线电器材能够为我所用，大大改善了抗联的通讯联络，并为东北解放战争电讯工作做了一定的准备。

抗日联军第三军电讯学校遗址，于2001年被铁力市人民政府公布为铁力市文物保护单位。

中共北满临时省委张木营子遗址

中共北满临时省委张木营子遗址，位于铁力市朗乡镇迎春村南38.4公里，朗乡林业局施业区新东林场。

1936年9月18日，"珠河、汤原中心县委暨抗联第三、六军党委联席会议"（简称"珠汤联席会议"），在原汤原县汤旺河沟里汤梨川抗联第三军被服厂密营（现在西林区红星村的帽儿山北坡）召开。会议在总结经验教训的基础上，决定成立中共北满临时省委，并选举产生了执行委员会委员15人，赵尚志为执行委员会委员、常委、主席，冯仲云为常委书记兼组织部长，包巨魁（张兰生）为常委、宣传部长，夏云杰为军事部长，白江绪为职工部长，朱新阳为青年部长等，临时省委机关设在张木营子。在近两年时间里，北满临时省委领导抗联部队和地方党组织与日伪进行了艰苦卓绝的斗争。其间，冯仲云先以省委书记身份领导省委机关工作，后以省委宣传部长、秘书长身份和张兰生一起开展工作。自1936年9月到1937年末，在中共北满临时省委领导下，北满抗联第三、六、九、十一军4个军，人数发展到1万余人，游击区、地方工作达30余个县，除汤旺河根据地外，铁力游击根据地的形成，为战略转移作了准备。1938年秋冬，北满抗联主力西征至小兴安岭西麓，开辟新的游击区根据地，省委机关陆续转移至庆城、铁骊一带。

中共北满临时省委张木营子遗址，于2001年被铁力市人民政府公布为铁力市文物保护单位。

李兆麟密营遗址

李兆麟密营遗址，位于铁力市朗乡镇迎春村南，朗乡林业局施业区新东林场西山山顶。

李兆麟密营两栋房基坐北向南，主房基（1号址）东西长8米，南北宽6米，房基内石砌锅台、炕洞烟道尚在；配房（2号址）东西长6米，南北宽5米，在荒草和杂树中石基依然清晰。李兆麟密营遗址是山顶北高南低的一片平地，约5千平方米，背靠山脊主峰，两房相距10余米，房前有山泉一处。该遗址原为从被服厂沟转移而来的抗联第三军被服厂的又一厂址。

1960年，铁力林业局发现了此处遗址，面积约100公顷，呈四方形，营地四周是用红松圆木垒成的围墙，高2米左右，门旁有岗楼。铁力林业局将挖出来的部分文物送到黑龙江省军分区，经勘察确认是李兆麟密营遗址。

李兆麟密营遗址，于2001年被铁力市人民政府公布为铁力市文物保护单位。

许亨植烈士牺牲地

许亨植烈士牺牲地，位于铁力市双丰镇横太山村南，双丰林业局曙光经营所青峰岭下，少凌河畔。

许亨植，男，朝鲜族，曾化名李熙山，1909年生于朝鲜庆尚北道善北郡。许亨植历任中共北满省委委员，东北抗日联军第三军军长，抗联三路军总参谋长等职。1936年至1942年，他率领抗联部队在庆城、巴彦一带与日本侵略者作战，立下许多战功。为提高指战员的思想觉悟，增强部队战斗力，他主持开办了三期短期训练班，培训了10多名骨干，对提高部队军政素质起到了重要作用。1940年当部队遭受严重挫折后，他仍克服重重困难，率小分队坚持战斗。同时大力发动群众，建立了许多抗日救国会组织，积蓄了新的抗日力量。1942年8月2日清晨，许亨植和他的两名警卫员在检查支队工作途中，与在此"讨伐"的庆城森林警察大队长国长有、宫大炮遭遇，双方发生激烈战斗，不幸中弹身亡。许亨植牺牲时年仅33岁。

第二节　侵华日军罪证遗址

侵华日军北关出河场罪证遗址

侵华日军北关出河场罪证遗址，位于铁力市区东北20公里，工农乡北星村东2公里，铁力林业局施业区北关农场北侧，南距伊哈公路100米。

北关出河场遗址现存混凝土木材出河机机座2处，拦河索混凝土墩3处，瞭望哨混凝土基础1处，单体遗物的形制、尺寸大小及作用都各不相同。6处遗址中，河南岸5处，河北岸1处，分布于依吉密河两岸2.5万平方米的临河台地上。该出河场是日本林商于1937年修建，用于拦截和拖出日本侵略者自依吉密河上游掠夺流送下来的优质木材。1945年日寇投降后，铁力林业局又使用多年，1957年废止使用。从现存的出河机机座、系拦河钢缆墩、蒸气机机座、瞭望哨混凝土构件和基础，可见当年出河场的规模。

侵华日军北关出河场罪证遗址，于1998年8月被铁力市人民政府公布为爱国主义教育基地。

侵华日军畜产开拓团团部罪证遗址

侵华日军畜产开拓团团部罪证遗址，位于铁力市年丰朝鲜族乡永丰村，南与老永府开拓团隔呼兰河相望，北距绥佳铁路1公里。

日本畜产开拓团组建于1936年，团长石板博，开拓团员来自日本北海道，原计划迁入30户，实际迁来了29户115人。日本投降后，团员归国，留下了许多房屋，招来了大批移民。因时间较久，这些草木泥土为主要原料的房屋多已损毁或拆除。现存草泥拉合结构房屋1座，坐北朝南，东西长8米，南北宽7米，面积56平方米。

侵华日军爱民南关门嘴子日伪警防所罪证遗址

侵华日军爱民南关门嘴子日伪警防所罪证遗址，位于铁力市年丰朝鲜族乡爱民村东南2公里的南关门嘴子山上，东距小呼兰河400米，西距鸡讷公路200米。

该警防所是日伪当局在铁力境内修筑的5个警防所之一，所长刘玉璞，伪山林警察10余人。警防所建在小山之上，有草房5间，3间住人，2间为仓库。警防所东西长15米，南北宽6米，面积90平方米。房子西头山势陡峭，设有瞭望楼，房周围挖有战壕和掩体。现房屋已经坍塌无存，战壕与掩体依然清晰，深达1米。1940年夏，被解职的伪警长史文德等11人抢走了该所的枪支，到山里投奔抗日联军，不幸被日军和汉奸走狗设计陷害。

侵华日军凌云山警备道罪证遗址

侵华日军凌云山警备道罪证遗址，位于铁力市年丰朝鲜族乡爱国村东南，北起铁力年丰林场，向东南至凌云山脚下。

凌云山警备道宽18米，全长25公里。日本占领期间，凡设有警防所的地方都修有警备道，并架设警备电话，"凌云山至县城"的警备汽车道亦然。该路修筑于1939年凌云山警防所建成之前，筑路时除去表皮黑土，铺上黄土和沙石，路边挖有1米深的胫山沟渠。日本投降后，该路即被废弃。

侵华日军东方红军用机场罪证遗址

侵华日军东方红军用机场罪证遗址，位于铁力市双丰镇前八家户屯到东方红村的公路路南500米。

1942年春，日本关东军在此地建小型军用机场，机场呈椭圆形，东西长约4公里，南北宽约1.5公里，偏西北有5个简易机库。1945年8月15日，日本投降时未竣工，以后废弃不用，机场变成耕地。机场上的混凝土被村民拆除。原简易机库仍留下5个大土包。

侵华日军残害八家户劳工墓地罪证遗址

侵华日军残害八家户劳工墓地罪证遗址，位于铁力市双丰镇前八家户屯到东方红村公路路南500米。

1942年春，日本关东军在此地建小型军用机场。1945年8月15日，日本帝国主义投降时未竣工。机场修建时，动用数以千计的中国关内劳工，饥饿，寒冷和过度疲劳夺去大部分人的生命，死亡或奄奄一息的人被丢弃在该处的坑里或灌木丛中。20世纪50年代，人们可见有成片、成堆的白骨，现在那些昔日埋死人的大坑尚待挖掘。

2002年，铁力市人民政府为劳工修建了纪念碑。

侵华日军铁力制材厂罪证遗址

侵华日军铁力制材厂罪证遗址，位于铁力市铁力镇东岗社区，铁力林业局工业园区内（原铁力林业局木材加工厂）。

铁力制材厂现存钢筋混凝土烟囱座子，直径3.1米，高6.6米；7处混凝土基础埋在地下0.2米至0.5米处。铁力大二火锯是铁力林业局木材加工厂前身，始建于1936年，总公司设在长春，本厂只是其24个分厂之一。占地面积约1万平方米，有原木楞场、锅炉房、锯木车间、板子院和锉锯房等，设备有蒸汽机2台、大小带锯4道、圆锯2台。当年有100余工人在此从事艰苦劳动，有5个日本人和3个中国人负责管理，实行封建把头制。日本投降后，该厂工人为保护工厂设备和财产，进行了坚决地斗争。

侵华日军北关日伪警防所罪证遗址

侵华日军北关日伪警防所罪证遗址，位于铁力市工农乡北星村东2公里，铁力林业局北关农场东北，依吉密河南岸，出河场遗址东南端，伊哈公路北侧守关山山顶。

为了搜集抗日联军情报，同时为追缴东北抗日联军的日伪军警讨伐队提供据点，铁力日伪当局于1939年，利用伪满中央的专项资金，在东北抗日联军活动频繁的浅丘陵山区，修建了5个警防所，该所为其中之一。建所之时，山头有茅草房3间，伪警10余人，东南坡上有环形战壕，周长约135米。现房屋无存，战壕犹在，深可没人，杂木丛生。

该警防所有抗日联军袭击的史料可查。被打死的日军招魂碑曾立于警防所房子南头。

侵华日军铁力满蒙开拓青年义勇队铁力训练所房舍罪证遗址

侵华日军铁力满蒙开拓青年义勇队铁力训练所房舍罪证遗址，位于铁力市铁力镇东兴村东北2公里，铁力农场住宅区内。

两栋旧房舍分别建在街道两侧，建于1938年，坐北面南，每栋东西长60米，南北宽6米，建筑面积360平方米。每栋20间，10户。每户入户门外侧上部建有木制雨搭。房舍地处铁力北大岗，北高南低，是当时（日）满蒙开拓青年义勇队铁力训练所总部的下层教官及其家属的住宅。

侵华日军满蒙开拓青年义勇队铁力训练所总部罪证遗址

侵华日军满蒙开拓青年义勇队铁力训练所总部罪证遗址，位于铁力市铁力镇东兴村北2公里铁力农场场区内。

1937年，日本侵略者从日本国征招14岁至19岁青少年，到中国东北建立"满蒙开拓青年义勇队"训练所，是日本帝国主义打着移民旗号，实则准备关东军后备兵源的一种移民形式。此种训练所在中国东北地区有9个，该训练所为其中最大的一个，称为总部。全所一个总部，3个大队，19个中队，3个小训练所，当时该训练所分批训练学员2万余人，分布在以总部为中心东西长38

公里，南北宽17公里的狭长地带上。据当年在训练所的日本人提供的资料记载，原训练所设施十分完备，当时建筑设施很多，而现在只剩经过维修的房屋2幢和用途不详的1件混凝土构件。

侵华日军太平林业开拓团团部罪证遗址

侵华日军太平林业开拓团团部罪证遗址，位于铁力市桃山镇兴旺村东北，铁力林业局施业区鹿鸣林场。

1937年，日本侵略者从日本国征招14岁至19岁青少年，到中国东北建立"满蒙开拓青年义勇队"训练所，是日本帝国主义打着移民旗号，实则准备关东军后备兵源的一种移民形式。铁力训练所是全满同类训练所中最大的一个，而太平义勇队开拓团则是铁力训练所训练期满的某中队派遣于此的林业开拓团，200多人。其主要任务是砍伐森林和防范东北抗日联军活动。遗址为长方形，高约2米的围墙周长787米，内有房屋废墟7处，曾出土过枪支、弹药、林业生产工具和日用品多件。开拓团有抗联袭击的史料可查。

侵华日军老金沟日伪警防所罪证遗址

侵华日军老金沟日伪警防所罪证遗址，位于铁力市工农乡新民村北，铁力林业局施业区向阳林场西3.5公里一座小山东坡上，北距向阳林场至庆安金沟林场公路200米处。

营房基址靠山，长9米，宽6米，建筑面积54平方米，面向东南。四周有战壕，长16米，宽11米，战壕四角有圆形哨位掩体。营房后身战壕通往西北山顶有蛇形暗道，约30米。山顶有一直径3.5米瞭望哨，东20米处有警备道。

侵华日军圣浪制材厂罪证遗址

侵华日军圣浪制材厂罪证遗址，位于铁力市桃山镇圣浪村，圣浪火车站北300米，东侧、西侧皆为居民区。圣浪曾是铁力森林资源最丰富的地方之一。

圣浪制材厂始建于1939年，投产于1940年。有蒸汽机1台，带锯8台，工人120多人，年产板方木材2万立方米。现残存的混凝土基础是安装带锯机的机座，大小不一，尺寸各异，共7座，大体东西方向排列。

侵华日军满蒙开拓青年义勇队铁力训练所第二大队第七中队罪证遗址

侵华日军满蒙开拓青年义勇队铁力训练所第二大队第七中队罪证遗址，位于铁力市桃山镇福兴村（旧名"七中队"），铁桃北线公路东100米。

全称是"满蒙开拓青年义勇队铁力训练所第二大队第七中队"，简称"七中队"。先后曾有两个日本中队在此接受训练。小野中队，中队长小野一夫，有队员250人，1941年3月17日开始进驻，1943年10月1日迁走。小池中队，中队长小池吉朗，有队员209人，1943年9月18日至1945年日本投降。日本人撤离后，房屋尚存，屯名延续至今。在此曾发现日军手榴弹等遗物。

侵华日军铁力呼兰河铁路桥头堡罪证遗址

侵华日军铁力呼兰河铁路桥头堡罪证遗址，位于铁力市年丰朝鲜族乡东河村东北1公里，呼兰河西岸，绥佳铁路线南侧。

桥头堡遗址方体圆角，石砌基础尚存，0.8米高，地面散落拆毁的建筑碎块，枪眼混凝土预制件尚在。该遗址由日本帝国主义侵华时期主持建造，1936年12月15日使用至1945年8月15日，1995年拆毁。

侵华日军铁力训练所三中队队部罪证遗址

侵华日军铁力训练所三中队队部罪证遗址位于铁力市铁力镇五一村北，铁力农场二队东南500米。

该遗址东西长约60米，南北宽约40米，面积约2 400平方米。原训练所早已坍塌拆除，现为一度假村（后建）。日本"满蒙开拓义勇队"铁力训练所共有19个中队，此为其中之一。据现在掌握的材料可知，先后有两个中队在此接受训练。其一是第一次训练的赤坂中队，中队长赤坂勇雄，有队员123人，1938年9月19日入队，翌年10月1日离队去敦化；其二是第五次训练的池田中队，中队长池田光雄，有队员260人，1942年10月入队，1945年4月10日离队去讷河县。

侵华日军老永府开拓团团部罪证遗址

侵华日军老永府开拓团团部罪证遗址，位于铁力市年丰朝鲜族乡云山村老永府屯，呼兰河南岸，南距鸡讷公路100米，为河旁2级台地。

遗址东西长约110米，南北宽约80米，面积约8 800平方米。遗址尚存当年日本开拓团居住的房屋1栋，草泥拉合结构，坐北向南，东西长8米，南北宽7米，面积56平方米。日本帝国主义占领时期，此地为日本老永府侵华日军开拓团所在地。1939年2月建团，团长佐野明满，来自于日本岩手县，计划200户，实际上只有68户、264人。

侵华日军韩家开拓团团部罪证遗址

侵华日军韩家开拓团团部罪证遗址，位于铁力市年丰朝鲜族乡靠山村西南500米，鸡讷公路南侧10米。

韩家开拓团团部东西长120米，南北宽80米，占地面积9 600平方米，属长方形。房基址4处、岗楼址1处、水井址1处、围墙址1处。

该遗址是日本侵华时期日本宫城县人在铁力建设4个开拓团之一。团长佐藤谦吉，团部建于1939年2月，当时计划入住300户，结果只入住123户402人。后来考虑到前韩家屯离河较近，地势较低，不利防务，因此西迁于此地。

侵华日军三股峰日伪军警防所罪证遗址

侵华日军三股峰日伪军警防所罪证遗址，位于铁力市工农乡北星村北，铁力林业局施业区卫星经营所西南1公里的小山南坡，东南距日本侵华关东军坟墓招魂碑400米。

遗址房基东西长10米，南北宽5米，建筑面积50平方米。周边战壕依山势而掘，南北长，东西窄，呈不规则方形，周长为126米。战壕深约1.2米，四角宽2米，深1.3米，可容纳2至3人的射击掩体。

该警防所是1941年在日本关东军的指使下，由伪满警察署所建，后在东北抗日联军袭击中被烧，遗址中大量被烧遗物和未烧尽的木炭与山下的日军招魂碑同为抗联英勇斗争的历史见证。

侵华日军铁力营林属罪证遗址

侵华日军铁力营林属罪证遗址，位于铁力市铁力镇东岗社区林企路南，东临机修厂的三座厂房。

营林属是一栋坐东向西的厢房，砖瓦结构，共9间。南北长29.7米，东西宽7米，建筑面积237.6平方米。始建于1934年的日伪时期，专门负责木材采伐、生产、运输。东北光复后的1947年，改用为铁力林业局营林科，负责本局的营林、造林工作。1959年，划归林业机修厂用作办公室，直至1991年。现为个人承包作为小型木材加工厂。

侵华日军神树大安河金矿工业罪证遗址

侵华日军神树大安河金矿工业罪证遗址，位于铁力市桃山镇神树村东北3公里，埋汰沟子东侧山坡上，西北距大安河500米。

矿区分采矿场和选矿场两部分，总面积有60多万平方米。年处理矿石38 000万吨，年生产黄金14 000余两。现遗址有二层砖混办公楼820平方米，职工食堂和宿舍2 000平方米，守卫室3处，矿石筛选流水线设备2套，黄金加工车间厂房1 500平方米。遗址有废弃矿石堆20余处，大小矿坑8个，其中最大的矿坑直径85米，深110米，现坑内积水深90米。矿区内皆保存完好。大安河金矿，属岩金矿，是日伪时期由日本人秘密勘探得知，1941年至1942年又由日本操持，小规模开采到1945年日本战败投降。

1987年，黑龙江省有色地质勘查局707队在普查中发现此址并提出报告。1991年由铁力市黄金公司、707地质队、伊春市桃山林业局联合组织开矿生产。1996年又有黑龙江省黄金公司参股加入。由于不科学、超计划、破坏资源性开采，于2000年封矿倒闭。现在原矿北侧还有零星开采，是一处稀有的矿产工业遗产之一。

侵华日军神树劳工白骨埋葬地罪证遗址

侵华日军神树劳工白骨埋葬地罪证遗址，位于铁力市桃山镇神树村村西300米，神树火车站西水塔北50米。

1989年6月，神树居民李德强和自来水公司3名工人，在自家门前菜园挖掘自来水沟时，挖出许多具白骨，一墓白骨都散乱地叠压在一起，大家非常惊恐，于是找来常居此地的几位老人了解，根据老人所诉："这里就是当年中国劳工给日本人修铁路时死后埋人大坑"。自来水安装完毕后，工人又迅速原封填回。经查，神树一地是1936年至1939年日寇修筑绥佳铁路的工程基地，当时从关内来的大批劳工冻死、饿死、累死、病死者甚多。当时有的尸体被焚毁，有的尸体被埋掉。此处发现的白骨就是那些屈死劳工的遗骸。

侵华日军凌云山日伪警防所罪证遗址

侵华日军凌云山日伪警防所罪证遗址，位于铁力市年丰朝鲜族乡凌云山村南5公里，桃山林业局283林班内凌云山山顶。

该所始建于1939年，面积约610平方米。当年警防所依据山脊、山势随形而建，为不规则四边形，西南是悬崖峭壁，视野宽阔。中间偏东北是早已腐朽倒塌的5间草木结构营房，营房残基清晰可辨，营房基遗址长15米，宽6米。营房周边的战壕保存完好，深1.3米。土夯围墙长度，东北边35米，东南边4米，西南边37米，西北边29米。其中东北角和西北角设有穴式圆形掩体。围墙和掩体历经几十年的风吹雨淋尚余70厘米高。当年设置警防所是抗日战争时期日伪当局为监视抗日军民活动和为其"讨伐"队提供住宿与休整而建的营地。凌云山警防所是日伪时期在铁力东北抗日联军经常活动的山岳地带修建的5个警防所之一，当时警防所有伪警察20余人，所长刘纯金经常秘密参加抗日救国活动，后被日寇杀害。

还有侵华日军春光日本开拓团墓地罪证遗址、侵华日军铁力铁甲河灌渠罪证遗址、侵华日军张家湾招魂碑罪证遗址、侵华日军王杨灌渠罪证遗址、侵华日军王杨火车站贮水塔罪证遗址、侵华日军红光洋井（东洋井）罪证遗址、侵华日军王杨洋井罪证遗址、侵华日军福兴坟墓罪证遗址、侵华日军北星灌渠渡槽罪证遗址、侵华日军二股制材厂车间罪证遗址、侵华日军神树铁路供水塔罪证遗址，是日军侵华历史的见证。

第三节　烈士墓、园、碑

一、小黑河抗联烈士墓

小黑河抗联烈士墓位于铁力市工农乡树林村北，铁力林业局施业区黑河林场东南4公里，小黑河两岸。

1938年秋，由于叛徒出卖，日伪铁力警察署派4名特务，化装成送粮农民打入抗联密营，杀害了密营里的抗联战士，金策决定在此建立烈士墓，把历次战斗中牺牲的抗联烈士名字写在木牌上进行影葬。墓地东西90米，南北60米，分三排，由北向南，第一排13座，第二排14座，第三排5座，间距不等。河北岸坟墓16座，均排列整齐。

小黑河抗联烈士墓，2004年铁力林业局在此立碑纪念。2006年，被铁力市人民政府公布为铁力市文物保护单位。

二、铁力市革命烈士纪念园

铁力市革命烈士纪念园，坐落于铁力西河公园中心，距公园北门120米。

纪念园内主要建筑是大型铸青铜浮雕纪念墙——《走向胜利》。纪念墙2005年始建，2006年9月18日落成揭幕。纪念墙底座高80厘米，四周边沿宽30厘米，铸铜浮雕长21厘米，高3厘米，面积为63平方厘米。墙体正面以抗日斗争为背景，由"抗战、党组织、援抗"三部分组成，生动地体现了抗日斗争宏大场面。墙体背面是敲铜铭文，铭文的名称为《铁力市抗日英烈纪念碑铭》，《碑铭》内容如下：

铁力位于黑龙江省腹地，北枕兴安，南接松嫩，山则茂林丰草，地则沃野膏腴，资源丰富，扼小兴安岭之咽喉，为兵家必争之地。

一九三一年，"九一八"事变起，日本入侵，东北沦陷。铁力以地居要冲，资源丰渥而为日本侵略者所重，故其"移民入殖"之开拓团密布，抢夺林木资源之机关重重，屠杀抗日军民之驻军如林，民众受害之酷之烈，史所罕闻。

然我华夏同胞，岂肯折腰，抗日武装，义旗四举；爱国民众，赢粮影从。十四载军民共愤，同仇敌忾，出生入死，艰苦卓绝。铁力为坚持抗战最久之游击区，其境有马占山义勇军奋起抗击，有激于民族大义之绿林骁勇对日军之截歼，更有中共"庆铁特支"驰猎于密林泽薮，击敌于河滨水源，大小百余战，毙敌数千人，喋血于此地的魏长魁、朴吉松、隋德胜、张连科等英烈数百人，赵尚志、李兆麟、许亨植、冯仲云、金策、陈雷、于天放等抗联名将亦忍弹冒刃留迹于此。不过三万民众之铁力，亦有一千二百余援抗民众。箪食壶浆相濡以沫，送情报，任向导，匿行迹，疗伤员，供粮米，实军需，牺牲者亦有二百余人。

光复后，有新四军团长马三省、解放军排长何世恩等剿匪深山，荡残除秽，壮烈牺牲。现日寇侵华罪证仍在，抗联血战旧址犹存。北满临时省委机关驻地，抗联宿营山洞，仍隐现于深山密林里，烈士骨冢仍坡陀于林莽荆榛间。

铁力区区一县，地僻人稀，势孤力薄，何以万众同仇，军民壹志，持抗战于险绝之境，驱强寇于荒僻之域哉？方其家园残破，损辱皆来，热血之民谁不义愤填膺，揭竿而起？然强敌如虎，兵革如林，赤手之民，虽逞一奋，与敌亦有卵石之殊。幸赖中国共产党昭大义于世，布真理于民，组织军队，号召群众，浴血奋战，驱虏逐寇，铲凶除顽，终致长天破晓，光华万丈。所谓中流砥柱者实堪其誉。

今我华夏已宇内澄明，九洲繁盛，山河腾彩，日月映辉，十三亿人民同创伟业，共享太平，何其幸欤！然国耻不忘，后世之鉴。牢记历史，乃自强民族之所以兴也。今我辈宜念国耻之惨痛，敬先驱之伟烈，强民族之气骨，振华夏之雄风，爱铁力之河山，创热土之辉煌。

英烈不朽，浩气长存。为缅怀先烈，永铭丰功，铸碑于此，激励当世，育及后人。

是为铭。

中共铁力市委员会
铁力市人民政府
公元二零零五年八月十五日

铁力市革命烈士纪念园，2015年7月被伊春市委宣传部命名为"爱国主义教育基地'。

三、铁力市烈士陵园

1947年6月，始建铁力县烈士陵园。原址在铁力镇五一大队后面。1972年迁址西郊呼兰河南岸伊哈公路223公里路北500米处。1989年1月，撤县建市，改称铁力市烈士陵园。

始建时，陵园内修碑墓4座。1972年，烈士陵园迁至城西呼兰河西南岸，占地4 590平方米，园内植松，陵墓和纪念碑用水泥修筑。1998年，重新筹建烈士陵园，建钢筋混凝土结构烈士墓八座，建钢混理石贴面高7米的烈士纪念碑一座，上书"革命烈士永垂不朽"。2008年9月，在烈士陵园后面建立了4座著名烈士纪念碑。截止2014年末，在烈士陵园的北侧，先后增建了4座烈士墓，并对陵园再次绿化。如今烈士陵园庄严肃穆，环境优雅，园内长眠12位烈士，其中有解放战争时期牺牲东北民主联军二十一师六十一团副团长康化禧；剿匪战斗中牺牲铁力县大队二排副排长何世恩；在执行修建国防工程任务中牺牲沈阳工程兵四三二部队第六机械连战士陈景阳；在社会主义建设时期，避免列车车祸拦惊马而牺牲王杨乡王杨村社员姚长富等烈士。园内主要建筑物是纪念碑和烈士墓，保护级别为市级，管理单位铁力市民政局。陵园向南500米与伊哈公路相接。

第四章　创建革命根据地

抗日战争胜利后，形势发生了急剧变化。一向消极抗日、积极反共的国民党政府与美帝国主义相勾结，从远离抗日前线的大后方向华北、华中、华南运兵，并以5个军20多万兵力大举进攻东北解放区，疯狂掠夺抗战胜利果实，阴谋发动反人民内战。

1945年12月，中共中央明确提出："我党在东北的任务，是建立根据地，是在东满、北满、西满建立巩固的军事政治的根据地。"由此，东北各地，包括铁骊在内，在中国共产党的领导下，迅速步入了开创革命根据地的伟大斗争。

第一节　建立人民政权

1945年8月15日，在经历了14年的硝烟战火和日本侵略者的残酷蹂躏之后，迎来了抗日战争的伟大胜利。铁骊人民处在胜利的喜悦之中。此时，国民党黑龙江省党务专员办事处就急急忙忙派人来铁骊组建铁骊县党部，他们同不甘心覆灭的一些伪官吏、警察、特务、土豪劣绅等纠集在一起，趁人民政权尚未建立之机，抢先建起了"维持会"、公安局，拉起了自卫团、保安队等武装。他们秉承国民党旨意，呼应国民党的正面进攻，在解放区疯狂进行破坏活动，妄图阻挠人民政权的建立，对我党建立革命根据地构成了极大威胁。

为了铲除敌伪势力，扫清建立革命根据地的障碍，在中共黑龙江省工作委员会的领导下，一场争夺政权的斗争从县到村全面展开。1945年11月15日，我绥化部队在苏军支援下，一举包围庆城县城，将顽固阻挠我党接收的庆城伪县长刘绪宗、于化鹏、黄雨廷一伙及其反动武装"保安大队"赶出庆城，遂派干部接收了庆城，尹东征任县长。1946年1月，庆城尹东征县长来铁骊组建特别区，1月15日特别区正式成立。特别区成立后，收缴了敌伪的枪支弹药和物资。2月5日，成立铁骊县佐办事处。6月5日，庆（安）、铁（骊）分县，恢复铁骊县制。6月27日，中共铁骊县工作委员会和铁骊县民主政府同时诞生，县佐办事处撤销。

县工委和县民主政府成立后，原国民党的县党部销声匿迹，众党员不宣而散。伪地方治安维持会和其他伪政权组织相继解散，一些反动武装和土匪纷纷逃进深山密林，铁骊成为人民的天下。县工委和县民主政府的领导干部，深入农村，发动群众，壮大党的队伍，逐步建立了区人民政府及村政权，将全县人民组织起来，开始建立和巩固军事政治根据地。

第二节　军事进剿国民党反动地下军

铁骊地区的敌伪残余势力，主要以张锦文为首的铁骊街公安大队、以温业显为首的神树村保安大队和以金寿达为首的铁路护路队三股反动势力，有130余众。国民党建军组织收编了这三股敌伪势力，被改编为庆安"混成师"五个团中的第四团，神树"保安大队"温业显营为第一营，铁骊"公安大队"林文汉营为第二营，"护路队"金寿达营为第三营。温业显兼任团长，闫汉章、林文汉兼任副团长。受庆安的刘绪忠、于化鹏及匪军师长黄雨廷和陈国英的指挥。

1945年11月，庆城建立人民政权后，伪县长刘绪宗、于化鹏、黄雨廷一伙率队流窜，继续搜集枪弹，网罗众匪。12月5日，这伙土匪反攻庆安县城。匪兵狂妄地用电话喊叫，催迫我尹东征县长率队投降，反动气焰十分嚣张。我军指战员顽强抵抗三天两夜，直到7日上午，绥化部队和苏联红军赶到增援，众匪队仓皇撤退。这次战斗，我军除小有伤亡外，苏军上尉军官阿瑟拉也史和几名战士光荣牺牲。

土匪攻打庆城被我军击退后，东逃西窜，化整为零，分散活动，1946年2月，温业显率领的匪第一营在庆安二道岗一带被我绥化部队追上，激战两小时，匪队所剩无几，匪首温业显被击毙。副营长王汝清带残部和神树维持会的张芝山等人向呼兰逃窜。逃窜到呼兰元宝岗屯被我军击溃，大部分被俘，有几个逃走，王汝清逃到津河投降。至此，温业显营被全部歼灭。

林文汉率领的匪第二营攻打庆城后所剩四十几人，在二道岗战斗中又被歼灭大半，副营长孙绍成被打死，林文汉率余匪逃窜。1946年3月8日，林文汉见大势已去，决定投降，黑龙江省军区于天放派员到庆安收降这股匪兵。3月18日，营长林文汉率匪队到庆安十二马架屯投降，交出大枪58支、匪枪8支。当日把收降人员带进庆安，对林文汉发给《安业证》后，林文汉回铁骊。

闫汉章率领的匪第三营，匪兵最多，经多次战斗，死伤惨重，加之饥寒交迫，匪兵厌战情绪骤增，有的投降，有的开小差，到后来，匪兵的大小头目甚至也开始溜掉。先是一连长车万英率8名匪兵向我军投降，接着匪头目何世明和王德绪夜间逃离匪队。1946年1月13日，残匪逃到庆安县刘德福屯时，营长闫汉章也趁匪兵深夜熟睡之机偷偷溜之大吉。1月14日清晨，剩下的13名匪兵，其中5人由孙明礼带领，携长枪马匹到铁骊公安局投降，其余8名鸟兽散。国民党在铁骊地区苦心经营的匪团匪营全部覆亡，我剿匪斗争取得了决定性胜利，国民党黑龙江省党务专员办事处企图接收铁骊政权的梦想彻底破灭。剿匪斗争的胜利，为进一步发动群众，进行土地改革扫清了道路，为创建巩固的革命根据地提供了重要条件。

第三节　清剿小股土匪

土匪的形成是一种历史现象。在旧中国，由于帝国主义、封建势力的残酷统治和盘剥，一些人或因没有生活出路，或因对官府的不满，落草为寇，打家劫舍，攻城夺地，称霸一方。土匪的成分复杂，随着政治形势的变化而不断变化。如"九一八"事变后，由于民族矛盾日趋尖锐，境内的一些土匪武装奋起抗日，投入到抗日队伍中，有的还加入了东北抗日联军。但也有一些土匪却成了殖民统治者的汉奸、走狗。没有政治色彩的土匪以抢掠财物为主要目的。

1946年上半年，在我集中武装力量，摧毁了国民党建军大股土匪之后，境内漏网的土匪，有于占江（匪号黑龙）、王忠清（匪号五洲）、佘占夯（匪号占中央）等小股土匪。这些小股土匪，慑于我部队和新建人民政权的威力，隐盾在山林里，他们像幽灵一样常出现在靠近山林的偏僻村屯。这些土匪打家劫舍，掠夺民财，为非作歹，无恶不作，平民百姓义愤填膺。县政府和县大队决心消灭这几股匪患。

1946年，庆安、铁骊、汤原三县连手，分别在县武装大队内设专门清剿土匪的小分队。进行武装围剿的同时，还在靠近山林的村屯组织防匪民兵连队和自卫队的情报小组，严密掌握匪队动向，以先发制敌。城镇加强了商店、旅店及居民住户的检查管理，严密防范，形成网络，发现匪情及时报告，使一些企图流窜隐居的土匪纷纷落网。

1946年3月的一天，于占江、王忠清二匪首带领100多人窜到田升区后黎家屯。当时县大队只有30多人，面对这么多土匪，政委徐柏生果断地带领十几名骑兵前去追剿，大队长孙兆鸿带一个班随后接应。徐柏生带领骑兵勇敢地冲杀过去，"黑龙"（于占江）、"五洲"（王忠清）百余名土匪摸不清我部队虚实，如惊弓之鸟，吓得晕头转向，仓皇地向东北逃窜。徐柏生率骑兵紧追不舍，一直追杀至庆安河北一带才收兵。这次追击，击毙和活捉土匪各1人，打死十几匹马，缴获了土匪拴在屯里的6匹马，初战告捷。

6月初，于占江、王忠清二匪首又带匪徒40余人窜入铁骊，先后在桃山、老永府、后黎家抢走马6匹、生猪20头、粮食350余斤，杀害无辜百姓3人。6月14日，县大队得知土匪由老永府游离到田升区的杨德仲屯。铁骊县长原野和政委徐柏生指挥县大队25人兵力，与西满军区六十二团一营一连连长潘锦法带领的50人兵力，共同出击集聚在田升区杨德仲屯的土匪，经过两个小时的激战，击毙了土匪机枪正副射手7名，打伤6名，生擒1名；缴获马19匹、步枪7支、手枪6支、轻机枪梭子2个。接着，县大队将这伙土匪又追至后黎家屯，缴获6匹马。

1947年春，西满军区司令部派来的六十二团一营一连，协助县大队继续围剿这股土匪。7月，"五洲"股匪在庆安县孙老母猪屯被我军击散。匪首"五洲"逃窜到铁骊凌云山潜伏下来，后被民兵捕获，送到庆安县关押。当年10月，被庆安县公安局处决。1947年12月，潘锦法连队和县大队将"黑龙"股匪追击到铁骊南毛子山杜广财的趟子房，当场将于占江抓获处死。个别余匪向庆安管区狼狈逃窜。至此，"五洲""黑龙"两股顽匪被全歼，追剿"黑龙""五洲"的剿匪斗争胜利结束。

1947年5月11日，匪首佘占东，报号"占中央"，带领其部下11名土匪从汤原县逃窜至铁骊境内神树一带，后又流窜到石长屯西北4华里的一个种菜窝棚，准备抢劫财物，被群众发现。群众向县政府报告匪情后，县大队副连长刘景华、副排长何世恩带领53名战士进行围剿，因这50多名战士大部分是新兵，有一名战士未等接近匪兵就开枪，致使敌我双方激烈交火。这次战斗，击毙和活捉土匪各1名，然而我副排长何世恩却在战斗中壮烈牺牲。

同年7月5日，这伙土匪又窜到朗乡，村农会主席宫殿臣一面设法稳住土匪，一面急报南岔区政府。副区长兼区中队长康雨廷率领战士20余人，又石集带岭、南岔10名民兵赶到朗乡追击，活捉土匪"老黑"，打死土匪3人。经过几次追剿，这股残匪如惊弓之鸟，到处躲藏。入冬后，因饥寒难忍，又窜入朗乡、木曾等地抢劫。汤原县大队奉命进山追剿。1948年1月，汤原县大队终于歼灭了匪首"占中央"及其所部顽匪。1948年2月15日，《合江日报》以《严冬奇寒，露营七宿，汤原地方武装全歼股匪占中央》为题，报道了这次战斗。报道称："汤原县大队一连一排长赵宝库同志率战士15名，冒着严冬奇寒，不顾艰辛，辗转于南岔北数百里，在杳无人烟的高山峻岭之中，搜剿残匪。于上月下旬，经过七夜之露营，直追至北安和绥棱县境，终将匪首'占中央'全部歼灭。"

铁骊县大队，在县工委、县民主政府的领导下，按省军区的统一部署，同军区派驻连队紧密配合，共与土匪激战11次之多，最后全部歼灭境内土匪，进一步巩固了铁骊县人民政权。铁骊地区国民党反动残余势力的彻底覆灭，以及境内土匪的全部铲除，使小兴安岭革命根据地与绥化革命根据地连成一片，开创了东北革命根据地的新局面，为人民解放军彻底解放全东北，出兵员，出物资，做出了积极贡献。

第四节　实行土地改革

铁骊县土地改革运动自1946年7月开始，到1948年3月结束，经历了清算斗争、纠偏工作、"砍挖"运动、平分土地四个阶段。

一、分配土地与"二五"减租

伪满时期，铁骊县有农户1 989户，其中有耕田5至10垧的农户218户，30至50垧的农户147户，50至100垧的农户79户，无地户759户。当时官僚、士绅、封建地主土地私有制不仅受到日伪统治者的保护，而且日本侵略者以"国家"的名义强行征用土地，将东自石长西至安邦河，南起南关门嘴子，北至依吉密河的广大平原区划为"开拓区"。1938年，由日本国内移入690户，5 642人，在铁骊境内共建13个"开拓团"，霸占农民土地50 000多亩。到"八一五"东北光复时，县大部分土地被"开拓团"收买或强占，只有田升区15个村的部分土地掌握在地主富农手里，大部分农民失去了土地。失去土地的农民被迫给地主、开拓团当长工、打短工，受尽日伪统治者和封建地主的盘剥和压榨，农民是农奴加亡国奴，生活在苦难的深渊之中。光复后，广大农民迫切要求翻身解放，要求获得土地。实行土地改革，赢得了广大农民的拥护，可摧毁国民党反动统治的经济、社会基础。

1945年"八一五"东北光复，"开拓团"霸占的土地回到人民手中。6月，县工委、县民主政府结合省委《关于敌产处理的初步办法》，将"开拓团"占有的土地、满铁用地以及军事用地共8 000余垧，分给无地耕种的农民及一部分林业工人，以利春耕，以增民食。

县境内除"开拓团"霸占的土地之外，有田升区（现双丰镇的青林、东方红、朝阳、战斗、前进、建国、红星、和平、双河、跃进、双丰街和王杨乡的建设、东风、北河等15个村）的土地掌握在地主、富农手里。针对地主、富农掌握的这一部分土地，开展了减租减息运动。"减租"，并非消灭剥削制度，而是在保证农民的人权、地权，亦保证地主的人权、地权，调动各种社会力量联合建国。减租减息的要求，是在原来农民与地主签订的"租约"基础上，实行"二五减租"，即按约定的租额减低25%。当年，县内农民租种地主、富农的土地，普遍实行了"二五减租"。

二、清算斗争

清算斗争，也称反奸反霸清算运动，是把清算斗争与解决农民土地问题结合起来，清算汉奸、恶霸的罪行，收回被他们霸占的土地、财产，以摧毁封建势力及敌伪残余势力，巩固革命根据地。

1946年7月7日，东北局作出了《关于形势和任务的决议》（即《七七决议》），明确提出，要把发动农民、创造根据地摆到一切工作的第一位。认清阶级矛盾变成主要矛盾，国民党反动派和地主阶级是我们的主要敌人，号召共产党员走出城市，换上农民衣服，下乡发动群众，把进行土地改革作为当时党的中心任务。要求各地迅速普遍地执行中央《五四指示》，掀起清算分地的高潮。

1946年7月中旬，县工委即组建了以政委刘先、县长原野为首的47人的"民运工作团"（土改工作队）。7月下旬，工作队即分赴田升区开展工作，在辘轳把街屯、杨德仲屯和林家围子屯进行"土改"试点。在杨德仲屯，斗争了大恶霸地主李景云，斗争会整整开了三天，最后处决了民愤极大的大恶霸地主李景云。在其他两个试点屯斗争了大地主韩守业。全县引起轰动，有力地推进了清算斗争的开展。

同年11月20日，东北局发出了《关于"半生不熟"问题的指示》，指出，当前深入和巩固群众工作的中心任务是解决地主没有被彻底打倒、群众没有充分发动起来的"半生不熟"的问题，把"夹生饭"变成"熟饭"。铁骊县土改工作队员，按照上级部署，深入农户，访贫问苦，扎根串联，启发贫苦农民忆苦，算剥削账；讲地主为什么富，穷人为什么穷，到底谁养活谁，进行阶级教育，提高阶级觉悟，唤起了群众起来闹翻身、求解放。再一次刮起了反封建势力的大风暴，对封建势力开展了猛烈的政治攻势。县清算斗争，前后共斗争地主42户，富农78户，恶霸、强盗17户，伪警特13户，白军19户，国民党党部成员2户。共没收地主土地9 869垧、马363匹、牛347头、大车22辆、钟31架、黄金2 317两、白银40.15斤、粮食85 495斤、布衣522件、棉花220斤、鞋1 922双、猪294头、黄烟6 375斤、土豆2 000斤。县清算斗争，致命性地打击了封建地主势力，为巩固革命根据地奠定了群众基础。

三、"砍挖"运动

1946年7月，县土地改革开始后，为保证土地改革顺利进行，县工委在全县范围内组织了"挖匪根，砍大树"的"砍挖"

运动。

通过"砍挖"运动，调查核实了一批汉奸、恶霸、封建把头和敌伪残余分子的罪恶，并对罪恶严重、民愤极大的汉奸先后进行了处决。1946年8月，首先处决了逃往哈尔滨藏身的伪满管烟所长，"八一五"光复后治安维持会总干事、国民党县党部书记长、国民党民众军第三营军事特派员刘子璇。1947年5月，处决了伪官吏、国民党县党部助理陶伟。随着"土改"运动的发展，县相继把伪铁骊街公所劳动系主任田纫兰、占据圣浪一带山场的伪大安林业公司经理王文礼、神树伪警察署长、治安维持会委员长钟云峰、神树满泽株式会社经理康晋臣、哈尔滨木材加工（火锯）把头韩庆祥、给土匪通风报信的田升区杨德仲屯伪甲长李景云、为日本关东军烧炭的振东公司把头李兆祥等87名各类人犯砍挖处决。

1947年，配合"土改"运动，县对机关、工厂、企业、学校等组织进行了整顿，把钻进我组织内部的敌伪残余分子进行了清洗和处理。通过整顿内部，清除了伪司法警尉混入神树区政府当上区长的于永江和伪司法警尉混入田升区政府当上公安助理员的许学达；清除了混入县政府机关的伪警尉、国民党东北民众军第三营第一连连长、积极组织匪徒攻打庆安县民主政府的周洪章；清除了县大队炮手班炮手伪庆安县振兴公司特务汪海峰。

四、平分土地

1947年9月13日，中国共产党全国土地工作会议，颁布了《中国土地法大纲》。11月，县工委在田升区建设乡林家围子屯，召开全县土改干部和积极分子工作会议，会议共开了7天，重点学习了《中国土地法大纲》。1948年2月，"土改"运动进入平分土地阶段。平分土地，就是乡村一切土地由农会按人口统一分配，具体采取"打乱平分、地数一样、在数量上抽多补少、在质量上抽肥补瘦"的办法，使农民获得大体相同的土地，地权归个人所有的政策。当时的宣传口号是："地到手、粮到口、人到屋、马到棚、枪换肩、地换照、换工互助、积极生产"。平分土地阶段，全县共分土地9 869垧。1948年3月，县政府颁发了房地执照，确认翻身农民的房屋土地所有权。经过土地改革运动，彻底消灭了封建土地所有制，改变了农村的阶级关系，广大农民实现了"耕者有其田"，在政治上翻了身，当了主人；在经济上分得了土地等胜利果实，大大提高了发展生产、支援前线的积极性。

五、互助生产

1948年春，是"土改"后的第一个春天，翻身后的农民生产热情十分高涨，全县掀起了春耕生产热潮。但刚刚有了土地的农民，缺少资金和车马牛犋等生产资料，春耕生产困难很大。当时党中央号召"组织起来、发展生产"。县农民在自愿两利的原则下，实行畜力插犋、人畜换工、马工顶换人工、一遍地一结账、欠工记账、年终采用现金或粮食找齐的结算方式，开始互助生产。田升区潘家岗屯黄殿清等7户翻身农民办起了县第一个生产互助组，接着各村屯又相继办起了49个临时互助组，这些互助组在互助生产方面，起了示范作用。县农民在互助生产新的生产关系下，掀起了分得土地后的第一个春耕大生产的高潮。

第五节　参军参战，拥军支前

民主政权建立后，铁骊人民通过剿匪斗争和土地改革，阶级觉悟有了很大提高，认识到共产党是人民的救星，发出了"要土地，要翻身，打老蒋，保家乡"的呼声。为了保卫胜利果实，解放全中国，广大人民群众踊跃投入到参军参战，支援前线，保卫根据地的革命洪流之中。

一、参军与支前

解放战争时期，全县有658名优秀儿女转战南北。1945年9月，全县志愿参军42人，1946年志愿参军122人，1947年志愿参军368人，1948年又志愿参军126人。志愿参军人数占县总人口的2.8%，占县劳动力总数的10%。

铁骊人民在把自己亲人送往前线杀敌立功的同时，还担负起战勤支前的重任。他们出动担架队、大车队奔向硝烟滚滚的战场，与野战军一起战斗，创造了许许多多可歌可泣的英雄业绩。

1947年，县组织了60人、25副担架、15台大车，组成首批担架队，被编入黑龙江省基干担架队，随军参加了辽沈战役，为部队背送粮食、搬运子弹、运送伤病员等，1948年胜利完成支前任务后返回。1948年2月，县又派出由150人、17副担架、10台马车组成的第二批担架队，同绥化、庆安、望奎的担架队合编一个团。铁骊为二中队，随第四野战军先后参加了解放彰武、昌图、大榆树、四平等战役。攻打四平时，随作战部队三出三进，从火线上抢救伤员500余人，其中解放军连级干部20多人。完成支前任务后返回。

1947年，县支前物资，有布鞋766双，乌拉20双，毛巾、袜子、手套、牙粉、肥皂等用品1 386件，鲜蛋1 000斤，草垫子550个，捐现款60万元（东北流通券）。是年，为解决战勤急需木材，县民主政府组织采运大队到鹿鸣沟，采运木材5万立方米，圆满完成了军需木材的任务。1948年，县支前各类物资折合现金

47 823万元（东北流通券）。

二、战勤保障和拥军优属

铁骊人民在搞好战勤支前的同时，在后方还广泛地开展了战勤保障和拥军优属工作。在县委和县政府的组织领导下，铁骊人民以极大的努力从物质上、精神上慰劳子弟兵，通过各种形式对军属和支前民工的家属给予优待和照顾，解除前线战士的后顾之忧。

1947年，东北民主联军第七师一营于铁骊车站设兵站部，负责为部队输送军械、弹药、给养和接待治疗伤病员的任务，并协助地方剿匪。截至1952年，7年间平均每年接待治疗伤病员435人次。此期间，县政府动员兵站附近居民，腾出部分住房及一小学校舍，用于安置伤病员，重伤员转入县医院治疗。镇内街道组织妇女去兵站做护理工作，给伤病员送水、送饭、包扎伤口及换药、洗衣服、洗被褥等，平均每天达到30多人。

1947年，对全县生活有困难的71户烈军属实行优抚待遇，按家庭困难程度，每人发给粮食30至60斤，总计3 195斤；每户拨给15至20亩园田地作为家庭补助收入，总计拨园田地1 400亩；村农会帮助解决烧柴、种地等困难。1948年，对农村烈军属，二等以上残废军人及丧失劳动能力的复员军人实行土地代耕或助耕的办法进行优抚。当年，全县农村有92户军、烈属及荣军家属实行了代耕，代耕面积2 184亩，户均24亩。为解决街内军烈属的困难，县政府利用没收汉奸的财产开了军属大众药房和两个军属生产店。每年，军属大众药房和两个生产店赚的钱可买170多石粮食，全部用于解决街内无劳力军烈属的生活困难。

第六节　在斗争中建党

创建革命根据地，是在中国共产党领导之下进行的，而党组织的不断发展壮大，又使革命根据地日趋巩固。中国共产党铁骊组织，在激烈斗争中得以建立和发展。

一、秘密建党

1946年2月，中共黑龙江省工作委员会派中共党员徐柏生来铁骊开展工作，任铁骊特别区区委书记兼公安队政委。3月，省工委组织部又派中共党员唐光裕和孙兆鸿二同志到铁骊配合徐柏生工作。他们的主要任务是：动员群众、发展组织、扩大党的影响；清剿土匪，稳定社会治安秩序，为建立铁骊县人民政权创造条件。3月6日晚，徐柏生、唐光裕、孙兆鸿3人秘密举行党员会议，针对当时的政治形势和铁骊现状，研究制定了斗争的方法和策略。会议根据铁骊地区受日伪统治时间较长，群众对反动势力还存在着恐惧心理的状况，决定首先发动铁路和林业工人开展反奸除霸斗争，迅速打开局面，逐步扩大党的影响。会议决定，由他们3人组成秘密党支部，徐柏生同志负责全面工作；唐光裕同志负责群众工作；孙兆鸿同志负责武装工作。这是中国共产党在铁骊境内最早建立的党的支部委员会。徐柏生等同志来铁骊后，在很短的时间内，建立了人民武装，组织清剿土匪，平定了铁骊地区的混乱局面，并着手发动群众，扩大党的影响，为铁骊县人民政权的建立创造了条件。

1946年6月5日，庆（安）、铁（骊）分县，恢复铁骊县制。中共黑龙江省工委派遣中共党员刘先（老红军、中共七大代表）、原野、吴国天3名同志来铁骊筹建县工委和县民主政府。相继来铁骊工作的还有朗仁安、望平、方波、张敏、杨永奎、吴绍龄等同志。经过20多天的筹备，1946年6月27日，经中共黑龙江省工委批准，中共铁骊县工作委员会和铁骊县民主政府正式成立。中共铁骊县工委由4人组成，实行委员制，刘先任书记，徐柏生、原野、吴国天任委员。原野兼任铁骊县民主政府县长。

中共铁骊县工委建立时，政治形势还很不稳定，一些敌伪分子和地方反动势力蠢蠢欲动，土匪也较为猖獗，特别是国民党正纠集各种力量，大举进攻解放区，因此党的建设仍处在秘密时期。在反奸清算和土地改革斗争中，根据省工委指示，县工委采取秘密、慎重的方针发展党员，逐步扩大党的队伍。1946年8月，发展党员工作从县工委政治部及田升区首先开始，当时接收新党员的程序大体是：先个别谈话，然后填表审查，经支部讨论通过并报上级党委批准，最后秘密举行入党宣誓。党组织和党员之间一般保持单线联系，各支部各党小组也互不通气。初期，秘密接收了徐辅庆、郭元忠、冯杰（女）等同志为中国共产党党员，这是铁骊县工委建立后发展的第一批党员。截至1947年末，全县共建立了7个党支部、10个党小组，党员总数94名。当时全县党的基层组织设置和党员的分布情况大体是：田升区3个党支部，4个党小组，有党员52名，其中女党员1名；铁骊区2个党支部，5个党小组，有党员19名，其中女党员2名；神树区1个党小组，有党员3名；县直机关、县大队各1个党支部，有党员20名。

二、公开建党

1948年8月，根据省委关于各地由秘密建党转入公开建党的指示，全县开始公开建党。公开建党主要采取了以下作法：一是广泛进行建党的宣传教育，向群众讲清什么是共产党，党与群众的关系，共产党的光辉斗争史，党的现状，党的主张，党的奋斗目标及什么人可以参加共产党等。二是向群众公布原有党组织，使群众了解党的情况，并把整党作为建党的前提，对原有党员、党组织进行整顿。支部领导做工作"检讨"，党员也进行自我检查，开展批评和自我批评，并且接受群众的批评。对表现好的党员表扬，对表现不好或不符合党员条件的进行组织处理。三是按照"自报、公议、党批准"的原则发展党员。

8月15日，县委召开了公开建党大会，中共铁骊县工作委员会改称中共铁骊县委员会。接着抽掉一批党员干部和非党积极分子，组成整党建党工作队，经过短期培训，分赴林场、农村发动群众搞大生产运动。在运动中，把广大工农群众中的优秀分子吸收入党。到1949年末，全县共建立了田升、铁骊、神树3个区党委，1个县直机关党总支，25个基层党支部，新发展党员164名，全县共有党员505名。

公开建党是中国共产党发展壮大的重要步骤，是密切党与广大人民群众联系的途径，是加强和巩固基层党组织，提高党员素质的重要手段。通过公开建党，使全县党的发展和党组织建设走上了一个新阶段。随着大量新鲜血液的输入，党员队伍逐步发展壮大，铁骊党的基层组织进一步健全，在建立革命根据地的各项斗争中，充分发挥了党组织的核心领导作用和党员的先锋模范作用。

第五章 探索社会主义革命和建设道路

1949年10月1日，新中国成立，她向全世界庄严宣告，伟大的中国人民，在中国共产党的领导下，经过长期的艰苦奋斗，流血牺牲，最后推翻了帝国主义、封建主义、官僚资本主义三座大山，赶走了日本侵略者，取得了新民主主义革命的伟大胜利。中国人民从此站起来了，并将以东方巨人的步伐，踏上社会主义革命和社会主义建设新的征程。

第一节 发展地方经济

新中国成立初期，恢复和发展国民经济，是党和国家的一项中心任务。县工委和县民主政府，在领导各项社会改革和政治运动的同时，一直紧紧抓住经济建设这个中心环节，把广大人民群众在历次政治运动中所焕发出来的积极性和创造性，引导到恢复和发展经济上来，加速发展工农业生产。

一、组织起来，发展农业生产

1950年，县相继办起了常年和临时农业生产互助组49个。

1952年，全县组织起常年和三大季节等形式互助组704个，参加互助组的农户占全县总农户的90%。生产互助组，很大程度地解决了农民缺少资金和车马牛犋等生产资料的困难，有力地推动了农村生产力的发展。

成立互助组的同时，铁力着手试办初级农业生产合作社。首先在田升区潘家岗屯以黄殿清互助组为轴心，吸收其他互助组的农民参加，试办起铁力第一个初级农业生产合作社。接着，根据群众的要求，又帮助黄大窝堡屯以宋占鹤互助组为轴心，办起了第二个初级社。随着由县到区，由区到村的逐级试办，按照"积极发展，稳步前进"、"只准办好，不准办坏"的方针，到1953年5月，全县已办起了57个初级农业生产合作社。初级农业生产合作社，一般是由自然屯的30至50家农户自愿结合而成的。农户将自己的土地、车马、农具等生产资料交社作价归集体所有，以便取得社员资格。采取土地、车马入股，口粮平均分配，以股份大小、劳动工分多少进行分红的分配办法。社里提留少量公益金和公积金，作为集体福利和扩大再生产资金。一些社员为满足自己生活需要，再次拿出资金投入社内，扩大自己的股份。这个时期有相当数量的初级社添置了车、马，购置了新农具，积极扩大再生产。

为多打粮食，县委、县政府采取各种措施，鼓励和扶持农民开荒，全县种植面积不断扩大，提高了粮食总产量。1949年，全县粮食作物种植面积178 125亩，总产2 264万斤。1952年，种植面积达到209 265亩，总产达到3 685万斤。

为了提高生产效率，县委非常重视推广新式农具。1950年，黑龙江省农业厅拨给铁骊一批新式农具，有马拉播种机2台、钉齿耙1台、双轮一铧犁2台、摇臂收割机1台，均在第二区重点互助组试用。通过采取多种措施，粮食平均亩产由1949年的126

斤，增加到1952年的176斤。

二、发展畜牧业

1945年"八一五"光复前后，由于战乱和土匪骚扰，牲畜饲养量下降，1949年，全县大牲畜存栏数4 549头（匹），平均每户0.64头（匹）。新中国成立后，县委、县政府大力扶持发展畜牧业。大牲畜归私人所有，各户分散饲养，头数增长较快。1952年，全县大牲畜存栏数达到8 608头（匹），是1949年的1.9倍。是年，县内开始养奶牛，铁骊镇内个体饲养奶牛达到47头。

1949年，县境内生猪饲养量为8 419头。新中国成立后，生猪饲养有了更快发展，1952年末，县内生猪饲养量达到10 296头，比1949年增加了22.3%。

为保障畜牧业的发展，县委特别注重防疫灭病工作。先后建立了畜禽防疫站和家畜卫生院。1952年5月，得胜村（现爱国村）发生人畜共患炭疽病，死亡3人，牲畜11头。经采取2号疫苗注射，全县注射疫畜3 850头，并采取封锁、消毒、隔离等一系列措施，从而控制了炭疽病的蔓延。

三、发展工业

新中国成立后，铁骊成立了工商业联合会，对私营企业采取"公私兼顾，劳资两利"的政策，使资金缺乏，劳力缺乏的私营企业主陆续办起了纺织小组、铁木小组、酱菜厂、印刷厂等合资企业。对那些停产停业、生活无着落的手工业工人，组织他们生产自救，开铺设店。1954年，全县私营工业和手工业个体户，由1950年的145户猛增到446户，工业产值同时增加了22%。

1951年，县成立了手工业者生产合作股，指导个体手工业者走合作化道路。1952年5月，铁骊镇以牛向义、牛向坤哥俩为首的36名编织匠人，第一个组织起编织小组，为全县合作化运动起了示范作用。

在扶持私营企业和手工业的同时，县委、县政府还注重发展国营工业。刚解放时，县内较大的私营企业德顺东油坊、公成米厂、铁源米厂，由于业主逃亡，工厂倒闭。县政府成立企业公司，接管了这些企业。1951年春，县财政集中资金29万元，筹建县内第一个火力发电厂。从外地购进120马力蒸汽机1台，75千瓦电机1台，全年可发电10万度，全部用于县城照明。1952年，县企业公司又将安家炉、邹家木铺、孙家皮铺等私营企业改造成公营企业，更名为大众车铺和共同皮业社。是年，又新建了2个公营工厂，有年产10吨白酒的农联烧锅，和年产20万件服装的军属被服厂。1953年，三成木材厂首先使用电动机带动圆盘锯加工木材。至此，工业生产开始使用电力，铁骊发电厂便成为全县国营工业企业的骨干力量。同年，大众车铺96名工人在县内首先实行8小时工作制。工人享受劳动保护、劳动保险待遇。并更名为地方国营铁骊农具厂。厂内设有锻造、铸造、大车制造三个车间；产品有镰刀、锄头、千斤、犁杖、大车等。公有企业的发展及手工业的互助合作，为以后国家对手工业的社会主义改造，奠定了基础。

四、开发林业

东北光复后，森林资源收归国有，成立铁骊县林业事务所。1947年冬，为支援全国解放战争，县工委、县民主政府组成木材采伐大队，由县工委书记刘先兼任政委、县长原野兼任大队长，共200余人到鹿鸣沟林区采伐，苦战一个月，超额完成了5万立方米的战勤采伐任务，保证了前线对木材的急需。

1950年，铁骊境为的森工企业和县属林场，开始集中精力开发建设新林区。一个以木材为重点的森工生产轰轰烈烈地开展起来。为有力地支持全国的经济建设，为国家多生产木材，各企业、各林场纷纷革新采伐技术。首先采取伐木前打好安全道，清除迎门树，实行对口楂。1952年，本着合理采伐，合理造材及合理利用的要求，改立式伐木为坐式伐木，伐根降低到30公分以下，实行下楂进锯三分之一后，用斧子砍掉的作业法。1953年，铁骊森工局伐木工人马永顺创新使用弯把锯，伐木由双人作业改为单人作业，伐根降低到10厘米以下，在伐木技术上推广使用抽片、挂耳、留弦、加楔的伐木经验。后又将弯把子锯小齿改为大齿，使锯仓深，吐沫快，不打滑，不跑空，提高工效80%。是年，马永顺工组创造了"安全伐木法"和"四季锉锯法"，又提高工效30%。即减轻了劳动强度，又减少了伤亡事故的发生。

木材运输生产先是水运，后改为森运或汽运。1947年，境内设立了铁骊森铁分局，接收了日伪时期留下的铁骊至北关的森林铁路20公里。朗乡林区于1949年10月开始修筑森林铁路，森铁线路分干线、支线和岔线。1951年，田升林区开始修筑森林铁路。1952年成立森铁分局，直属东北森铁管理局。至此，境内3个全民所有制森工企业全部实行了森林铁路运输。

在开发林区的同时，还不断加强林政管理和护林防火工作。1950年6月，铁骊县公安局在神树区石长村进行护林防火试点。对群众进行护林防火教育，建立了各项护林防火制度，并在村民中组建了护林队，凡年满18至60岁的男性公民均为护林队员。试点后，在全县推广。每年春、秋防火戒严期间，县政府召开全县护林防火广播大会，并组织职工家属在主要入山道口设岗放哨，盘查行人，检查火种。城乡街道、村屯挨家挨户传递护林防火轮流检查牌，家家户户订立防火公约，有效地控制了森林火灾的发生。在防火期内，各林区由营林员骑马在各林检站、村屯和要道处巡逻检查火种，宣传护林防火的方针政策。1952年10月7日，绥化、绥棱、庆安、铁骊建立了护林防火联防组织，有效地控制了森林火灾的发生。

五、省属森工企业的建立和发展

1953年，境内有铁骊、田升、朗乡三个省属森工企业，现在的桃山林业局为后建。

铁骊森林工业局，局址设在铁骊县城内，为黑龙江省属森工企业。1946年3月26日成立铁骊林业公司。1948年1月，改称黑龙江省铁骊林务所，10月改称林务局。1950年6月改名为铁骊森林工业分局，1953年又称铁骊森林工业局。该局全部施业区位于小兴安岭的东南段西南坡，东西宽45公里，南北长56公里，横跨铁骊、庆安两县和翠峦局，施业区总面积20.42万公顷，森林覆盖率72.7%，木材总蓄积量1 132.9万立方米。全局针叶树种占42%，阔叶树种占58%。林区有森林铁路207公里，木材运输主要靠森林铁路。

田升森林工业局，局址设在田升区街内，为黑龙江省属森工企业。1948年至1952年，先后称谓庆安林场、田升林务分局、黑龙江省民需采木公司。1953年2月27日建局，时称田升分局，6月25日易名为田升森林工业局。局施业区总面积14.10万公顷，施业区分属巴彦、木兰、通河、庆安、铁骊五个县。全局经营范围内的森林系寒温带森林，属于长白植物区系内。施业区内划分为安邦河下游后备用材林，西部丘陵用材林，东南部低山防护用材林等三个分区。

朗乡森林工业局，局址设在朗乡镇内，为黑龙江省属森工企业，其前身是带岭林务分局朗乡作业所。1951年建朗乡林务分局，1953年改称朗乡森林工业局。局施业区总面积26.48万公顷，有天然林18.59万公顷,森林覆盖率80%,林木总蓄积量2 623万立方米。施业区内划分为半园河低山用材林,巴兰河低山防护林,达里岱河低山用材林3个分区。

第二节　生产资料的社会主义改造

生产资料的社会主义改造,包括农业社会主义改造、手工业的社会主义改造和私营商业的社会主义改造,是一场复杂、困难和深刻的社会变革。

一、农业的社会主义改造

土地改革,推翻了封建地主土地私有制,实现了"耕者有其田"。农业的社会主义改造,又变个体农民土地所有制为劳动人民集体所有制,彻底拔掉了农民种田受剥削、受奴役的根子。

1952年,在农业生产互助组的基础上,县开始试办初级农业生产合作社,当年县委试办了2个社,初步取得了办社的经验。1953年,在试办取得经验的基础上,县委决定由县委试办转为区委试办,初级社发展到10个。1954年下半年,由于几年来试办社的成功,特别是经过党在过渡时期总路线的深入宣传,以及粮食统购统销政策、自愿互利政策、办好社四项标准的贯彻,农民的社会主义觉悟大大提高,更多的农民纷纷要求走合作化的道路,因而出现了农业生产合作化运动高涨的新局面,全县农业合作化运动即由县、区试办阶段转向了大发展阶段,全县掀起了第一个农业合作化运动的高潮。到1955年春耕前,农业生产合作社即由33个发展到93个,入社农户由9.5%发展到29.9%。入社的土地、耕畜、农具均占总数的33%以上。这些合作社分布在全县各个行政村，并出现了3个基本合作化的村。1955年，经过传达贯彻毛主席《关于农业合作化问题》的报告和党中央七届六中全会（扩大）的决议之后，在全县形成了一个声势浩大的规模壮阔的农业合作化运动的第二个高潮。在这个高潮的推动和影响下，到12月底，全县共组建了95个农业生产合作社，入社农户由29.9%发展到70%以上。当时县辖的1镇3区中，铁骊镇组建5个合作社；田升区9个村组建53个合作社；神树区组建5个合作社；新建区8个村组建32个合作社。当年，现有合作社经过春、夏两季的全力整顿和巩固工作，绝大多数合作社在生产过程中均显示出合作社的优越性。据统计分析，现有社中有60%的社有较大增产，有35%的社有不同程度的增产，其余5%的社不低于互助组的产量。

1955年7月，中共黑龙江省委召开全省区委书记会议，传达毛泽东关于农业合作化的报告，要求在部分办得较好的初级社中试点，引导农民办高级农业生产合作社。规模一般是一村建一社，土地归合作社公有，取消土地报酬。耕畜、大型农具等生产资料作价入社，作为社员公有化股金，多投者由高级社逐年退还，少投者要逐年交齐。实行以生产队为单位，农活统一安排，劳力统一调配，计工参加分配的领工生产制。

1956年，开始并村划乡工作，县将3个农村区（田升区、神树区、新建区）撤销，划分成立了12个小乡，并将2个村级镇（朗乡、小白镇）升为乡级镇。

1957年6月，经过两年的准备工作，县农业合作化运动进入高级阶段，县、乡两级政府派工作队深入各村，着手组建高级社，紧接着掀起了一个空前未有的规模壮阔的进展迅速的高级合作化的新高潮。6月至12月半年时间，县相继把95个农业生产合作社组成58个高级农业生产合作社。入社农户占总农户的97.18%，只有地主、富农暂缓入社（只在社内劳动，不算社员）。至此，县完成了国家对农业社会主义改造的任务。

二、手工业的社会主义改造

1951年，县成立手工业者领导机构"生产合作股"，负责领导手工业的生产合作。5月，县内各城镇手工业者开始自愿地组织起来。铁骊镇以牛向义、牛向坤哥俩为首的36名编织匠人，组织起县第一个生产合作组织"编织小组"，在全县起了示范作用。1955年，根据中共中央和黑龙江省委关于对个体手工业社会主义改造的指示，全县开展了合作化运动。当年在铁骊镇内有365户个体手工业者组织起9个生产合作社。田升（双丰）、神树、朗乡、小白等镇也组建了4个综合行业合作社。1956年，社会主义改造进入高潮，全县又有237名个体手工业劳动者分别加入各手工业合作社。合作社领导由本社社员推选，重大问题由社员大会讨论决定。劳动和分配形式采取定额，多劳多得，少劳少得的原则。这是县城镇最早的集体管理、集体分配的劳动群体。1957年，县对个体手工业的社会主义改造基本完成以后。县成立了手工业合作社联合社，负责全县手工业合作社的管理工作。全县手工业生产合作社发展到15个，有职工602人，社员股金6.6万元。当年产值为201.1万元，利润为97 000元。比1954年分别提高了14倍和18倍。

三、私营商业的社会主义改造

1950年进入国民经济恢复时期，县委、县政府本着发展工商业，繁荣市场的方针，把私营商业组织起来，走合作化道路。并调整了税收，实行国营商业适当减少零售，让利于私营商户，私营商户为国营商业代销等措施，使私营商业兴盛发展起来。1950年7月，抗美援朝战争开始，市场物资一度紧张，私营商业与国营商业争夺市场，县政府采取限制私营商业经销粮食、棉布、食油、食盐等主要民生物资等措施，使市场保持了繁荣与稳定。1952年，全县私营商业户247个，比1949年增加54.4%，从业人数493人。

1955年，全县有123家私营商户（含个体饮食服务业）196人，响应党的号召，组织起来走上集体经营合作办店之路，共办起8个合作商店（饭店），下设42个零售网点，共有资金41 668元。下半年，县根据中共中央对私营商业"利用、限制、改造"的政策，对私营商业实行"统筹兼顾，全面安排，积极改造"的方针，又组织75户私营商户进入公私合营商业，组织129户私营商户进入供销合作商业，组织4户私营商户直接进入国营商业。1956年，全县完成了对私营商业的所有制改造，形成了社会主义统一市场。

第三节 总路线、"大跃进"与人民公社化运动

一、贯彻社会主义建设总路线

1958年5月，铁力县贯彻党的八大二次会议精神。通过四级干部会、动员大会、广播会、总支、支部书记会、誓师大会、游行、报告、组织宣传团、检查团，进行部署和促进，全县掀起了声势浩大、规模壮阔的宣传与学习党的总路线的热潮。居民有35 000人受到三次以上教育，一般的皆能背诵总路线19个字，基本做到家喻户晓。

农村，训练了90名报告员、900名宣传员和3 000名宣传积极分子。同时组织了205个读报组，展开了深入的宣传活动。县委还从县直机关抽调180名干部，一边帮助夏锄一边宣传总路线，

使应受教育的42 600人都受到二至三次的教育。

县委贯彻鼓足干劲、力争上游、多快好省的总路线精神，提出："苦战三年，大干五年，实现十二化，根本改变铁力面貌"的振奋人心的奋斗目标。

二、开展"大跃进"运动

"大跃进"运动，从1957年9月开始，到1960年底逐渐终止，持续3年。主要标志是：高指标、瞎指挥、浮夸风和"共产"风。铁力的"大跃进"运动，也是从高指标开始的。

1958年4月，县制定垧产6 000斤的所谓跃进指标，提出"苦战三年改变面貌；一切为了大跃进；十年指标一年完成，坚决实现6 000斤；一年实现十年指标，三年跨黄河，五年过长江；6 000斤指标，8 000斤措施，1万斤干劲；苦干实干说到做到"。这一年，全县搞了56垧试验田，179棵卫星田，135垧种子田。1958年7月15日，铲镗挂锄后，县抽掉农村11 000多青壮年劳动力（占农村人口的30%左右），以乡为单位组成水利施工大队，吃住在施工现场，大力兴修水利。全县施工工程有水库12处，以水库为中心的谷坊群114处，同水库与谷坊群相连接的干渠7条，排水道13条，支渠50条，截水沟120条，集水坑600个，这些工程共用76万土方。到1961年贯彻"调整、巩固、充实、提高"的八字方针时，兴修水利的"大跃进"方压缩。1958年"大跃进"时期，铁力、桃山、神树队办蚕场，有柞蚕面积4 000亩，放养200多把剪。由于气候不适宜，养蚕逐年减少，到1981年仅剩桃山蚕场12把剪。1959年秋季，县开展全民支援农业，为创造大面积高产田大搞秋翻地，深翻到1尺以下，结果破坏了地力。

"大跃进"时期，在"全民动员、全党动员、大办钢铁、大办工业"的口号下，全县出现了"办厂热"。1958年，县内一些社队竞相土法上马，办起了砖瓦、砂石、木工、机械等小型工厂三十几个，兴旺一时。1962年在工业调整中进行了整顿，有的关停，有的合并。1966年，全县有社队工厂24个，于1967年后大部分停产。

1958年在"大办工业"的高潮中，由于"左倾"思想的影响，盲目追求"一大二公"，在条件不成熟的情况下，将铁力镇街内的9个生产合作社合并"过渡"为国营企业，建立了国营铁木工厂和地方国营铁力卫星综合工厂。生产合作社社员全部按国营企业职工管理，开始吃"大锅饭"。"大跃进"期间，盲目建厂很多，技术不过关，产品质量低劣，损失浪费严重，一些工厂由于原料不足，被迫停产或转产。

1958年8月，"大跃进"高潮时期，全县还掀起了群众性的找矿热潮。东部山区群众配合地质部门先后探明了铁、煤、铜、锌、石墨等19个矿点。铁力兴办的铁矿有荣锋铁矿和朗乡铁矿。荣锋铁矿 即二股铁矿，矿址位于县境内北部二股东山，距县城37公里。矿藏以磁铁为主，是多种金属混交矿，保有储量为160万吨，含铁品位34.66%，列为黑龙江省八个中型铁矿之一。1962年铁矿在调整中关闭。朗乡铁矿，1959年"大跃进"不断升温时建立，矿址位于朗乡镇南沟9公里的山谷里。1960年初，经松花江地质勘探局勘探，矿区储量为9.65万吨，含铁品位45%。是年，全矿有职工400人，分3个作业区、10个工段。1962年在调整中关闭。

1958年，县同时建起了铁力冶炼厂和铁力炼焦厂。冶炼厂厂址位于铁力镇东岗街，森林铁路旁，占地面积361 176平方米，生产用建筑面积为67 769平方米。1958年生铁产量为1 434吨，1959年产生铁8 223吨，1960年产生铁11 000吨。1962年，该厂在工业"调整"中下马。炼焦厂位于铁力火车站西南1公里处，占地面积63 000平方米，全厂有工人1 200名，共建唐山式土圆窑560个。1960年，创最高产纪录生产焦炭2万吨。这些焦炭全部用于铁力冶炼厂的炼铁生产。2吨原煤炼1吨焦炭，成本价为55元。1962年，该厂在国民经济调整中关停。

在全民性大炼钢铁的高潮中。县委号召全县人民为"钢铁元帅升帐"做贡献。全县平调大量人力、财力和物力，经过4个月的会战，共建起小土高炉235座，日生产生铁25吨；建起土圆窑634个，日产焦炭164吨。1959年3月，经"五定、二化"（即定编、定岗、定员、定产品、定产量；基地化、工厂化）调整，成立铁力县钢铁联合企业，下属6个厂（矿），共计4 442名职工。1 958至1962年，经过4年的开发建设，国家共投资4 395 243元，冶炼生产创产值共7 847 713元。炼出生铁16 405吨，炼出焦炭60 371吨，选出锌粉46吨及其他30余种上万件工业产品。1962年，国民经济调整时期，县冶炼工业全部下马关闭。

1958年，县开展了冶炼工作的共产主义大协作运动。参加铁力冶炼协作的单位有：肇州县委、望奎县委、绥棱县委、庆安县委、铁力县委、庆华工具厂、松江拖拉机厂、哈市电机厂、哈市工业器材公司、九七五二部队、哈市第三建筑公司、林业厅香坊木材加工厂、哈铁管局、绥化木材办事处、铁力林业局、朗乡林业局、国营农场铁力地区办事处等16个单位。各协作单位通力合作，解决了冶炼中的运输、焦炭、劳动力等重大难题。运输方面，铁力林业局专调森铁15台板车和15吨的机车1台，专门支援冶炼运输；铁路修建了铁力车站至森铁的专用线；松江拖拉机厂调出40台车作为冶炼运输车。焦炭问题，由铁力、庆安、肇州、绥棱、望奎5县在铁力和朗乡车站附近，共建10座炼焦炉，进行炼焦。5县的煤的指标都调拨铁力使用，产量最高时每次可炼出500多吨焦炭。炼焦需用的资金由用焦单位按需用量采取预交款的办法解决。劳动力方面，各县除保证自己建炉需用的劳力外，还负责解决各企业冶炼的劳力，望奎县出劳力600人，其他县出劳力300至400人。

三、农村人民公社化运动

1958年9月，铁力县并入庆安县。庆安县委将原铁力县的8个乡镇改成5个农村人民公社，仅用半个月时间，铁力农村全部实现了人民公社化。

人民公社是一乡一社，一镇一社，实行"政社合一"、"工农商学兵五位一体"。铁力县各人民公社，将县境内的国营森工企业，国营农、牧场，国营工厂、商店，学校等统统并入。各地集体农户统统过渡为全民所有制的农业职工。实行组织军事化，行动战斗化，生活集体化。有的公社和生产队无偿调用土地、劳力、机械、房屋、牲畜和资金；公共食堂实行免费供饭，免费供应生活日用品。1958年，仅铁力人民公社就平调劳力102人、大牲畜24匹（头）、机械5台、土地39.7垧、房屋75间、猪羊122头，其他物资折价68 526元。由于"一平二调"，一度使社员思想恐慌，出现了突击屠杀猪羊，砸锅卖铁等混乱现象。人民公社化运动，超越了现实生产力水平，盲目升级生产关系，并努力扩大所有制成分，造成了队与队之间的平均主义。在人民公社政社合一的管理体制下，片面追求高指标，用瞎指挥和强迫命令盲目推广高产"经验"，不仅使粮食生产出现倒退，农业内部结构也严重失调，人民生活困难，农村经济遭受严重挫折。

1959年2月，中共庆安县委召开全委扩大会议，传达了党中央"郑州会议"精神，明确指出人民公社是集体所有制，不是全民所有制。对农民的财产不能调拨。必须通过商品交换。从而煞住了"一平二调"的共产风。

第四节　全面调整国民经济

　　1961年1月，中共八届九中全会正式通过"调整、巩固、充实、提高"的八字方针，其主要内容是：调整国民经济各方面的比例；巩固国民经济发展中所取得的成果；以少量的投资来充实一些部门的生产能力，使其成龙配套，以便收到更大的经济效果；提高产品质量，提高经营管理水平和劳动生产率。这一方针的制定，标志着我国经济进入调整阶段。这是开始全面建设社会主义以来经济指导工作的一次重要转折，是党为战胜经济困难而采取的重大决策。

　　1959年至1962年，人民公社化期间，片面追求粮食产量，全县玉米种植面积由59 482亩，增到68 120亩。东部山区不顾低温冷害，也盲目扩大玉米种植面积，结果适得其反，严重影响了玉米产量。特别是1962年，境内西部平原玉米亩产仅112斤，东部山区几乎绝产。从全国的统计资料看，三年困难时期的农作物产量，比常年减产30%以上。而铁力粮食产量，1958年总产为3 101万斤，1959年为2 398万斤，1960年为2 058万斤，1961年为1 956万斤。也就是说，1 961和1962年粮食产量比常年减产36%。粮食的大幅度减产，直接导致了严重的困难局面。那三年，一场史无前例的超级灾难铺天盖地地笼罩了全中国。

　　1960年，由于"自然灾害"的影响，市场物资日趋紧张。肉、蛋、禽等主要副食品和糖、烟、酒、肥皂、火柴等工业品先后实行凭票定量、限量供应，卫生衫裤、棉毛衫裤、线衣、床单、线毯、毛巾被、绒毯等针织品收布票，毛巾、袜子、汗衫、背心等针织品凭票供应。蛋糕、饼干等食品收粮票，燃料油、煤炭凭票（证）供应。这一年起，铁力县粮食奇缺，全县城乡开始推广苞米连棒加工及从玉米叶、白菜根、榆树叶、甜菜渣、麦秆、稻草、豆壳等12种农副产品中提取淀粉的做法，解决人们口粮之不足。1961年4月，铁力县委召开紧急会议，部署干部深入基层，安排社员生活，了解情况，帮助解决实际问题。发动组织社员利用田头地角的零星土地，广种杂粮和瓜菜，实行谁种谁收，以度饥荒。

三年严重经济困难时期，县委没有隐瞒灾情，而是及时地把国家及省、县的困难情况告诉老百姓，共克时艰。那个时代，社会风尚是非常好的，在艰难的时候，人们都很守纪律，照顾大局，把个人利益放在集体利益当中，放在国家利益、社会利益当中，自觉地同国家一道来渡过困难。1959年开始的三年困难时期就是这样度过的。

一、农业生产的调整

1960年8月，铁力县委遵照"八字方针"对农业开始进行调整。着重从整风整社、调整生产关系、改变高征购、加强农业战线和发展农业生产等方面开展。

整风整社运动。一是算账退赔，纠正"一平二调"的"共产"风，纠正生产队与生产队之间的平均主义。二是取消了农村部分供给制和公共食堂，在生产队内部社员与社员之间纠正了分配上的平均主义。三是搞好"新三反"，改善干群关系。四是尊重生产队的生产自主权，纠正瞎指挥风。

改正高征购错误。"大跃进"运动中，因放"卫星"严重，造成了收成的虚报和浮夸，导致对粮食征收力度的加大。1957年，全县粮食总产2 636.4万斤，国家征购799万斤，占总产的30.3%。1958年粮食总产3 101万斤，征购粮1 430万斤，征购粮占总产的46%。1959年实际总产2 398万斤，而征购粮为1 346万斤，占总产的56%。1960年末，县逐步改变高征购的错误，征购粮为771万斤，占总产2 058万斤的37.5%，1962年，征购粮减少到492万斤，仅占总产1 971万斤的25%。1965年全县粮食大丰收，总产达到3 480万斤，完成粮食征购639万斤，占总产的18.4%。改正高征购错误，恢复了农民的元气，增添了生产的后劲。

贯彻执行《农业六十条》。一是将人民公社的基本核算单位一步到位退回到"以生产队为基本核算单位"。从人民公社"一大二公"的"大锅饭"退到"三级所有，队为基础"。二是恢复"三包一奖"的生产责任制，在分配上贯彻多劳多得的原则；执行"劳力分整半、打头领着干、季节标准分、死分活评"的管理办法，提高了劳动效率。三是恢复社员自留地，允许搞"家庭副业"，使农业生产得到了恢复和发展。

对农业生产的调整，虽然未能彻底解决人民公社的一些根本问题，但是由于纠正了人民公社化以来农村工作中的主要错误，在调动农民积极性，恢复和发展农业生产方面发挥了重要作用，而且在以后相当长的时间内，在遏制"共产"风再起方面发挥了积极作用。

二、工业企业的调整

1961年，县恢复了手工业联社，遵照"调整、巩固、充实、提高"的八字方针，对全县集体工业进行了调整。经过调整，县办手工业厂、社共有14个，原来盲目过渡到全民所有制的手工业全部恢复为集体所有制。对集体企业职工进行《手工业三十五条》和社章教育。严格实行经济核算，加强财务管理，建立健全了各种责任制度。坚决贯彻按劳取酬的原则。按照行业不同、工种不同实行计时工资加奖励，或者实行包工计件、计分定额管理的办法。调整后，使集体合作手工业注入了生机。

1963年，对国营工业企业进行整顿。关停了县钢铁联合企业、石墨矿、五金厂、玻璃厂。将钢铁电厂归并到县发电厂，将商业酱菜厂和供销酱菜厂合并为县酱菜厂。是年，本着行业归口管理的原则，对一些工厂实行归口管理。国营工业企业调整后，县坚决贯彻执行中央《工业七十条》，使国营工业企业一系列规章制度恢复和建立起来，加强了企业管理，提高了劳动效率和生产效益。

县工业企业的调整，控制了重工业的发展速度，缩小了工业总产值在工农业总产值中的比重，使工业和农业之间，重工业和轻工业之间，积累与消费之间的比例趋于协调，使国家建设和人民生活得到统筹兼顾、全面安排。

三、商业的调整

1961年2月，县委、县政府根据国务院规定，对生猪、蛋、烟、麻、马铃薯、小油料、主要药材等二类农副产品实行派购、统购，取消了自由经营。对农户派养生猪，实行购留各半、划拨饲料地、奖售布票的政策。

3月，为执行国家稳定市场、回笼货币、平抑物价的政策，县在保持生活必需品价格基本稳定的同时，对糖果、糕点、钟表、自行车、针织品、白酒、卷烟、肉类等8类商品实行高价出售。

6月，县贯彻《商业四十条》，把1958年3月与国营商业合并的供销合作社恢复为集体所有制。国营商业企业改为党委集体领导下的经理负责制，财权、物权也由省公司下放给地方，利润交县财政，亏损由县财政退库。1963年，随着农业生产的回升和贯彻《商业四十条》，市场商品供应的紧张状况有所缓和，城乡人民生活也开始略有回升。

1964年起，县对蔬菜（土豆、白菜）的产销，实行派种和统购包销政策。全县蔬菜由蔬菜公司统一经营，国家给蔬菜公司以差价补贴。这一政策的实施，曾对促进地产蔬菜的发展，保证城镇居民的蔬菜供应起了一定作用，但也存在产销脱节，蔬菜损失大，地方财政包袱沉重等问题。

第五节　"工业学大庆"

1977年4月11日至14日，县召开贯彻省"工业学大庆"会议精神大会，提出了进一步深入开展以创建大庆式企业为目标的工业学大庆运动。参加会议的有工交口和农机、商业、粮食、县社等系统的党支部书记和班组长以上干部共400多人。这次大会，是加快铁力县工业学大庆、普及大庆式企业步伐的动员大会，是一次学先进、比干劲，迅速把国民经济搞上去的誓师大会。

会后，各厂矿制定了争创大庆式企业规划，建立了以岗位责任制为中心的出勤考核、操作规程、原材料定额消耗和安全生产等七项管理制度。全县各工业企业普遍开展比、学、赶、帮、超的群众性竞赛活动。在管理方法上，各企业实行定员、定额、定产和干部顶班、定岗劳动，实行三级经济核算制度。各企业积极推广"三老四严"和"四个一样"的作风。广大工人群众纷纷表示：要学铁人、做铁人，争当思想红、作风好、生产硬、技术精、又红又专、特别能战斗的铁人式工人，以"宁可少活二十年，拼命也要拿下大油田"的革命精神，大干苦干拼命干，迅速改变企业的面貌。在抓纲治国，深入揭批"四人帮"的斗争中，全县掀起了争创大庆式企业的高潮。

　　铁力县电业局在"学大庆"运动中，当年开工兴建铁力至双丰60千伏高压输、变电工程。1977年9月工程建成，投入运行。全长19.48公里，耗资64万元。将县电厂的电力输送到双丰变电所，电力由此通过配电线路分别送往双丰、卫国、王杨等村屯，满足了农村用电。

　　县无线电元件厂和县电子器件厂在"学大庆"运动中，两厂都有长足的发展。为了更好地整合资源，1979年10月，两厂合并更名为铁力县无线电厂。两厂合并时，有固定资产30万元，年产值达109万元，定型产品有2CZ、3CT两大类整流器件及小型整流机等。

　　在伊春地区工业学大庆农业学大寨誓师大会上，铁力县双丰农机修配厂党支部书记白树林，以《高举红旗学大庆，为加速农业机械化贡献力量》为题，介绍了修配厂排除干扰学大庆、支援农业志不移、发动群众搞会战、领导带头学批干的工作经验。

　　在全省工业学大庆、农业学大寨会议上，县委副书记罗盛彬代表铁力县委，以《厂、县定点支援，促进了我县工农业生产的发展》为题，介绍了铁力县与哈尔滨轴承厂、香坊木材加工厂、松江胶合板厂建立厂、县定点支援关系，巩固工农联盟，开展互助协作，武装地方工业，实现农业机械化，促进工农业生产的发展，改变落后面貌的工作经验。

　　1978年，县工交战线，深入开展工业学大庆运动。在电力、燃料、原材料严重不足和按照上级指示砍掉部分长线新产品的情况下，完成产值2 435万元。产品质量有所提高。双丰农机厂、县农具木器厂、瓦厂等多数企业全面完成了国家下达的8项经济技术指标。砖厂、轴承厂等一些企业甩掉了多年亏损的帽子。

第六节 "农业学大寨"

1976年，党和国家新的领导集体仍旧把农业学大寨作为农业工作的重点。12月10日至17日，第二次全国"农业学大寨"会议在北京召开。会议提出："建设大寨县，县委是关键"的口号。

1977年1月15日，中共铁力县委召开贯彻第二次全国农业学大寨会议精神暨1976年度农业学大寨群英大会。会后，全县各级党组织论形势、讲任务、定指标、落措施，抓紧了各项实际步骤，掀起了一个轰轰烈烈的大宣传、大学习、大贯彻、大检查、大总结、大落实第二次全国"农业学大寨"会议精神的高潮。

1977年3月22至31日，县委召开县直机关贯彻落实省、地"双学"誓师大会。会后，一部分干部坚守各自的岗位，做好本部门本系统的本职工作，大部分县直机关干部分赴"农业学大寨"的第一线，共同投入到一年建成大寨县的战斗行列。

1974年后，全县干部群众以大寨人为榜样，不断掀起农田基本建设的新高潮。出现了"千军万马搞农建，男女老少上一线，各行各业齐会战"的动人景象。截至1977年，县完成人工河"引呼工程"，新建了东方红、团结、五龙山3个水库，扩建了5个灌区，修筑各种构造物546座，其中永久性构造物178座，兴建机电井站46处，提水站31处，塘坝37座，挖总长590公里的排水壕1 200多条，筑防洪堤84公里，建设方田33 500亩、条田19 200亩、梯田200亩，改土25 000亩，平整土地84 000亩，共完成土石方5 387 000个，初步治理内涝面积78 600亩，防洪保护面积20 000亩，治理水土流失27 600亩。

1977年6月30日，在全国农田基本建设工作会议上，县委副书记罗盛彬代表铁力县委，以《高举红旗学大寨，农田基本建设迈大步》为题作典型发言，介绍了1974年以来，铁力大规模开展农田基本建设，改变农业生产的基本条件，使抗御自然灾害的能力大大增强。1974年大豆上《纲要》，粮食亩产增百斤；1975年全县粮、豆双上"纲要"；1976年在"四害"横行，五灾俱全，遭受历史没有过的严重霜冻灾害（东部山区无霜期只有58天）的情况下，仍获得亩产200斤的好收成的农业生产情况。

1978年，县"农业学大寨"取得新成果。粮食亩产403斤，大豆亩产261斤，重新双上《纲要》，总产达到了8 000万斤。这是我县有史以来第二个高产年。粮食征购任务超额完成，社队工业产值470万元，比1977年增长46%。副业收入400万元，比1977年增长37.5%。全县工副业收入870万元，占农村社队总收入的46.7%。社员人均收入由1977年的84元增加到103元，社员的生活普遍有了改善。出现了一大批大寨式社队和学大寨先进社队。

第六章 改革开放时期铁力的发展建设

党的十一届三中全会后，铁力的改革先从农村开始。1986年，铁力经过探索性改革，改革的重点从农村转移到城市，1998年，彻底完成工商企业产权制度改革。

第一节 农业生产改革

1978年，铁力县辖9个人民公社、88个生产大队、223个生产小队，农业人口68 918人，耕地面积305 209亩。党的十一届三中全会后，着手农村改革，农业生产向着由集体经营转向专业承包，由自给半自给转向商品经济，由单一格局转向多种经营和乡镇企业同时并举的方向发展，农村社会总产值的比例逐步趋于合理。

一、推行家庭联产承包责任制

党的十一届三中全会开过不久，铁力在落实农业各种形式生产责任制的同时，县委在地处山区人多地少的神树公社圣浪大队，开展"大包干责任制"试点，即后来的"家庭联产承包责任制"。这个大队地处高寒山区，无霜期80天左右，共84户人家，401口人，332亩地。多年来吃粮靠返销，花钱靠自己，生产靠贷款，集体经济很薄弱。1979年，搞了大包干，极大地调动了社员的积极性，经过一年的实践，效果非常显著，集体总收入和社员人均收入比1978年都增加两倍，还清了一万多元的贷款。1980年，县委及时总结了这个典型，在神树公社各大队普遍推行了大包干，使这个贫困公社一年变成了较富裕的公社。总收入由1979年的159.4万元猛增到248.6万元；人均收入由97元猛增到202元；当年还贷款5.8万元。

对包干到户责任制，西部平原区开始有些干部群众不认可，嫌麻烦，不想实行责任制。1980年，县委在工农公社树林大队一队做了一个试验。这个队有三坰摆荒地，从来不打粮。把这块地包给了两位老人，规定到秋交2千斤稻子。这两位老人经过一年的辛勤劳动，打了2万多斤稻子，亩产比临近的好地还高。这件事对大家教育不小，使他们看到了责任制的威力。

1981年，为了验证"大包干责任制"在平原区的效果，县委又在地处平原地区的年丰公社永丰大队三队搞试点。这个队是多年的"三靠队"，全队共有23户人家，109口人，302亩地，1981年前的22年只有一年交了5千斤粮。1981年实行大包干一年巨变，人均收入由上年的37元猛增到385元，向国家交粮2.5万斤，还了5千元贷款。1981年12月23日，伊春日报在第二版用整个版面报道了永丰三队由贫变富的新事，反映出这个队大包干后社员生产生活的变化。周围社队看到他们实行大包干一年巨变，都跃跃欲试，纷纷要求这么干。县委因势利导，先后四次到这个队总结经验，然后扩大试点面。

1982年，全县有67个生产队搞包干到户试点，占生产队总数的30%，这些队在大灾之年都获得了好收成。尤其是年丰公社年丰二队，云山大队、工农公社树林大队，过去是县里闻名的"三靠"队，搞包干到户一年翻了身。云山大队从合作化以来，有19年吃返销粮。当年不仅实现了粮食自给，还向国家交了6万斤余粮。年丰二队过去欠贷款和外债5万多元，当年还了1.5万元，过去从不交粮，当年交了5万斤，人均收入由1981年的5元猛增到390元。年丰公社实行大包干的15个队，和上年相比，粮食增长45%，交粮增长3.8倍，人均收入增长4倍。15个队中，有5个队总产、交粮、人均收入创历史最好水平。

在扩大试点范围的过程中，也遇到各种不同的意见。对于不同的意见，县委决定给他们一定的时间，让他们自己在实践中教育自己。1982年春，年丰公社年丰大队四队，干部与群众对落实什么样的责任制意见不一致，干部主张分组，社员要求包干到户。最后，队长和会计把各自的亲属拉到一起搞了两个组，其余二十多户社员搞了承包到户。其结果，"亲属组"干的四分五裂，"大帮哄"变成了"小帮混"，遭灾减了产。而承包到户的社员，家家灾年夺丰收。事实使这两位干部受到了深刻教育，感到就是亲属在一起也混不下去。第二年坚决要求搞包干到户。

1982年秋，有80%的生产队要学习"大包干责任制"试点的做法。在这种情况下，县委又认真地总结了神树公社和年丰公社两个试点的经验和做法，为全县普遍推行"大包干责任制"提供经验，做好了全面落实的准备。1983年，全县有92%的生产队搞家庭联产承包。

1984年，县委把进一步稳定和完善家庭联产承包制，作为农村工作的重要任务来抓。2月23日，县委下发〔1984〕3号文件，即《关于稳定完善农村家庭联产承包制若干问题的规定》。文件按照中发〔1984〕1号文件《关于一九八四年农村工作的通知》精神，结合本县农村实行生产责任制中的新情况、新问题，对

1983年初县委下发的,《关于农村包干到户责任制若干问题的意见》进行了修订和补充。文件下发后,县、乡(镇)干部深入到生产队,宣讲中央一号文件,坚持做好家庭联产承包责任制的完善工作,做好土地调整和承包合同的签订工作。经过努力,只用一个多月的时间,于春耕前完成了这项工作,保证了春耕生产的正常进行。全县261个生产队除两个无耕地的狩猎队仍实行收入分成以外,其余259个生产队全部实行了家庭联产承包责任制。这一年,由于实行家庭联产承包责任制,全县农业生产出现了历史最好水平,粮豆薯总产量突破了1亿斤大关,为11 193万斤,畜牧业、饲养业增长28.7%,乡镇企业增长45.1%,农村人均收入411元。

二、坚持发展大农业

1993年起,铁力从发展大农业入手,大力调整种植业结构,积极应用先进农业技术,使种植业得到了较快的发展。

不断优化种植结构。各乡镇坚持以市场需求为导向,按照发展"两高一优"农业的原则,结合本乡镇和本村的自然优势,积极调整种植业结构,采取"一减、两稳、三增"的方法,切实减少小麦面积,稳定玉米、水稻面积,增加大豆、杂粮和试销对路经济作物面积。这种结构调整20世纪90年代一直在进行,只是提法转变成"一减、两增、一稳定",一减是逐年减少小麦的种植面积,直至基本停止对这种作物的种植;两增是逐年增加水稻和经济作物的种植面积;一稳定是大豆基本维持稳定,玉米略有减少。具体来看,水稻种植面积1993年是10 582公顷,2000年则是16 182公顷,7年间增长了52%还多;经济作物种植面积1993年是1 487公顷,2000年则是2 519公顷,增长了近70%;小麦种植面积1993年是2 113公顷,比上年减少了17.3,到1998年则锐减到

215公顷；大豆1993年播种面积为7 027公顷，2000年播种面积为7 080公顷，基本持平；玉米1993年播种面积为4 770公顷，2000年播种面积为3 548公顷，减少了1 200多公顷。经过连续数年的调整，铁力的粮食生产由原来的稻、豆、麦结构，调整为稻、豆、米结构，且经济作物面积大幅度上升。

不断调整产业结构。铁力坚持了三个调整方向：一是往"优"上调。对水稻、大豆、玉米三大作物品种进行规范，分别确定适合我市自然条件的优质品种。水稻以948、9031、97-88为当家品种，以沙沙尼、珍珠B、富士光为特色品种；大豆以合丰25、北丰13、北丰15、绥农15为主栽品种；玉米以海玉5号、海玉6号为主栽品种；蔬菜生产引进五常油豆、美国名人番茄和芥蓝、韩国旱黄瓜等。二是往"绿"上调。2000年，绿色食品水稻完成10万亩，绿色食品大豆完成8万亩，绿色食品蔬菜（含日光节能温室）完成3 870亩，生产林冠鸡9万只，林蛙60万只（商品量），速冻玉米60万穗。三是往"特"上调。依托铁力资源优势发展特色产品，推出富硒米、林蛙、林冠鸡、速冻玉米"四宝"产品。2000年2月，在哈尔滨市成功举办"四宝"产品发布会和展销活动，反响强烈，为铁力特色产品打入省城创造了条件。当年的3千吨富硒米，作为具有特色的绿色食品，受到消费者的欢迎和好评。

不断推广先进实用技术。一是实施"丰收计划"。全市落实省级水稻"丰收计划"15.1万亩，由于做到单项增产技术标准化，综合增产技术规模化，使全市技术覆盖率达到100%，经济效益明显提高，亩产量达到421公斤，超标2.5%，共增产水稻9 672吨，农民增收589万元。二是大力建设科技推广网络，提高农民科技素质。1993年，农业局组织两个讲师团，深入乡镇、村屯（场），开展大面积冬春科技普及培训工作。共举办各类培训班

200多期，培训农民2.13万人次，户均1.1人次。同时利用广播、电视、举办科普大集等形式，广泛开展宣传、咨询、现场指导等工作。在随后几年里，农业局先后多次邀请东北农业大学、省农科院专家、教授来市里讲课，从省农牧渔业厅邀请教授指导温室生产。

不断完善农技推广体系。一是加快乡镇综合服务站建设。1993年重点建设王杨乡综合服务站，当年做到"五有""三独立""五统一"，实现了新技术试验、示范、推广、培训相结合，达到了省里要求的标准。二是加强农民技术队伍建设。1993年全市技术示范户由上年的240人增加到300人，增加了25%，解决了农技推广工作末梢断档问题。三是推广重点农技项目。1993年年初经反复论证，确定水稻生产技术规程等12项重点推广项目，经努力当年有10项达到或超过指标，取得较好增产效果，增产粮食15 612吨，增收354.8万元。四是培育"两高一优"示范田。1993年在双丰等六个乡镇培育五个作物"两高一优"百亩示范田，总面积4 366亩。在当年不利的自然条件下，多数示范田长势良好，超出一般水田水平。王杨乡的230亩大豆示范田获得亩产201.18公斤好收成。五是推广玉米大双覆技术。1996年，在全市以玉米大双覆为突破口，推广9项农业新技术。全年共开展技术培训124课次，培训农民技术员、科技示范户、种植户3.8万人次，进行电视讲座3次，播放科技录像、电影46次。开现场会2次，到典型户现场录像10次。通过大量工作，使科技覆盖面达到80%，玉米大双覆实番面积350公顷，超过计划4.16%。玉米大双覆技术，打破了市玉米每公顷7 500公斤的上限，单产提高了50个百分点。该项技术的突破，还带动了其他新技术的推广。六是推广大豆"垄三"和"大垄密"栽培技术。1995年铁力市开始推广大豆"垄三"栽培技术，全市推广面积达到4万亩。采用这种技术，每亩可增产大豆20多公斤，增幅为13.5%。1998年，全市进一步推广应用"大垄密"栽培技术，将原来65厘米宽垄，改为97.5厘米大垄，实行窄行密植，增加绿色面积，使每公顷保苗率达到38～45万株。到2005年，铁力市播种"大垄密"大豆737公顷，平均每公顷产大豆2 750公斤以上。卫国乡解放村侯振富采用"大垄密"种植大豆3.5公顷，每公顷产量达到4 016公斤。七是大力推广水稻大棚育秧和"三超"技术。2000年全市完成水稻大棚育秧9 947栋，共1 193 640平方米，可移栽面积占水田面积的58%。"三超"技术计划10 000亩，实际完成13 000亩。当年全省水稻"三超"技术现场会在铁力市召开，专家和全省各地市县领导对市水稻高新技术应用成果给予高度评价。9月份，经申立国副省长委派的10名专家对铁力市水稻"三超"试验田测产，高产地块每公顷产量为11 593.3公斤，平均产量9 000公斤以上，平均每公顷比常规栽培增产1 500公斤以上。

不断推进产业化经营。1998和1999年，全市共建成高效节能日光温室440栋132 000平方米，在铁力镇、王杨乡、双丰镇建立东胜村、天红村、王杨村、战斗村四个规模较大的日光温室小区，并从南方引进成功试种西兰花、结球茴香、羽衣甘蓝等特菜品种。温室蔬菜生产总量达200万公斤，实现收入320万元。绿色食品作物播种面积扩大到9 315公顷，年产量达到7 000万公斤。1998年，市富硒米经省有关部门检验认定为特级米，并被推荐到国家农业博览会参展，深受省内外客商欢迎。甜玉米种植面积扩大到30公顷，为加工速冻玉米提供了原料。全年生产速冻玉米80万穗，速冻豆角25万斤，山野菜3吨，熟食制品15 000斤。自1999年秋季起，积极与省开发办联系并得到支持，2000年列入省开发办两个项目：一是年丰乡长山土地治理项目，一是双丰镇战斗村和年丰乡年丰村水稻高科技示范园区项目。两个项目总投资600万元，其中争取到国家开发资金250.2万元。项目当年10月末全部结束，全面完成开发设计要求。新争取到的绿色食品水稻基地、肉牛养殖、水稻高科技示范园区三个下一年开发项目，顺利通过省开发办项目竞标。三个项目可争取到国家开发资金600余万元。

三、改善农业生产和农村条件

在"翻三番奔小康"宏伟目标的指引下，铁力市委、市政府带领全市各级党员干部，积极改善农业生产条件，努力减轻农民负担，为农民提供优质服务，为农村改革开放和经济社会发展提供了有力的保障。

1997年，全市在农业生产方面投入8 500万元，重点加强了农田水利基础设施建设。全市共筹集资金800多万元，投入人工36万个，车工1.2万个，动用机械8 000台班，完成了王杨渠首拦河坝工程、桃山灌区渠首溢洪堰上游河道堵截工程、北关灌区拦河坝等42处大小水毁工程。1998年，对呼兰河、安邦河、伊吉密河、"7512"工程流域绿化工程和综合治理工作取得初步成效，共完成造林面积747.3亩，植树152.34万株。在省水利厅支援下，投资900万元的王杨渠首枢纽工程开工，于1998年投入使用。投资63万元，新打大小灌溉井196眼，为抗春旱、保春种发挥了重要作用。加强了农业机械化建设。投资387万元，更新大型农机具22台套，新购置水稻插秧机123台，完成水稻机械插秧面积6万亩，玉米、大豆精量点番面积14万亩，分别比上年增长20%和7%。狠抓了秋翻整地和培肥地力工作。全市完成秋整地面积22.3万亩，超过计划的19%；化肥和农家肥的施用量分别比上年增长10%和12%，施用质量也有较大提高。经过多年坚持不懈的努力，全市农业生产条件得到进一步改善，为实现更大的发展奠定了牢固的基础。

四、坚持发展乡镇企业

改革开放以来，铁力市乡镇企业发展很快。1992年，全市已有乡镇企业128家，其中产值超千万的1家，产值超百万的10家。全年乡镇企业实现总产值14 148万元，总收入13 840万元，利润1 006万元，税金402万元。

为进一步加快乡镇企业发展，铁力市委重新确定了乡镇企业的战略地位，把乡镇企业作为农民奔小康的主要途径，作为发展县域经济的战略重点，放在农村经济的主体地位来抓。提出了多项推进措施：1.多元推进，加快发展速度；2.深化改革，增强企业活力；3.优惠政策，创造宽松环境；4.依靠科技，促进企业升级；5.优化管理，提高整体素质。

为切实加强对发展乡镇企业的领导，铁力市成立乡镇企业领导小组，由市委书记担任组长，市委副书记、市长任副组长，市直有关部门主要负责人为成员，负责决策、指挥、协调全市乡镇企业发展的重大问题。同时，市委、市政府选调22名优秀干部，从外省、市聘用18名技术、管理、销售等方面人才，到乡（镇）、村集体企业任职。市委与哈尔滨建工学院联合举办"乡镇财务管理大专班"，先后培训乡企干部300多人次。为推动乡镇企业发展，市里多次召开有关会议，要求原原本本、不折不扣地贯彻执行国家、省、伊春市对于乡镇企业的优惠政策，特别是铁力市委、市政府下发的《关于进一步加快发展乡镇企业若干政策的规定》，要求不得出现"小二管大王"现象，对故意勒卡、刁难乡镇企业的部门和当事人，要根据情节、性质严肃处理。

经过一系列扎实深入的工作，铁力市的乡镇企业出现强劲发展的势头。到1994年10月，全市共有乡镇企业165个，完成总产值36 200万元，实现销售收入32 500万元，比上实现利润2 115万元，上缴税金750万元。全市已有5个乡镇乡企产值超过3 000万元，其中双丰镇突破1亿元大关，双丰镇浸油厂、年丰乡龙迪公司提前成为千万元企业。年丰乡吉松村、铁力镇天红村、东胜村、朗乡镇迎春村、陡山村、朗乡村，神树镇鸡岭村、神树村，桃山镇新建村，工农乡兴隆村，双丰镇红星村等10个村产值均超百万元，提前实现跨越工程指标。

为不断实现乡镇企业跨越式发展，1994年对乡镇企业实行股份制改造，并在铁力镇召开现场会进行推动，使全市乡镇企业股份制改造工作出现了良好的态势。1997年，全市乡镇企业实现总产值81 816万元；实现营业收入87 620万元；实现入库税金1 527万元；实现利润4 614万元。新项目开发和企业技术改造有所进展。1997年19个新上项目全部投产，新增产值9 192万元，新增利税591万元。投入资金268万元，完成重点技改项目12项，新增产值1 640万元，利税245万元。乡镇工业小区进一步发展壮大。双丰工业小区从业户已发展到270户，并逐步向系列化、深加工方向发展，已建成年产值200万元、利税20万元以上木材深加工企业30家，1997年实现产值7 500万元，利税660万元，发挥了群体发展拉动和深度开发的示范作用。

随着集体所有制企业纷纷转制为股份合作制，其主管行政部门的转变成为必然。2002年，乡镇企业管理局改名为非公有经济办公室，2004年12月，曾经管理和服务过铁力历史上最富活力企业，为铁力市经济发展做出过很大贡献的铁力市乡镇企业管理局（一段时间称铁力市乡镇企业管理委员会），正式宣告完成了自己的历史使命，退出铁力市政府职能局序列。

第二节　撤县建市

在改革的大潮中，国家民政部批准铁力县撤县建市。1988年12月20日，召开铁力市成立大会。这一天，对于铁力人民来说，是不平凡的一天，黑龙江省铁力市正式成立了。撤县建市，是党和国家对铁力人民的信任和关怀，是38万铁力人民政治、经济生活中的一件大事，也是铁力发展史上的一个新的里程碑。从此，铁力史册掀开了新的一页，铁力的经济和社会发展进入了一个新的历史阶段，它对于进一步开发建设铁力，加速铁力的繁荣和振兴，都有着十分重要的现实意义和深远的历史意义。

为了帮助铁力市写好开篇史，黑龙江省委、省顾委、省人大、省政府、省纪委及省直有关部门的领导，伊春市委、市人大、市政府、市政协、市纪委、市林管局、伊春军分区及有关部门的领导，都在百忙中光临大会指导。曾经在铁力战斗过、工作过，并为铁力的建设和发展做出贡献的老领导、老同志也重归故里，满腔热情地为铁力的明天献计献策。与铁力缔结友好关系的县和友邻县、局、厂（场），省市有关单位及许许多多关心铁力的朋友，纷纷来人、来函、来电，以各种方式带来他们的深情厚谊，给铁力人民以极大的鼓舞和鞭策。

铁力，有着悠久的历史和光荣的革命传统。从1933年铁力设治局改为县至撤县建市，几经风雨，几多分合，经过了55年的艰苦历程。半个多世纪以来，繁衍生息在铁力这块土地上的仁人志士、革命前辈和勤劳勇敢的人民，前赴后继，英勇斗争，在中国共产党的领导下，推翻了压在头上的"三座大山"，迎来了自己的"光复"和解放。在社会主义革命和社会主义建设时期，他们又用自己勤劳的双手和聪明才智，换来了铁力的今天，昔日"一进铁山包，两眼泪滔滔，来时驾车拉，回去用肩挑"的悲凉景象已经一去不复返了。特别是党的十一届三中全会以后，历届县委认真贯彻党中央的路线、方针、政策，坚持以经济建设为中心，坚持改革开放，坚持四项基本原则，带领全县人民艰苦奋斗，使铁力的物质文明和精神文明建设都有了新的发展。1987年，全县国民生产总值实现40 610万元，年递增7.9%；工业总产值比1978年增长174.3%；农业总产值比1978年增长101.3%；财政收入实现3 578万元，比1978年增长近3倍，并按照每年53.5%的上解比例，1978年至1987年的十年间，累计向省市财政上缴近1亿元。1987年，城乡各类商业网点达2 337个，社会商品零售总额达18 598万元，比1978年增长3倍。随着经济的发展，城乡人民生活水平有了较大的提高。

建市以后，能不能把铁力市建设好？市委对铁力的前途充满信心。他们决心不辜负上级领导的信任和希望，不辜负全市人民的重托，一定要，也一定能够带领全市人民把铁力建设好。市委提出，建市以后工作总的指导方针和任务是：以党的十三届三中全会精神为指针，以经济建设为中心，以改革总揽全局，以党的建设为保证，大力发展工业，稳步提高农业，加快城市建设，搞好综合服务，坚持以城带乡，全面协调发展，努力把铁力建成繁荣、安定、文明、整洁的新兴城市。初步规划，经过两三年的努力，使全市国民生产总值达6亿元，财政收入超半亿，城市面貌有较大改观，城乡经济更加繁荣，人民物质生活水平进一步提高，为20世纪90年代铁力的繁荣和振兴打下坚实的基础。

第三节 工业战线改革

邓小平南方谈话和党的十四大之后，中国的国有企业改革也随之进入了一个新阶段，开始转换企业经营机制和建立现代企业制度。中共铁力市委、市政府，认真学习贯彻邓小平南方谈话和党的十四大、十四届三中全会精神，在国有工业中，实施了一系列深入的改革，使这些企业及时走上了市场经济的崭新道路。

一、管理体制的改革

20世纪80年代，铁力国有企业的管理体制已经进行了一系列的改革，包括开始时的企业放权，之后的厂长负责制和后来的承包租赁经营。在当时的历史条件下，这些改革措施都曾取得一定的效果，推动了企业的发展。但随着各条战线的改革越来越深入，工业企业的改革也必须向纵深推进。因为企业已经一步步走向市场，必须面对日益残酷的生存竞争。

企业的人事、劳动、分配3项制度是企业的核心制度，对企业的生产经营关系重大。随着企业改革的不断深入，计划经济时期完全由政府掌管的3项制度，对企业的束缚越来越严重，对这3项制度的改革自然被提上日程。

1992年7月，铁力市政府召开全市经济体制改革会议，贯彻国务院《全民所有制工业企业转换经营机制条例》和黑龙江省《实施细则》，把人事、劳动、分配3项制度改革，作为转换企业经营机制的主要切入点。按照《条例》和《细则》的规定，企业可以根据需要，自行招工、用工，通过优化组合，在企业内部对职工试行"在岗、试岗、待岗"3种安排；按照国家有关规定，今后国家不再普调企业职工工资，职工工资标准由企业自行确定，企业职工原工资标准作为档案工资保留相关规定，企业根据不同行业、不同岗位，分别实行岗位技能工资、计件工资、结构工资。企业分配，向技能高、责任大、环境差等苦脏累险岗位倾斜。这样的改革，其实质是要提高国企的市场化水平，完善企业对外经营、内部管理和管理体制3个市场化，尤其是要破解管理体制市场化，让国企成为真正的市场主体。经过一段时间运行，收到较好效果。水泥厂作为铁力3项制度改革的试点单位，率先实行了工效挂钩，分配向一线和苦脏累险工种倾斜，有效地调动了职工的生产积极性，水泥产量比上年同期提高58%，产品质量明显好转，成本每吨下降4.68元，利润按计划减亏10万元，职工收入提高11.5%。

全市经济体制改革会议后，3项制度改革很快在国企中全面推开，铁力国有工业企业的改革，又向前推进了一大步。

二、产权制度改革

在经历了十几年的改革之后，国有企业已经在一定程度上摆脱了传统计划经济体制的约束，初步适应了市场经济体制的要求。但是，具体的改革实践尚未到位，没有很好地解决产权制度改革中最根本性的关于所有者主体的问题，没有形成真正制度创新式的改革。因而国有企业固有的一些老问题以及由此而产生的一些新问题，依然严重制约着国有企业的发展。在政府与国有企业的关系、国有企业经营以及国有资产管理等方面所遇到的问题，如政企不分、国有企业法人财产权不落实、激励约束机制不完善、企业内部控制和国有资产流失等，其根源实质上都在于国有产权问题。解决这些问题的根本途径，就是深化国有企业的产权制度改革。

　　开始时的措施，是对企业进行兼并、租赁、剥离、嫁接和委托经营。在邓小平南方谈话和党的十四大精神鼓舞下，为建立市场经济体制，铁力市政府将产权制度改革作为改革主要内容，全市确定104户企业作为工商企业产权制度改革重点单位。企业可以采取股份制、兼并、租赁、剥离、嫁接、委托经营等形式进行改组、改造，实行国有民营，所有权和经营权分离。

　　关于租赁经营。1995年，市印刷厂租赁给该厂原厂长王世杰个人经营，产品主要为学生本，产量和销量都创历史最好水平。3月，市木制品厂租赁给新加坡商人陈忠兴经营，年租金30万元。8月，市棉织厂在停产一年后，租赁给宾县毛巾厂职工张国富个人经营，但生产经营状况一直不好，坚持两年便停产并解除租赁合同，租金亦未能兑现。1996年，水泥厂破产，部分主要设备租赁给浩良河水泥厂。1998年，市木制品厂转租给日商池内一秀，更名为池内木业。

　　关于企业破产及重组。20世纪90年代后，市工业局下属企业均已资不抵债，有些已经无法正常运转。在这种情况下，棉织厂请求破产，提交市政府常务会议讨论，未能获得通过。1994年9月，市工业局将棉织厂破产申请再次提交市政府常务会议讨论，获得通过。10月，经铁力市人民法院裁定并在《人民法院报》宣布，铁力市棉织厂依法破产。至1998年7月，全市39户国有工业企业中，破产27户，符合破产条件企业基本完成破产程序。这些企业破产后，大部分进行了重组，重组后一般租赁给企业或个人，继续生产。其中，乳品厂仍租赁给海伦乳品厂石立忠，制酒厂仍租赁给双城花园酒厂。火柴厂利用职工受偿（拖欠的工资）固定资产和租赁银行受偿固定资产，继续组织生产和销售。无线电厂剥离为低压开关厂和节能设备厂，分别租赁给个人经营。同年，木材干馏厂制药厂转制为民营企业。企业重组后，一部分职工得到安置，没有重组企业职工和重组后没有得到安置的职工，全部下岗待业，另谋生路。

关于企业出售。1998年5月8日，铁力市政府召开全市企业产权制度改革动员大会，下发《全市企业改制总体实施方案》。全市除组建4个国有独资公司以外，其他企业都可以出售，出售企业价格必须经过市评估事务所评估，经市体改委和政府常务会议研究决定。企业出售收入全部交劳动保险公司，作为企业离退休人员养老保险费。7月7日，第一批工业企业乳品厂、印刷厂、轴承厂，经过资产评估、拍卖等相关程序，首先整体出售给个人经营，转制为民有民营企业。到1999年末，全市国有企业已完成转制80%以上。到2005年，除供热公司、自来水公司、火柴厂、大安河金矿等少数企业尚未转制，其余全部完成转制。集体所有制企业，也都参照国有企业转制模式进行了转制。

以出售的方式完成产权制度改革，对于县级小型国有企业来说，在当时是最好的选择。

三、地方工业在改革中快速发展

改革开放以来，铁力市的工业经历了"一减、一增"的嬗变，即公有制企业（包括国有制、集体所有制）逐步减少，非公有制企业（包括私有制、股份制）逐步增多。就在这"一减""一增"之间，铁力的地方工业完成了由新中国成立之初以手工生产为主的初级工业，到机器大工业乃至现代工业的历史性转变。

在1951年，铁力工业多为生产铁、木、皮制品的手工业作坊，全县工业总产值只有70.9万元。到改革开放之初的1979年，全县工业的总产值也仅为2 000多万元。到1985年，县属工业总产值增加到4 344万元。虽然看上去增长很快，但全县工业企业只有96户，且大多属于资源型、劳动力密集型企业，科技含量较低。

一些企业因资金短缺，只能因陋就简，土法上马，存在设备陈旧、技术落后、产品单一、效益不高等问题。

就是在这种情况下，县委、县政府紧跟时代步伐，提出"调整产业结构，调整产品结构"的战略措施，开始了企业由资源型向经济型的转变，由注重发展速度向注重经济效益的转变。在经历了"松绑放权"、承包租赁、实施目标管理责任制等一系列改革阶段之后，企业逐步由依赖政府生存、按照计划生产，向"自主经营、自我发展"转变，产品产量、工业产值、经济效益，都有一定程度的增长。

20世纪90年代初，市委提出"工业富市，农业稳市，科技兴市，联合建市"和"全党抓经济，全民办工业，全市大上乡镇企业"的经济发展战略，坚持"乡（镇）办、村办、民办、联办"四个轮子一起转，全市工业尤其是乡镇工业得到较快发展。1995年，全市乡镇企业数达到255户，工业总产值达到46 930万元，比1990年增长2.8倍。整个90年代，是县级国有企业全面撤退时期。许多国有企业从开始组建时就带有体制性缺陷。当改革开放全面展开、计划经济开始向市场经济转型后，这些企业必然会感到不适应。靠计划生存的日子已经结束，老产品又没有市场，经营管理手段还停留在计划经济时期，尤其是人们的思想观念，更是赶不上飞速发展的形势变化，经济效益当然不能不下降。在这种情况下，许多企业严重亏损，直至资不抵债，无法继续经营，不得不申请破产。于是，随着人们观念的进一步转变，对国有企业所有制的改革成为必然。到90年代下半叶，按照产权制度改革的要求，大部分国有工业企业完成破产。当然，破产并不意味着企业的消亡，重组和出售则意味着企业的重生。在这次改制中，铁力国有工业的一部分实现了重组，一部分实现了整体出售或部分出售，保证了国有企业员工的生活出路，也保证了国有资产残值余热的发挥。只有个别企业由于种种原因，生命没能得到延续。

2002年，中共铁力市委制定实施东部开发战略，加大铁力林业局和干馏厂区域基础设施建设，出台优惠政策，大力开展招商引资，吸引投资者前来办厂。到2003年，随着一批非国有企业陆续建成，这一区域被改称"东部工业园区"。2005年，全市各类工业企业已经达到1 101户，超过1986年工业企业数量的11.5倍；工业总产值达到150 414.2万元，超过1979年工业总产值的75倍。这时铁力工业的所有制结构，国有工业产值只有6 677万元，占总产值的4.4%；集体工业产值2 207.4万元，占工业总产值的1.5%，外商投资工业产值10 171.1万元，占工业总产值的6.8%；个体私营工业产值131 358万元，占工业总产值的87.3%。这些企业，无论是经过改制的国有企业，还是新建的非国有企业，都在市场经济的大潮中展示出无尽的活力，它们都是自主经营、自负盈亏、自我发展、自我约束的法人实体和市场竞争的主体。铁力的地方工业，在经历了改革大潮的洗礼后，以崭新的面貌，展示出更加旺盛的生命力。

第四节　商贸业体制改革

铁力的商业改革从20世纪80年代开始，先后实施了疏通流通渠道、简政放权、政企分开、经营承包、租赁经营、"四放开"等多个改革步骤，在经营机制、管理体制、产权制度、劳动人事制度等方面，进行过一系列改革，直至将国有资产所有权与经营权彻底分离形成多元化的投资主体，企业才真正成为"自主经营、自负盈亏、自我发展、自我约束"的市场经济主体。

一、国有商业改革

国有商业的改革，大致分为两个阶段：前一个阶段主要是在经营手段和经营机制上做文章，后一个阶段主要是进行产权制度改革。两个阶段在每个企业持续时间长短不一，过程也各不相同。

管理体制改革持续了约20年时间。从20世纪80年代开始，陆续实施了各专业公司与批发站合并，第二百货商店等8家由商业局直管商店划归百货公司管理，建立以厂长（经理）为核心的新型领导体制，结束一元化领导等多项改革。之后，双丰百货批发站从百货公司中分离出来直属商业局领导，大华商场同糖酒公司脱钩直属商业局领导，都是商业战线改革的大事件。1993年商业局转轨变型，成立铁力市商业总公司，同商业局一班人员两套机构。糖酒公司、百纺公司、五金公司、双丰百货批发站等4户老企业实施剥离分立改制重组。改制后仍为国有企业。1997年8月，铁力市商业局撤销，职能由商业总公司行使，同时成立留守处。同年有5户企业破产，9户企业出售，其他企业改制转型的达80%。1998年，百货批发站、纺织品批发站、日用工业品公司重组，成立铁力市百货集团；食品公司划归铁力市农发牧业集团。2001年统计职工人数，在册职工2 259人，其中在职职工126人，国营职工下岗1 257人，集体职工876人。2003年，执行103号文件职工656人。2004年，103号文件废除，下岗职工由养老保险向失业保险并轨。2004年6月后，达到法定退休年龄办理退休，其余自愿参加基本养老保险，按规定由个人缴纳基本养老保险费。相继补发拖欠职工工资557万元，所剩款项210万元，待日后处理企业资产时解决。到2005年11月，有1 215名国营职工参加并轨，取消国有员工身份，自愿参加养老保险。集体企业退休职工自2006

年起纳入社会低保。

经营体制和产权制度改革也经历了相当长的时间。国有商业从1991年开始第二轮承包。1992年，全商业系统企业转换经营机制，企业实行"四放开"。1993年，第一百货商店首先实行国有民营。

1992年3月，糖酒公司第二商店、东岗糖酒批发部关闭。1995年4月，糖酒公司、副食品公司破产。8月，酱菜厂、兴安岭糖果厂破产。1996年9月，双丰食品加工厂以34万元价格出售给个人。1998年3月，纺织品批发站等5户企业破产。6月，商业大厦以1 335万元价格卖给商厦全体职工，由国有企业转为股份制企业。当年7月，商业企业转制全面放开，五金二店、糖酒二店、双丰商场营业楼，分别以24万元、17万元、60万元价格出售给个人；朝鲜饭店一楼3个单元，以各30万元的价格出售给个人。此后，又有商城、煤气站、商业宾馆、铁力食品加工厂等数十家企业，分别以不同价格先后出售，还有个别企业做抵债、顶贷等处理。到2005年，除两家国有企业待处理外，其余国有商业企业全部完成转制，具有了独立的法人资格，成为自主经营、自负盈亏、自我发展、自我约束的民营经济实体。

经营方式的转变，改变了国有商业的"官商"地位。改革开放前，普通百姓对计划经济最直接的感受，就来源于国有商业部门。而国有商业经营方式的改变，也让人们感受到了市场经济的融融春意。

一方面是采购方式的转变。改革开放前，铁力县的国有商业完全是在计划经济体制下运行，商品以省城二级专业采购供应站为进货主渠道，外埠及厂家采购为辅。主要商品及生活必需品实行统一计划，指令性调拨，按季签订合同，应季拨货。进入20世纪90年代，随着改革开放逐步深入，市场发育日益健全，商品越来越丰富，流通形式也越来越多，形成了跨行业、跨地区、跨所有制界限的社会大流通，指令性计划的单一渠道、逐级批发的商品采购形式逐渐被取代。

另一方面是销售方式的转变。与采购方式发生变化的同时，销售方式自然也发生了变化。铁力县内原有7户批发企业，主要分布在铁力和双丰两个地区，经营种类包括百货、五金、纺织、糖酒等。这些批发站基本是坐商，商品不愁销路，在市场上居主导地位。进入20世纪90年代，商品供应越来越充足，个体私营经济发展迅速，批发企业长期垄断市场的局面逐渐被打破。从1990年以后，零售商业放开经营，零售市场空前繁荣。1994年，由个体户赵永申创办的永申商场建成，标志着个体私营企业在零售领域地位的提高。1998年商厦、商城整体出售，意味着国有企业从商业领域的全面退出。

国有商业的改革，为个体私营商业的崛起和发展开辟了道路，创造了条件。

二、集体商企改革

铁力的集体商业，包括公私合营时期形成的集体企业和20世纪七八十年代供销、粮食、医药、物资、教育等系统为安置系统内待业青年新组建的集体企业。这些企业有综合商店、饭店、理发店、药店、豆腐店等。集体商业企业的兴衰，关系着上千人的就业和生活。

1990年以后，随着改革开放深入发展，商业完全放开经营，打破延续多年的购销渠道单一的格局，出现流通领域多成分、多渠道、多领域、少环节的新局面。在这种情况下，集体商业企业商品也可以跨行业、跨地区采购，各集体综合商店可以综合经营，购销商品品种大幅度增加。物资联营商场从省内外购进大批建材、机电、化工产品。是年，全市集体商业企业发展到64个网点。集体商业企业放开经营后，把经营重点放在民用日常必需品上，开展经销、代销、试销和批发等多种业务，并实行早开门、晚闭店和随时送货上门、走街串巷流动销售等形式，做到勤进货，快销货，加快了资金周转，增加了企业收入。他们还采取拆包零售、挑选整理、分等出售等方式，千方百计吸引顾客。在深化流通体制改革后，集体商业企业也出现过兴旺红火的好势头。

铁力集体企业的改革，在经历了20世纪80年代至90年代初期10多年的流通体制改革之后，计划经济的指令性流通体制已经被完全冲破，市场配置资源的自由流通体制初步形成；市场上的商品品种不断丰富，买方市场逐渐成为常态；流通行政管理也彻底实现了政企脱钩，不再直接管理系统内企业，而是面向全社会流通业实施行业管理和公共服务。这样的形势，既给企业带来了活力，也给其经营带来巨大挑战。面对"全民经商"的压力，难免有些企业不适应形势发展，难以继续经营下去，只能实行转制、破产、出售、关停、撤销。

1992年，街里合作饭店、合作理发店关停；百货青年商店、纺织青年商店撤销；街里青年饭店因动迁停业；站前综合商店、站前合作饭店、站前理发所、北方商场、糖酒青年商店、针织厂、五金二店、双丰百货青年商店、双丰铁丰青年商店等一大批集体企业相继撤销、关停、出售。供销系统青年商店相继撤销，各青年收购部1995年撤销，青年饭店1997年撤销。商业系统的街里综合商店、富丽商店、大华副食商场、奋斗副食商店撤销，铁东公司停业留守。服务公司木器厂2001年整体出售，东岗综合商店2005年全部资产出售。2004年6月30日以后，达到退休年龄的集体商业职工，在自愿参加基本医疗保险后可办理退休。2005年，商业系统所有876名集体企业职工，全部移交劳动保险保障部门，已退休集体企业职工，由社区负责办理低保。

铁力集体企业所进行的改革，从经营体制改革到产权制度改革，都是在市委、市政府的正确领导下，得到社会各个方面的关心、帮助和支持，改制工作普遍较为平稳、顺利。

三、供销企业经营模式的改革

供销社在对管理体制、经营体制和产权制度进行改革的同时，对经营模式也进行了改革。

80年代供销社的商品采购，仍然以计划经济的三级批发为主，系统内企业经营的商品，80%以上来自省供销社二级批发企业，下属一些公司和个别基层供销社有三级批发权。县供销社根据基层社订货计划上报省社，省社根据各地情况分配商品采购指标，各基层社和市属公司再按照指标签订合同组织进货。1993年，县社实行"一改二放三公开"和"租壳卖瓢"改革，各基层社和市属公司进一步跨入市场经济。市社组织所属各企业拓宽进货渠道，从厂家和集贸市场进货，减少中间环节。1995年，企业进一步转换经营机制，有了更多自主经营权，进货渠道更加宽阔。1996年，8个基层社申请破产，基层网点全部"租壳卖瓢"或"卖壳卖瓢"。除化肥、农药农膜、烟花爆竹等专营控购商品外，按计划采购基本结束。

作为商品流通部门，销售是供销合作社的主要业务。1992年，整个供销系统大小经营网点超过160个。在全市商流业务中，供销社的份额在城镇约占40%，在乡村约占80%。从1987年开始，供销系统增加批发点，使批发业务扩大近一倍。各经营网点采取送货上门、增加营业时间、引进外地客商进行展销等形式，增加了销售量。农村集市兴起后，各网点部店就近参加集市贸易，出摊床降价销售库存商品。系统内各企业、部店之间，实行"分购联销、联购联销"、赊销、代销等销售形式，开展有奖销售活动，千方百计扩大销售。1993年进一步深化经济体制改革，市社部分基层部店开始"卖壳卖瓢"，内部销售出现萎缩。市社及时采取有效措施，组织基层企业采取扩大外联、增加经营品种、在偏僻地方增设销售点、勤进快销加快周转等方法，商品总销售额实现5 584万元，纯销售实现2 918万元，创历史最高水平。1999年，由于农用物资多渠道冲击，农业生产资料销售出现严重下滑，比计划少销610万元。其他物资销售4 300万元，比年初计划增加1 900万元。2001年，市政府组织相关部门对农资销售市场进行清理和整顿规范，市供销社农业生产资料销售出现转机，2003年农用物资由供销社主渠道经营。2004年，国务院办公厅转发商务部等八部委关于进一步做好农村商品流通工作意见，明确提出发挥供销社作为农资流通主渠道作用。2005年，市社具有经营销售权的企业还有10户，基层供销社还有王杨、工农、双丰、桃山、年丰等5户。

农副产品和废旧物资收购，是计划经济体制向市场经济体制转换时期，供销合作社的一项主要经营业务。但随着市场经济的发展，这条沟通城乡经济的渠道作用已经越来越弱化。从80年代到2004年结束农副产品收购，十几年间各供销社共收购工具把、架条、矿巴条、山野菜、大豆、豆饼、麦秸、蜂蜜、蜂王浆、羊毛、白瓜子、刺五加根、黄檗、草帘子、松子等各种农副产品，总价值达8 000万元。土产日杂公司累计收购各种农副产品总价值369.87万元。废旧物资回收80年代以废旧钢铁和有色金属为主，执行国家统一价格。1989年，废旧物资回收从土产公司分离出来，成立废旧物资回收公司，收购品种在废钢铁、有色金属的基础上，增加了废塑料、废橡胶、废旧棉麻布、手纸、玻璃等。1994年废旧物资收购市场放开，曾出现个体、集体一齐上、多头争收的现象，大街小巷遍布收购部，价格也随行就市，竞争非常激烈。2003年4月，经市政府常委会议讨论决定，优先扶持市社废旧物资回收工作。7月，批准市社成立废旧物资回收公司，并在市内成立30个收购部，使铁力市废旧物资回收行业恢复正常经营。2005年，工商管理部门和公安部门为废旧公司核发委托经营执照和特种行业许可证，市场运营秩序得到进一步加强。

四、调整粮食购销政策

在实行计划经济的几十年里，铁力和全国各地一样，在粮食购销方面一直按国家统一政策实行统购统销。这一政策，到80年代发生了改变。

有关粮食的改革，20世纪90年代已经进入关键阶段。1993年，根据国务院决定取消口粮和食油定量供应，结束了执行近40年的粮油供销政策。1994年，国务院又发出《关于深化粮食购销体制改革的通知》，在稳定粮食市场和粮价的前提下，实行两条线运行。1995年，粮食改革重点推行"两条线"运行，铁力粮库等6个粮库被确定为政策性业务单位，粉厂等9个单位被确定为商业性经营单位，恢复粮食供应。1996年，国家再次提高定购粮收购价格，在企业中全面推行全员劳动合同制，有3 000名职工同企业签订为期3年的劳动合同。1997年各企业开展减员增效，铁力粮库减员119人，第二粮库减员74人，饲料公司减员29人，减掉人员少部分充实销售、清欠队伍，多数自谋出路。为解决农民卖粮难问题，第一年实行保护价收购农民手中余粮。1998年，粮食收购单位贯彻落实《粮食收购条例》，实行"四分开、一完善"，"三项政策，一项改革"，敞开收购保护价粮食。2000年粮食收购，重点抓"三项政策"落实，严格执行保护价收购农民余粮政策，粮食收购资金封闭运行政策，顺价销售政策。重新认定粮食企业性质，保留政策性业务企业18户，非国有企业需变更执照27户，国有企业转制为有限责任公司2户。2001年根据粮食收购政策，收购定购粮价格同收购保护粮价格基本拉平，同时不再硬性强调必须完成定购粮收购任务。2004年10月，开始执行粮食收购许可证制度。执行省政府新劳动政策，有3 139人参加并轨，实行一次性买断。2005年，把具有粮食收购证的集体和个人，划分为国有粮食企业收购和非国有粮食企业收购。当年，非国有企业收购量远远大于国有企业收购量，结束了粮食收购完全由国有粮食企业掌握的局面。

在调整收购政策的同时，粮油供应和销售政策也进行了调整。计划经济时期，各地城镇的非农业人口、现役军人、工人、农场职工、饮食服务业人员，口粮均按照规定的标准和价格，由粮食部门统一供应。这种政策执行了几十年。当年铁力辖区有人口397 000人，供应人口273 420人，供应工作由铁力县粮食局供应系统5个粮食管理所负责。5个管理所下设28个粮油供应站，10个议价粮油供应站，一个军粮供应站，62个林场代销点，分布在铁力镇、双丰镇、桃山镇、朗乡镇、神树镇5个镇内。5个粮管所共有在册职工831名，每年正常供应量为4 101 300公斤。改革开放以来，随着农业生产形势越来越好，市场供应情况不断改善，国家的粮油供应政策也在不断调整，使人民群众生活水平持续提高。1986年增加对菜农的粮食供应，1992年对粮食价格、品种、定量全部放开，1989年、1995年，两次提高食用油供应标准，1992年11月，城镇居民取消定量供应。1994年5月，为平抑物价，稳定社会，照顾低收入居民，恢复城镇居民口粮供应，平价粮仍执行放开前价格。此后，凭票证供应粮食几次调价，同市场价格逐渐基本拉平，直到2004年4月取消供应，结束了粮食供应价格的"双轨制"。

1990年11月，成立铁力、双丰、桃山、神树、朗乡五个粮油供应站，后更名粮油经销公司，负责议价粮油经营。1993年，根据省厅通知放开粮食销售，取消口粮供应定量。1995年，推进两条线运行，确定铁力粮库等6个粮库为政策性业务单位，粉厂等9个企业为商业性经营单位。1996年在企业中全面推行全员劳动合同制，有3 000名职工同企业签订为期三年的劳动合同。1997年，各企业开展减员增效。1998年，全面落实流通体制改革，要求粮食企业实行"四分开一完善"，落实"三项政策，一项改革"，严格执行《粮食收购条例》。1999年，在仓储企业实行"四定二包"目标管理。2000年，重新认定粮食企业性质，保留有政策性业务企业18户，非国有企业需变更执照27户，国有企业转制为有限责任公司2户。2003年粮食局成立留守处，负责处理关停企业善后问题。2004年省政府103号文件终止，执行省政府新劳动政策。2005年，粮食保留政策性企业仅剩盐业公司一家，骨干企业有铁力粮库、双丰粮库、桃山粮库，非骨干企业有第二粮库、朗乡粮库、神树粮库。

粮食收购和销售政策的变化，无论对城乡人民生活，还是对国民经济发展，都关系重大。从统购统销到收购销售市场化，标志着我国改革开放政策的成功和农业生产形势的变化。这种新政策的实行，进一步推动了我市农业生产和农村经济的发展。

第七章　建设全面小康社会

党的十五届五中全会之后，铁力市委深入开展政治思想教育和精神文明建设，提出并实施了生态经济发展战略，加大国有企业改制步伐，完善社会主义市场经济体制，发展工农业生产和旅游产业，加强生态建设和环境保护，发展教育、科技、卫生、体育等各项事业，提高人民群众的物质文化生活水平，为实现全面建设小康社会的宏伟目标，奠定了牢固的基础。

第一节　政治思想教育和精神文明建设

一、学习"三个代表"重要思想

从2001年1月起，中共铁力市委按照中央、省委和伊春市委的要求，用两年左右时间在全市各党（工）委、总支、党组、市直各单位、乡（镇）政府、村领导班子和基层干部中，有计划、有步骤地开展"三个代表"重要思想学习教育活动。活动密切了党和人民群众的联系，对于转变基层干部的思想作风和工作作风，推动农村经济的发展，减轻农民负担，增加农民收入，加强农村的精神文明建设和民主法制建设起到了促进作用。

二、保持共产党员先进性教育

从2004年1月起，中共铁力市委按照中央、省和伊春市委的安排部署，利用一年半左右时间，在全市党员中开展以实践"三个代表"重要思想为主要内容的保持共产党员先进性教育活动。活动紧密联系全市改革发展稳定实际和党员队伍现状，认真解决党员和党组织在思想、组织、作风以及工作方面存在的突出问题，促进实际问题的解决，不断增强党员队伍和基层党组织的创造力、凝聚力、战斗力，为实现全面建设小康社会的宏伟目标，提供了坚强的政治保证和组织保证。

三、开展社会主义思想教育

1991年初，中共中央、国务院在《关于1991年农业和农村工作的通知》中，决定从1990年冬开始，用两三年时间，分期分批在农村普遍开展社会主义思想教育工作，开始在全市范围内开展多种形式和内容的社会主义思想教育活动。2001年，市委提出"一、三、五、七、十"奋斗目标和"一切为了铁力发展"口号，组织全市人民围绕这一目标和口号开展大讨论。2002年，开展关注社会弱势群体思想教育，开展"崇尚文明，反对邪教"青少年读书活动。2003年，重点学习贯彻党的十六大精神，突出生态经济战略主题。2005年，在中小学生中开展"热爱家乡、美化环境"争做"四有公民""六讲六做""爱心互助学习小先锋"等道德实践活动。全市20多个党委组织"铁马放歌"文艺专场演出，组织"七一"革命歌曲演唱会，开展纪念世界反法西斯战争胜利60周年思想教育系列活动。长期的社会主义思想教育，歌颂了爱国主义思想和革命传统，弘扬了马永顺精神和北大荒精神，宣传了生态经济战略和环保理念，促进了全市的经济发展和社会进步。

四、创建文明城市、文明单位、文明村镇活动

在创建文明城市工作中，陆续从修建道路、广场，增建住

宅楼、增加供热面积和新建水处理厂，完善公园各种设施、更换路灯、栽植风景树木等具体工作一件件去做，将铁力从一个原本肮脏、混乱、落后的县城，逐步变成一个清洁、靓丽、充满时代气息的现代化城市。由于创建成绩显著，铁力市先后获得"黑龙江省甲级园林化城市"、绿化工程黑龙江省"光明杯奖"、省委省政府命名"文明城市建设先进市"、伊春市"创建文明城市标兵"等多项荣誉。

创建文明单位。从清理不良文化现象入手，对带有封建迷信色彩、有违社会公德、有辱国格、丧失民族尊严的文化现象进行清理，开展"树新世纪铁力人形象"、创"文明窗口"活动，创建购物"放心商店"，铁力人寿保险公司被伊春市命名为"文明窗口示范单位"，铁力工商银行、铁力公路收费站被命名为铁力市"文明窗口"单位。

创建文明村。在农村修路、建栅栏、栽植树木，改变村容村貌；召开"全市文明村镇建设现场会""铁力市农业科技博览会"，对先进村屯进行表彰奖励。2005年开始生态文明村创建，制定《生态文明村创建活动实施方案》，将文明村建设推进到一个新的阶段。开展文明家庭和文明户活动。各乡镇涌现出数千个"五好家庭""文明户""文明之家""五好文明家庭""小康之家"等。

五、建设文化大县

2004年6月8日，市委召开建设文化大县动员会，要求全市党员干部和人民群众，积极投身文化大县建设，为实现全面建设小康社会目标提供坚强保证。此前，铁力文学艺术创作取得很大成绩，群众体育活动蓬勃发展，教育事业蒸蒸日上，科技达到很高水平，旅游文化日益兴盛，生态文化势头强劲，城市建设中文化内涵日益丰富，为建设文化大县打下了深厚的基础。

建设文化大县，在全市各族各界人士中得到普遍的响应和支持，推动了文学艺术创作和各种文体活动的发展，提高了全社会的文化素养，促进了精神文明建设的开展，对于铁力的经济社会发展产生了重要影响。

第二节　建设生态文明

实施生态经济战略，是铁力市在21世纪之初的一件大事。经过持续数年的大力宣传和实施，生态经济在各方面取得很大成就，在全市人民思想中注入了生态理念，对后来铁力经济实现健康、可持续发展，具有重要的引领和启示作用。

一、提出生态经济发展战略

2003年1月7日，在中共铁力市委八届十次全委（扩大）会议上，市委书记孟庆杰作了《深入实施生态经济战略，为全面建设小康社会而奋斗》的报告，正式提出实施生态经济战略。

为将生态经济战略付诸实施，市委、市政府邀请哈尔滨工业大学学者，帮助制定了《铁力市生态经济发展规划》，随之先后颁布了《铁力市国家级生态示范区建设实施方案》《铁力市生态示范区建设管理办法》《铁力市项目生态否决实施办法》，为生态经济战略的实施创造了条件，对铁力市国家级生态示范区的创建发挥了指导性作用。

二、开展生态经济理论研讨

2003年9月25—26日，中共铁力市委召开了铁力历史上最高规格"2003·黑龙江·铁力生态经济（文化）理论研讨会"，对生态经济相关理论进行了深入研讨。

与会的专家学者分别是：东北林业大学黄清教授，报告题为《生态建设与全面小康建设》；哈尔滨工业大学叶平教授，报告题为《全球生态发展趋势与生态经济发展对策》；东北林业大学尚杰教授，报告题为《论生态经济》；黑龙江大学谢永刚教授，报告题为《生态环境建设中的水问题》；黑龙江社科院孙海滨教授，报告题为《展望生态旅游的发展趋势》；东北农业大学张晓平教授，报告题为《循环生态经济》；东北农业大学桂明珠教授，报告题为《生态农业与北药开发》；东北农业大学张忠伦教授，报告题为《生态经济建设中的人口与生态价值问题》；黑龙江社科院蒋立东教授，报告题为《铁力市实施生态经济战略的几点看法》。

这次研讨会引起了多方面的广泛关注。《光明日报》、《黑龙江日报》、《北方时报》、《伊春日报》、黑龙江电视台、伊春电视台、铁力电视台等媒体，都派出记者到会进行了采访和报道。

三、开展生态文化建设

在第九次党代会报告中，市委提出"积极开展生态文化建设，着力塑造铁力生态文明城市形象"的要求。为完成这一任务，市委、市政府广泛动员社会各界，充分发掘、丰富铁力生态文化内涵，努力塑造铁力思想解放、经济发展、文化繁荣、环境优美的崭新形象。

以建设绿色铁力为主题，加强精神文明建设。在市委领导下，各部门共同行动，大力开展文明城市、文明行业、文明社区、文明村镇、文明家庭的创建活动。为创建文明城市，2000年开展"城市管理年""城市绿化年"活动，被省委、省政府命名为"文明城市建设先进市"。2 002—2005年，加大生态建设力度，相继完成多项重要工程，城市基础设施建设进一步改善。2003年获省级精神文明建设先进市标兵。

积极倡导绿色文明，大力繁荣文化事业。宣传文化部门深入开展"五个一"工程，推出大量文化精品。有21篇文学作品在省级刊物发表，3篇文学作品在黑龙江省纪念抗日战争胜利60周年征文大赛中获二、三等奖。举办以生态建设为主题的"铁马放歌"大型文艺会演。全市各方面人士积极为生态文化建设做贡献，谈论和关注生态成为社会时尚。

建造马永顺纪念馆。铁力林业局于2003年筹资建造了马永顺纪念馆，宣传他为新中国建设和环保事业做出的巨大贡献。出版了《马永顺传》《马永顺传奇》等多部关于马永顺的纪实文学作品。"倡导绿色文明，创建绿色家园"。通过实施生态文化建设工程，推进了生态道德和生态文化普及的步伐，在全市范围内形成了主动参与生态建设和环境保护的良好氛围。

四、创建国家级生态示范区

铁力于1998年申报国家级生态示范区建设试点，2001年得到国家环保总局正式批准，2006年6月通过国家级生态示范区验收。

在五年多的创建过程中，市委、市政府编制了《黑龙江省铁力市国家级生态示范区建设规划》等重要文件，先后否决了韩国投资的复合肥厂和造纸厂等多个工艺落后且高污染、高耗能项目，并动员引导污染环境的小企业实现转产。在森工企业"两危"、地方财政紧张的情况下，对生态示范区建设投入大量资金。截至2005年末，生态建设总投资达235 824.5万元之巨，相当于同期国民生产总值的20%。

五、生态示范区建设重点工程

创建国家级生态示范区，重点实施了"十大工程"。这里介绍其中五项。

生态林业工程。一是实施"天然林保护工程"；二是加快造林绿化进程；三是全面加强森林资源管理，严格控制森林消耗；四是努力搞好苗木基地建设；五是进一步落实森林生态系统安全措施；六是大力保护野生动物；七是发展林下经济，改善生态环境。全市有林地面积达50 358公顷，森林覆盖率达78.2%，区域生态环境进一步优化。

生态北药工程。从2001年到2005年，全市建有省、市级中药材基地12个。其中，平贝、人参、五味子人工种植加其他中药材种植面积2 242公顷。茸鹿养殖存栏6 460头。与东北林业大学联合成立铁力市中国林蛙研究所，开展林蛙习性和养殖技术研究。兴安神力药业平贝母通过国家GAP（中药材生产质量管理规范）认证，成为黑龙江省第一个通过国家现场验收的中药材基地。铁力平贝母、铁力北五味子、铁力中国林蛙油3个北药品种通过国家级专家审定，成为国家地理标志保护产品。生态北药业成为铁力重要的支柱产业。

生物多样性保护工程。一是努力做好各类保护地区建设工作。到2005年止，全市各类保护区受保护地面积达96 642公顷，占全市土地总面积的15%。二是加强各类保护地区的监督管理。严格执行《中华人民共和国自然保护区条例》《黑龙江省自然保护区管理条例》和有关法律、法规，严禁狩猎和开荒、放牧活动。三是积极开展对濒危野生动物在人工饲养方面的研究，同时，积极促进马鹿等珍贵野生动物人工养殖业的发展。通过多种措施有效保护境内生态环境和濒危野生动植物资源，为实现经济社会协调可持续发展提供了保障。

污染防治工程。一是加强重点工业污染源治理。全市实施重点污染治理项目44个，重点工业污染源排放达标率达到100%。二是加强城镇环境综合整治，创建烟尘控制区32.38平方公里。创建伊春市级"安静小区"2处，噪声达标区面积22.2平方公里。开展饮用水源地专项整治，饮用水达标率达到100%。开展固体废弃物专项治理，市区街路清扫保洁率、垃圾清运率及处置率均达到100%。完成铁甲河河道清淤，植树20 000株。三是加强新上项目管理。否决较大建设项目6个，环境影响评价执行率达100%。城镇环境质量明显改善，大气环境质量达到国家二级质量标准，噪声质量达到功能区要求，地表水环境质量达到三类水体标准。

生态园林城市工程。聘请国内一流研究设计单位，编制《铁力市园林城市建设规划》，投入大量资金进行城市建设和城区改造。截至2005年，完成白色路面16 364万平方米，沥青路面5 520万平方米，主次干道硬化率达到86%。对全市主要街道实现绿化和亮化，对公园进行大规模改造，建设10个城镇广场。城镇人均公共绿地面积达9.28平方米。对供热公司设备和供热管网进行大规模改造，增加城镇集中供热面积。修建排水管网16 700延长米，排水受益率达60%。自来水入户率达97%，电话普及率达70.4%，有线电视入户率达30%。2005年，铁力市获得省级园林城市称号。

从1998年开始创建到2006年6月验收，铁力的生态示范区建设在多个重点领域均取得可喜成效，生态环境得到有效保护，人民群众的生活环境发生了很大变化，经济和社会各项事业有了长足进步。到"十三五"期间，铁力的生态环境比起十年以前，又有了更大的进步。

第三节　发展现代生态农业

21世纪初，随着人们生态意识的觉醒和市委生态经济发展战略的出台，铁力市遵循保护生态的原则发展农业，农业的生态特色日益突出。

一、发展以绿色为标志的生态农业

铁力市的生态农业突出增加农民收入这个主线，围绕农村经济结构调整这个中心，加快绿色食品和特色经济的开发，着力提高农产品的质量和效益。

大力发展绿色食品产业。坚持执行绿色农作物种植操作规程，2005年绿色农作物种植面积达到17 333公顷。多种食品品牌获国家A级绿色食品认证，绿色食品产量达到64 610吨，实现产值21 600万元。"十二五"期间，突出做好绿色有机、集约合作、农田水利、品牌营销四篇文章，新增绿色和有机水稻6 000亩、绿色黏玉米3 000亩、绿色有机食品标识7个。

不断提高农业机械化水平。到2005年，全市大中型农机具达到12 264台（套），农机总动力15.8万千瓦，农机具总值6 900万元，实现了机械插秧和精量点播，农机作业面积达到90%以上。在年丰乡吉松农业机械化股份合作制农场，机械化程度达到96%，实现了土地集中规模经营。2016年，新增省级农机合作社5个、伊春市级规范合作社4个、农业产业化龙头企业1户。

大力普及农业科学技术。从"两高一优"到"良种工程"，从科技之冬到"新型农民科技"培训和标志性示范工程，将水稻旱育稀植、大豆"垄三"栽培、玉米"大双覆"栽培等各种先进农业科学技术推广到各个乡镇村屯和每个农户。全市建成标志性科技示范区12处，面积达240公顷，农业科技贡献率达57%，农业标准化覆盖率达85%以上。自2005年开始实施农业部测土配方施肥、农业科技入户、水稻超级稻推广三项农技推广工程，进一步提高了农作物单位面积产量。

实行测土施肥。1990年4月，铁力市成立土地测肥站，开始测验全市耕地土壤中各种养分含量。经过化验分析，提出"稳定氮肥、磷肥，加大钾肥施用力度"的施肥原则。1999年，全市水田测土施肥面积占水田总面积90%以上，旱田测土施肥面积占旱田总面积35%。2000年，全市测土施肥面积9 566公顷，增产粮食483.1万公斤，增加经济效益508万元。2005年建起全市耕地土壤养分、肥力数据库，随时为全市农民提供施肥的科学依据。

控制农业污染。推广秸秆还田和综合利用，严禁秸秆焚烧，秸秆综合利用率达91.6%。大力倡导使用农家肥、生物肥、复合肥和生物农药，减少化肥施用量，将其使用强度控制在每公顷139公斤以下，农药使用强度控制在每公顷0.89公斤以下，农业病虫害综合防治率达到85%以上。

2005年，铁力市被评为全省农业产业化先进县，被农业部确定为国家粮食主产县。全市农村广大干部群众按照"生产发展、生活宽裕、乡风文明、村容整洁、管理民主"的要求，积极开展社会主义新农村建设，农民生产生活水平大幅度提高。2016年，全市粮食产量达37.6万吨，农民人均收入12 295元。

二、大规模集中饲养的生态畜牧业

为加快农村经济结构调整步伐，铁力市委、市政府把发展生态畜牧业作为农村工作的重点，确立了发展目标，制定了发展规划，出台了相关政策，使畜牧业有了跨越式发展。

推进规模化饲养和标准化生产。从澳大利亚进口3 000头优质良种奶牛，筹资建成5个标准化饲养小区，初步形成了集中饲养、机械榨奶、统一防疫、统一技术服务的现代标准化养殖模式。共建成养殖基地和养殖小区28个，规模化饲养达到整个饲养量的35%。2016年，新增规模化养殖场3家；2017年8月，金新农生猪生态养殖产业项目正式开工，一期工程固定资产投资完成2亿元。

加强畜产品安全体系建设。建立健全了畜牧三级服务网络，形成健全的畜牧兽医服务体系，为畜牧养殖业提供了快捷的服务。猪的三大疫病和猪牛羊口蹄疫、鸡新城疫、禽流感的免疫密度，分别达到99%、100%、95%、100%，猪、牛、羊免疫耳标佩戴率达95%，有效防止了动物疫病的发生和流行，疫病死亡率控制在较低水平。

探索养殖业与种植业相结合的循环经济模式。1994年，全市推广应用"鸡粪喂猪，猪粪喂鱼"循环饲养技术，至1998年推广2.5万头，每头猪节约饲料150~200公斤，可增收150~200元，实现"一份饲料，两次饲喂，猪鸡互补，双重效益"。双丰镇双河村投资55万元建起"三位一体"猪舍沼气池30座，年出栏生猪2 400头，沼气渣作为有机肥料用来发展绿色水稻生产。

大力推行草场改良和发展饲草饲料种植。几年来，全市累计改良草场400公顷，治理退化草场140公顷，种植饲料和苜蓿等饲草4 000公顷。积极发展饲料青贮，建成青贮窖、青贮壕56座，年青贮饲料18万吨。大豆秸秆、玉米秸秆和稻草综合利用率逐年提高到95%。金龙公司2005年种植粘玉米100公顷，秸秆全部青贮用作奶牛饲料。

繁育改良取得显著进展。2001年，铁力市新建繁育改良站点13个，全市优良品种基地发展到18处，基本实现"繁改无死角，冻配无盲点"。2002年，先后与东北林业大学、内蒙古大学联系，开展奶牛胚胎移植技术。当年投资300万元，改良黄牛、奶牛5 596头；第二年又改良肉牛4 550头，奶牛1 700头。猪的品种改良方面，在2000—2005年间，陆续引进杜洛克、约克、皮特兰等优质品种，大力推广二元杂交、三元杂交等新技术，使生猪品质改善，料肉转化率提高，抗病能力显著增强。

畜牧业得到全面发展。到2016年，全市肉牛（黄牛）饲养量34 339头，生猪饲养量达156 068头，奶牛存栏22 734头，家禽饲养量3 208 659只。2016年与1986年相比，全市肉牛年出栏数量由1 300头增加到50 190头，增长约39倍；牛肉产量由130吨增加到7 922吨，增长约61倍；肥猪年出栏数量由18 000头增加到358 278头，增长约19倍；猪肉产量由1 359吨增加到26 930吨，增长约19倍；肉羊出栏数量由510只增加到50 246只，增长约98倍；羊肉产量由7吨增加到790吨，增长约112倍；成禽出栏数量由153 421只增加到15 180 703只，增长约98倍；奶类产量由1 319吨增加到49 278吨，增长约37倍；禽蛋产量由985吨增加到14 121吨，增长约14倍。生态畜牧业总产值达110 588万元，超过农业总产值的50%，真正成为农村经济的"半壁江山"。

三、渔业生产的发展

铁力境内天然河湖众多，水域辽阔，水产资源丰富，发展渔业条件优越。20世纪70—80年代，由于人们生活水平低，鱼类人工养殖不发达，炸鱼、电鱼、毒鱼和使用密网眼箔捕鱼等违法行为越来越猖獗，渔业资源遭受严重破坏。

进入新世纪以来，有关部门积极宣传《渔业法》和生态经济战略，大力增殖资源，保护幼鱼。每年秋季都积极指导稻农及时疏通渠道，将稻田里的经济幼鱼放入河里越冬。从2009年到2016

年，共营救稻田幼鱼80万至90万公斤，有效地保护了渔业资源。

在人工养鱼方面，发展同样很快。1986年，全县有养鱼池120多处，水面380公顷，年产鱼量158吨。到2016年，全市淡水鱼产量达到972吨，增长约6.2倍。

四、吉松村股份制合作农场

2004年末，中共铁力市委在年丰朝鲜族乡吉松村召开书记办公会，将该村确定为铁力市农业机械化股份合作农场试点，并正式组建运行。

吉松股份制合作农场，由村党支部书记带头、一名村委会委员和几名种田大户参股组建，筹集资金58万元，加之村中场地等资产折价、市委市政府鼓励性补贴和银行贷款，共计筹措资金174万元。农场租种全村110户村民200公顷土地（占全村耕地的90%），全局工作实行技术指导、种子品种、机械作业、资金物品管理"四统一"原则，技术方面实现育秧工厂化、耕作机械化、农技大包干，田间管理方面专设6名技术员，工资与产量挂钩。农场第一年总收入达到295万元，除去各项支出186万元，获纯利润109万元。董事会从中提取5%用于全村公共积累，其余用于分红和再生产。吉松农场创建十几年来，一直平稳运行，健康发展，使全村百姓越来越富裕。该村先后被命名为省级文明村、省级安全文明村、省级生态村。作为现代农村建设的崭新模式，为铁力市的农业和农村发展提供了成功的范例和有益的启示。

第四节　建设现代工业

经历20多年的改革开放，到21世纪初，铁力工业在所有制结构、工业门类、产品种类等方面，都发生了很大变化。随着企业改革逐渐深入，工业化总体水平也在迅速提高，推动铁力地方经济不断发生着深刻的变化。

一、大安河金矿与黄金生产

在20世纪80年代到新世纪初，铁力的黄金产业曾经非常兴盛，取得了很好的经济效益，在地方国企效益差、改革开放推进难的阶段，为拮据的地方财政做出了重要贡献。20世纪60—70年代，神树镇大安河沟发现金矿点，县政府遂于1983年成立了黄金公司。1989年，铁力市黄金公司、省地质勘查局七〇七队、桃山林业局黄金公司、神树镇政府、神树铁路劳动服务公司共同投资进行沙金生产，到1999年因资源枯竭而停止。1987年，七〇七队在大安河附近发现金矿体，提交了《铁力市大安河金矿岩金矿体普查报告》。1991年8月，铁力市黄金公司、省地质勘查局七〇七队、桃山林业局黄金公司3方共同签署《联营开发铁力市大安河金矿合同书》，成立金矿筹备处并组建由3方分别派出的9人组成的董事会，董事长由铁力市主管工业的副市长担任，副董事长分别由桃山林业局副局长和七〇七地质队队长担任。三方股份分别占比是：铁力市黄金公司34%，桃山林业局和七〇七地质队均为33%。后省黄金公司以金矿建设时期拨给的155万元开发借款为股金入股，董事会遂增加1名副董事长和1名董事，金矿就此成为4方联营的股份制企业，股份份额也作了相应的调整。该金矿于1995年5月正式投产，到2002年生产进入尾声，遂承包给个人经营。

二、木材工业由初加工走向精深加工

20世纪90年代之前，铁力虽然拥有丰富的木材资源，但木材加工业只有几个厂家，生产锄锨杆、家具、骨灰盒、衣帽架等，还有一些小的厂家生产一些板方材、包装板等初加工产品。

1991年，年丰乡乡镇企业民族餐具厂与香港横迪有限公司合资，组建年丰朝鲜族乡铁力龙迪木制品有限公司，主要生产白桦木卫生筷，出口日本、韩国等国家。此后，私营企业森源木业有限公司、日商池内秀一的池内木业有限公司、中外合资企业顺源木业有限公司、中骞木业有限责任公司、宏达笔业有限责任公司等多家各种所有制企业相继成立，企业原料有的来自国内，也有的来自俄罗斯，产品有单板、板材、刨光材、集成材、细木工板、餐桌椅、铅笔板等，销路既有国内，也有美国、韩国等国外市场。

木材加工是铁力的传统产业，企业数量、年产值、就业人数等在各工业门类中长期高居首位。许多企业在利用外资的同时，引进大量先进技术设备和前沿理念及管理办法，促进了人们思想观念的转变，推动铁力的木材加工向精深加工发展，陆续涌现出一大批规模较大的木材精深加工企业。

三、建材工业在发展中完成蝶变

20世纪90年代初，铁力有十多户建材企业，分别隶属于政府部门和乡镇。从1998年后，原属各部门的企业先后转制为私营企业，乡镇企业也大多出售给个人经营。

成立于1972年的铁力县（市）水泥厂，投产后生产形势起起伏伏，最好年份实现利税38.8万元。1994年，企业累计负债1 700万元，应收款只有250万元，严重资不抵债。1996年与伊春浩良河水泥厂联营，更名为浩铁水泥有限责任公司，生产形势一直较好。当年生产14 524吨，利税49万元。联营期满后于2003年转为私营企业。成立于1979年的铁力县（市）石材矿，1990年实行集体承包，1995年实行集体租赁经营，1998年4月因资不抵债经法院裁定宣告破产，1999年1月转制为民有企业。国有企业铁力市水泥制品厂成立于1991年，到1997年负债总额达240.8万元，经法院裁定宣告破产。先是租赁给个人经营，后出售给个人，进行技术改造后继续生产。

铁力县（市）沙石厂、铁力县（市）建筑材料厂、铁力县（市）白灰厂等，都是当时很重要的建材企业，均成立于20世纪80年代上中叶，具有当时国企一些相同的特点，经历了国业改革中必然经历的阵痛，最终被推进市场经济的大潮，成为自主经营、自负盈亏的市场经济主体。

四、食品加工业在转制中实现跨越

20世纪90年代以前，铁力的食品加工有制粉厂、制米厂、制油厂、糖果厂、食品加工厂等10多家企业。粮食市场放开经营后，该类企业迅速增加到数十家，后随市场经济发展和企业体制转换，数量逐渐减少。

国企铁力县（市）制米厂，成立于1956年，1994年并入铁力粮库，1998年与乡企局、年丰乡3家合作，组建铁力市四宝米业有限公司。2002年该公司加入黑龙江米业集团，2005年整体出售给九河泉米业有限公司。铁力县（市）制粉厂也是国企，于1983年末建成投产。1998年负债率达到204.5%，经市法院裁定宣告破产，后经市政府批准，租赁给个人，更名为华旭面粉厂。2000年承租方撤出，企业停产。铁力县（市）食品公司，原为以生猪收购、饲养、屠宰、销售为主的国企，后逐渐发展为从事食品加工、冷冻食品加工、肉制品加工和畜禽肉类加工的综合性食品加工企业。1998年划归新成立的铁力市农发集团，2001年被分为两部分，分别出租给两名私营企业主。铁力县（市）人参制品厂，是1983年成立的国有企业，后经营形势越来越困难，经审计已经资不抵债，于1995年经市法院裁定宣布破产，1998年出售给伊春光明厨房家具有限公司。其他如食品加工厂、制酒厂、酱菜厂、制油厂等，当时都是铁力的著名企业，为铁力的经济和社会发展做出过贡献。但随着市场经济的迅速发展，企业自身问题日益突出，不得不先后退出市场。

在老企业经历转折或退出市场的同时，一大批规模更大、设备更先进、管理更科学的新兴企业，如兴达果仁、集佳牧业、华威乳业、九河泉米业、福生冷冻食品等应运而生，引领铁力的食品工业迈入一个崭新的发展阶段。

五、制药工业从兴起到壮大

铁力的制药工业发轫于20世纪70年代。时铁力木材干馏厂利用其较强的研发能力和有关资源，成立干馏厂分厂铁力制药厂，是为铁力境内第一家制药企业。后神树镇乡镇企业阿胶厂，国企龙志制药厂先后成立，铁力的制药产业随之日益壮大。

红叶制药有限公司，是铁力境内最大的制药企业，利税大户，其前身就是原铁力木材干馏厂建立的分厂，铁力制药厂。1998年7月，干馏厂依法破产，铁力制药厂为伊春林管局接管，后更名为铁力红叶制药有限公司。企业主要产品为康妇消炎栓、刺五加片、消咳喘糖浆、脑灵素等，共7个剂型、52个品种。由于业绩突出，企业获得"黑龙江知名诚信企业"、省"高新技术企业""2 001—2004年度伊春市重合同守信用企业""伊春市先进纳税企业""伊春市民营企业纳税第一名""铁力市非公有制经济十强企业""铁力市先进纳税企业"等荣誉称号。2004年，公司在全省重点制药企业排名从第30名跃升到第18名，被列为第二届《全国诚信单位光荣榜》上榜单位，"红叶牌"康复消炎栓、刺五加片、消咳喘被认定为2004年中国黑龙江知名品牌。2005年7月，北京海达尔投资管理公司与红叶达成增资扩股协议，为公司注入资金2 100万元，公司注册资金达到4 100万元。当年产值7 200万元，销售收入6 900万元，上缴税金520万元。

蓝天制药有限公司成立于1993年1月，次年4月经黑龙江省卫生厅、黑龙江省医药管理局验收合格投入生产，并更名为黑龙江龙志制药厂。10月，与美国太平洋生产投资有限公司洽谈成功，由美方注入资金100万元，成立黑龙江杜奇制药有限公司。从1995到1997年，公司三年创产值3 000多万元，利税300多万元。1998年11月，企业被光明集团收购，先后更名为铁力杜奇制药有限公司、铁力康安制药有限公司、铁力光明制药有限公司。2003年10月，生产药品陆续由黑卫准字升为国药准字，质量标准全部为国家药品标准。2004年7月企业拍卖给个人，更名为黑龙江蓝天制药有限公司，随之进行了技术改造，提高了生产能力。11月23日，通过GMP认证。当年产值800万元，销售收入700多万元，利税20万元。

铁力制药企业虽然不多，但在各类企业中科技水平、产值效益等方面，无疑均属上乘。

第五节 如火如荼的旅游产业

铁力区域旅游兴起于20世纪80年代。桃山滑雪场和朗乡石猴山滑雪场，早在亚布力滑雪场扬名之前，就已经成为省内早期对国内外游客开放的旅游场所，有很高的知名度。

进入21世纪，铁力区域旅游蓬勃发展，生态旅游得到重点培育，具有铁力特色的漂流、滑雪、狩猎、原始森林观光、森林浴、抗联遗址和民俗风情等旅游项目名声鹊起。2004年，铁力被确定为"铁力—伊春—嘉荫"旅游线路中线的起点，并被国家正式评定为"中国优秀旅游城市"，铁力旅游业进入一个全新的发展时期。

一、在资源开发中强化旅游宣传

铁力区域旅游一直定位为生态旅游，景区建设突出小兴安岭林区特色，资源开发坚持"政府引导，区域联合，企业开发，社会参与，一体推进"的原则，坚持政企联手，打破区域界限，共同培育生态旅游业。

自2001年始，铁力开辟铁力、桃山、朗乡三大旅游景区，有正式开放景点30余处，初步形成并准备尝试开发景点16处，并投入大量资金对各旅游景点进行开发建设。

为塑造铁力森林生态旅游城市整体形象，提高铁力旅游知名度，开拓省内外旅游市场，铁力市及区域内各森工、农垦企业，采取多种有效形式，广泛推介铁力旅游景区和景点，市政府和各林业局都投入大量资金，采取设置巨幅旅游广告牌、编撰区域旅游画册、制作旅游专题片、举行旅游推介会等各种方式，宣传铁力旅游产业，把铁力旅游推向全国。

二、有效加强旅游业管理

铁力市的旅游产业，由铁力市旅游事业管理局统筹协调管理。铁力市旅游事业管理局，成立于2001年11月。2004年成立铁力市旅游质量监督管理所，对外挂铁力市旅游执法监察大队牌子。

在4大林业局施业区内，分别设有铁力林业局旅游局、桃山林业局旅游科、朗乡林业局旅游科等3个企业旅游管理部门。

2002年，市旅游局对市场秩序进行整顿和规范。组织旅行社、宾馆和部分开展旅游接待的旅店、招待所、饭店从业人员，学习有关旅游业的法律、法规，提高从业者法律意识和业务水平。会同市环保局、林业局、水务局等行政主管部门，重点检查整顿伊吉密河漂流经营点，对个别违法违规业户进行停业整顿，对毁林、毁草和破坏水资源等违法事件进行处罚。经过2年整顿，基本理顺了关系，规范了旅游市场。

2004年，铁力市政府决定成立铁力区域旅游管理协调委员会，并出台旅游管理有关规定。分期对旅游用车司乘人员、景区景点讲解员、市内部分旅店饭店服务人员进行职业道德和技能培训。对全市旅游定点单位进行清理，对重新评定合格的定点单位颁发证书并挂牌，对评定检查不合格的单位实行摘牌处理，实现对定点单位的动态管理，促进定点单位提档升级。

三、创建中国优秀旅游城市

为促进旅游业的进一步发展，铁力市于2004年进行中国优秀旅游城市的创建与申报工作，当年被评为"中国优秀旅游城市"，为铁力旅游业的繁荣开创了新的局面。

2004年5月，铁力市向伊春市和省创建中国优秀旅游城市工作领导小组，提出创建中国优秀旅游城市验收申请。按照铁力市委、市政府要求，全市上下齐动员，把创建"文化大县"作为创建"中国优秀旅游城市"的重要组成部分，创建文明单位229个，并着重抓好城市"五化"建设。硬化投资5 176万元，修建市区6街、17巷、1座桥梁和3个广场。绿化投资628.1万元，植树27.5万株，面积35 500平方米，完成城区3个公园和广场建设和机关、企事业单位绿化，城区绿化覆盖率30.03%。美化净化投资150.5万元，对城区多个重点地段进行集中整治；购置环卫车、清雪机、垃圾箱，在主要居民区设垃圾周转房；对乱摆摊、乱设点等违章行为进行清理整顿。亮化投资232万元，更新和安装主要街道路灯；对中心路、政府休闲广场、建设大街两侧进行彩灯、霓虹灯装饰，美化了城市夜景。

围绕创建工作各项目标任务，进一步完善市政公用设施。网通在城区主要街道设立公用电话亭；环卫处筹资进行城市公厕改造，新建一座垃圾处理场；供水部门投资对水源地进行改扩建，完成管网改造，城区实现24小时供水；供热部门投资进行换热站、供热管网改造；供电部门拆除建设大街、文化街等主要街道两侧电线杆，铺设地下电缆。市政府出台相关文件，改善和加强城区客运状况；开通铁力到透笼山、桃山、朗乡3条旅游公交专线，在城区主要地带设旅游公交候车站点。

抓好城市环境保护。制定出台《铁力市生态示范区建设规划》《铁力市生态示范区建设管理暂行办法》，与各乡镇、大企业、市直企业签订环保目标责任状。对全市22家重点工业污染企业分批整治。饮用水源水质达标率100%，烟尘控制区覆盖率98%，噪声达标区覆盖率78%，工业固体废物处置利用率95%，工业废水排放达标率95%，全市基础设施水平大幅度提高。

2004年8月25—28日，国家旅游局验收组对铁力市创建工作进行全面检查验收。经逐项检查评分，总计179个分点，铁力市超过评分线70多分。至此，铁力市创建中国优秀旅游城市工作获得成功。

2005年1月8日，铁力市市长翟庆波赴江西南昌领取奖牌，铁力成为省内8家和全国67家之一的"中国优秀旅游城市"。同年，经网上点击评选，铁力市入选"中国特色魅力城市200强"。

中国优秀旅游城市的创建，在促进旅游业发展的同时，也推动了铁力的城市发展和城市品位的提高。

四、旅游业带动相关产业发展

铁力旅游产业的兴旺，带动了相关产业的快速发展。

餐饮，2001年，经旅游部门认定的旅游餐饮单位有金骊都、桃山庄、朗乡宾馆等共20家，此后，每年认定一批餐饮企业为旅游业服务定点企业。2004年，集中了铁力数十家特色风味饭店的美食街建设完成。2005年，新评定旅游定点单位29家，其中十佳特色小吃10家，旅游定点餐馆10家。铁力全市旅游定点餐饮单位达到上百家，餐饮日接待量超过16 000人次，游客满意率在80%以上。

住宿，2001年，全市旅游住宿有床位800张，2003年增加到1 500张，在全省县级旅游城市中居首位。在这些餐饮住宿企业中，有4家为三星级宾馆。2003年，一批档次较高、规模较大、设施完善的宾馆酒店投入使用，社会力量投资的个体旅店、招待所相继营业，住宿床位2 800张。2004年，各旅游景点等新增床位700张。2005年，又新评旅游定点旅馆9家，新开业家庭旅馆55家，旅游旺季日接待住宿游客超过7 900人次。

交通，2002年和2003年，由市政府投入2 900万元，募集各方捐款3 825万元，改造铁桃旅游公路11公里，新修市内白色路面20 255米，改造年丰通乡公路18.6公里。投资1 100万元，在市区主干道两侧安装路灯，铺设地下电缆7 200米，栽种街道绿化树7 800棵，并开通多条城区通往景点的专线。2004年，按照国家标准，规范了各类旅游交通标志，在城市主干道设立交通指示牌，在火车站、客运站、美食街等处设立导游图，在景点、景物前设立中英文对照的游览景物说明、导游服务、生活服务、环境保护等标志，旅游咨询电话和旅游投诉电话更是随处可见。2005年，桃朗公路开通，区域旅游线路完成整体链接。

购物，2002年，随着游客人数增加，在透笼山旅游购物中心开业运营后，一批专营旅游产品的商店陆续开业。日月峡滑雪场建成1 800平方米雪具店，铁力镇内建成美食、商品一条街，具有铁力地方特色的旅游区域特色产品发展到10个系列、90多个品种，旅游商品销售额在整个旅游收入中所占比例不断提高。2005年，山特产品大市场建成，使各种旅游商品的销售更加兴旺。

娱乐，夏秋两季，游客在山上、水边景点游玩后，大多由导游组织或自发组织篝火晚会，在火堆边载歌载舞，尽享山区夜晚的欢乐。而住在市区的游客，则既可去文化宫观看国内外大片，又可以到水疗中心去洗浴，还可以去商业大厦及其他商场购物，到公园或休闲广场闲逛等，有许许多多让人眼花缭乱的选择。

以旅游业为牵动，商贸物流、健康养老以及电子商务等新型业态加速成长。2017年，启动了3家自建电商平台建设，电商企业发展到27家，淘宝网店总数达4 200家，年网络交易额实现4.58亿元，同比增长18.9%。

五、旅游成为重要支柱产业

经过有关方面长期努力，铁力区域旅游业发展迅速，并带动了相关产业迅速发展，成为地方经济的重要支柱产业。

为促进旅游业加快发展，铁力市和各林业局一方面加大招商引资力度，一方面积极对上争取。通过多方面引进资金，近年新建成智取威虎山实景演艺基地、黑河民俗村游客接待中心、日月峡小镇（升级改造）、香草河花溪谷、日月峡滑雪场滑草项目、明命寺（复建）等20多个景点。

2017年，铁力区域旅游从业人员达到355.02万人，全年接待游客2 552 332人，全行业总收入实现286 112万元，为地方经济的发展做出了重要贡献。

铁力市先后荣获中国县域旅游品牌百强县、中国最佳生态旅游目的地、中国低碳旅游示范市、中国最佳经济转型示范市、中国最具投资价值旅游城市、中国最值得向世界推荐的旅游城市、全国休闲农业与乡村旅游示范县、中国乡村旅游模范村、中国乡村旅游模范户、中国乡村旅游金牌农家乐等荣誉称号。

第六节　蓬勃发展的教育事业

从20世纪80年代到新世纪初，是铁力教育事业蓬勃发展的黄金时期。经多年快速发展，到2003年，铁力高考升学率跃升到90%。初中、小学升学率，适龄儿童入学率，在全省均处于先进水平。

一、幼儿教育逐步走向成熟

限于生产力的发展水平，在20世纪60—70年代，铁力的幼儿教育一直比较落后，从80年代中期起，才有了较大发展。

这个时期，由于整个社会对教育越来越重视，一些先进的教育理念不断引进，人们生活水平不断提高，从各方面促进了幼儿教育的加速发展。为改变专业师资力量不足、教育教学水平不够平衡的情况，各级教育主管部门一方面加强对幼儿教师的培训，一方面积极采取措施，对全市城乡幼儿园（班）、学前班进行清理和规范。2002年，市教育部门对幼儿班和学前班进行检查验收，之后对幼儿班、学前班进行重新审批，建立了相应的管理制度。

在幼儿教育管理方面，市教委贯彻执行国家《幼儿园管理条例》和《幼儿园工作规程〈试行〉》，使全市幼儿教育走上法制轨道。

在幼儿教学方面，铁力市幼儿教师参加伊春市优质课评选，参加全国举办的"好孩子"竞赛，参加黑龙江省幼儿教育音乐学科教师基本功大赛，每次都获得第一名至第三名的奖励。

逐步成熟的幼儿教育，使中小学的基础教育有了越来越牢固的基础。

二、小学教育迅速发展并向城镇集中

20世纪80年代至90年代上半叶，是铁力小学教育蓬勃发展、小学学校数量最多的时期。从90年代下半叶起，农村儿童开始向城镇集中，遂使优质教育资源进一步集中，全市小学教育教学总体水平进一步提高。

1986年，全县有直属小学6所，乡镇中心校9所，各中心校下属小学67所，另有小学下伸点15处，共771个教学班。在校学生为26 148人，专任教师1 110人，常任代课教师48人，临时代课教师290人，教师总数1 518人。适龄儿童入学率97.5%，在校生巩固率99.3%，普及率97.6%，毕业率93.2%。到2005年，全市城乡小学减少到44所，比1986年减少约46%；在校生下降到11 430人，比1986年减少约55%；专任教师806人，比1986年教师总数减少约47%。这时的适龄儿童入学率和小学生毕业率都有很大幅度的提高，分别达到100%和99.8%。这些数字表明，铁力市的小学教育，已经发展到一个新的阶段。

小学生的德育工作。1990年，全国人民代表大会常务委员会第十四次会议通过《国旗法》，市教委要求全市各中小学除寒假、暑假和星期日外，应当每日升挂国旗，并举行升旗仪式，对学生进行爱国主义教育。1994年，在全市各小学中开展少年"五自"活动（即自理、自学、自律、自护、自强）。1996年，市教委要求全市各小学按照上级指示精神，开展各种形式的"学英雄、爱家乡""爱香港、爱祖国"活动，开展标准化升旗活动和少年军校活动。1997年，全市各城乡小学以"迎香港回归"为主题，开展知识竞赛、演讲会、大型升旗仪式等系列活动，对学生进行爱国主义教育。2001年8月，教育党委组织市直中小学2 000余人，在西河公园举行纪念"九一八"事变70周年歌咏大会，学生们朗诵的大量诗文，突出了"勿忘国耻，振兴中华"的主题。

小学教学改革。2002年3月，全市课改实验正式启动。11月在桃山镇中心校举办小学一年级语文、数学思想品德观摩课，在市第一小学举办小学音体美新课程教学观摩。2004年1月，第一小学教师朴成花，第四小学教师任东奇，在伊春市"课改"汇报会上作汇报讲课，第一小学在会上作"课改"经验介绍，受到与会者好评。6月，教育督导室召开会议，对全市小学教育教学进行全面评估，充分肯定了教改工作取得的成绩。2005年，为促进课改工作深入进行，市教育局、教师进修校加强对教师的培训，提高了教师的课改能力，增强了教师参与课改的积极性和适应性。

特长生培养。1992年，铁力市开始训练各方面赛手，推动特长生的培养。1993年，进修校"华夏美术学校"开班，招收100名学生。1996年，全国小学生作文比赛，第四小学孙艳茹荣获一等奖。1999年，市直各小学成立小记者特长班，培养出国家、黑龙江省及伊春市级小记者10名。第四小学成立棋类特长班，培养出国家一级棋士2名。2000年，棋类、长跑、舞蹈、绘画、书法、作文等各类特长班遍及全市，训练学生1 000多人。第四小学被市政府命名为棋类特色学校，美术班有68名学生分别获得国际、国家、黑龙江省、伊春市各类奖项。全市各小学成立的特长班达208个。2002年5月4日，市小学生棋类代表队，参加黑龙江省首届大、中、小学生棋类比赛，获小学组象棋团体第三名，王健获个人第七名。2005年5月，市小学象棋队参加全省棋类比赛，获小学组团体冠军。

三、中学教育在稳定发展中提高质量

20世纪80年代到21世纪初，铁力的中学教育同样得到了很好的发展，在为当地经济建设和社会发展培养了大批劳动者的同时，也为国家各级各类院校输送了许多人才。

德育工作。铁力市教委多次召开全市学校德育工作经验交流会，下发《关于加强中小学德育工作决定》，传达伊春市教委《关于开展师德教育的通知》，使学校德育工作有所遵循。召开师德工作总结表彰大会，要求全市中小学教师进一步树立良好师德，无愧人民教师的光荣称号。观看《开国大典》《在烈火在永生》等多部历史故事影片，组织策划学生"下乡留学"活动，邀请老劳模为中小学生作爱国主义教育报告，组织"为灾区孩子献爱心"捐款、捐物活动，组织市直中小学举行纪念"九一八"事变歌咏大会等。

教学工作。市教委和教师进修校多次组织市教学能手送课下乡，组织全市中学教师开展"六项技能"大赛，组织全市语文教师开展作文竞赛，举行全市中小学语文课程改革促进会，举行评选铁力市百名教学能手活动，召开铁力市教育学会各专业研究会年会，召开教育科研立项会议，开展中学生综合能力竞赛等活动。铁力市被确定为伊春市级课程试验区。邀请省内著名教育科学家来铁力，为教师作关于课改新理念与教学方式转变的学术报告。派优秀教师到伊春市参加课改汇报会。

对于特长生的培养，同样取得了很好的成绩。2001年高考学生中有美术考生54人，合格者53人，合格率98%，被录取50人，升学率达93%，其中本科34人。2002年美术考生40人，考取清华大学美术学院、鲁迅美术学院、东北师大、吉林大学4人，重点本科8人，本科22人，专科8人，共计录取38人。是年，铁力市被省教委命名为黑龙江省美术教育基地。

从1985年到2015年，铁力市教育事业得到发展，青少年受教育水平得到提高，人均受教育年限显著增加。

四、利用社会力量发展职业技术教育

铁力的职业技术教育兴起于20世纪80年代初期，开始时只有职业高中，后增加了社会力量创办职业技术学校。到1990年，有铁力镇内的第一职中、双丰镇内的第二职中、小白的第三职中共3所职业高中，还有一所技工校。

在1986—1998年，仅第一职业高中就毕业学生1 635名。1992年，技工校招收核算员班和水暖电照班。1995年，技工校与省电大中专处联办，招收医护中专生。1997年，招收会计电算化班。这些早期的职业技术学校，为地方经济和社会发展做出了贡献。

1991年起，铁力市开始以社会力量办学、劳动部门发证的形式实施职业培训。到2003年6月，全市有嘉禹计算机、宇翔计算机等9所学校，被伊春市定为再就业培训基地。到2005年，全市民办职业技能培训学校发展到21所，当年培训计算机专业590人，美容美发专业24人。年末统计，自实施私人和社会力量办学以来，仅长期班累计培训人数就达5 302人，劳动局颁发《社会职业技能培训合格证书》4 300本。

职业技术教育，为社会培养了大批非常紧缺的专业技术型人才，满足了当时社会的急需，也在一定程度上弥补了当时国家职业技术教育的某些不足，对经济社会的全面发展具有重要意义。

五、成人教育、特殊教育、少数民族教育

改革开放初期，社会发展对各级各类人才的迫切需求，与现实中各类人才的极度匮乏形成巨大矛盾。在这种情况下，成人教育作为普通教育的必要补充，为缓解这种矛盾发挥了其他教育形式无法替代的特殊作用。

铁力的成人教育学校，包括黑龙江电大铁力分校、铁力县职工学校、铁力农村成人中等专业学校三所学校。

1979年，黑龙江广播电视大学在铁力县设立工作站，年内招生68人，开设4个教学班。1985年，该电大工作站改称黑龙江省广播电视大学铁力分校，将作为办学基础的电大系统网络与作为手段基础的现代技术网络紧密结合，采取广播、电视全国统一授课与各地学员分散自学、当地教师集中统一辅导、统一考试有机结合的方法，构建了在现代远程开放条件下专科教育和人才培养模式的基本框架以及相应的教学模式、管理模式和运行机制，成为20世纪80—90年代铁力区域远程开放教育最成功、最有效、最经济的模式。据不完全统计，从1986—2004年18年间，铁力电大共培养包括财务会计、工业企业管理、法律、英语、汉语言文学、金融、会计电算化等10多个专业的人才共计994名，为地方经济和社会事业发展培养了急需的人才。

成立于1985年的铁力县农民中等专业学校，是经省政府批准、国家教委备案的成人中专，面向全伊春地区招生，学生毕业后被聘用享受中专待遇。先后开设园艺特产、农经管理等多个专业，根据四季农时开展蔬菜种植、果树栽培、药材栽种与野生动物饲养，将教学与实习相结合，在开展教学的同时，为地方经济发展做出贡献。1995年，学校更名为铁力市农村成人中等专业学校。学校从1986年创办到1998年并入职业教育中心，共培训农民

12 790人。

铁力历来重视少数民族教育。2005年，铁力有朝鲜族小学1所，教学班6个，学生64人，教师17人。朝鲜族中学学生71人，教师15人。学校设有综合实验室、卫生室、图书室和微机室。

1997年上半年，铁力市通过国家和省级"普九"验收；2002年，通过国家"两基"（基本普及九年义务教育和基本扫除青壮年文盲）复检。

第七节　科学技术事业的发展

铁力工农业生产的发展和社会事业的进步，都与科学技术的进步密不可分。资料显示，铁力农业科技进步的贡献率1986年是25%，2005年达到55%。19年提高了30个百分点，大大高于同期全国平均水平。

一、科研机构及主要工作

从20世纪80年代到21世纪初，适应科技事业的发展，铁力先后出现4家科研所，分别是中药材研究所、工业研究所、农机研究所、林蛙研究所，加上成立于1975年的农业科学技术研究所，共计5个研究机构。

农业科学技术研究所，自1986年以来承担省、市、县级科研项目70项，其中省和市协作项目30项，县（市）自拟项目40项。其中筛选推广了20个品种品系，为保障农作物高产优质奠定了基础。引进阔叶散、百草敌等10多种田间除草剂，效果均在90%以上。水稻直播田化学除草系列配套技术获部级三等奖，获"低成本高效益新农药技术推广科技进步"三等奖。开展水稻苗床施用磷肥新技术推广，每公顷约降低投入60元。开展克肥、硅肥专用肥、镁肥、磷酸铵钾、北壮秧剂肥料试验研究和水稻育秧壮秧剂应用推广，减少稻田发病率36%，每公顷产量提高325公斤，项目获伊春市科技进步二等奖。

中药研究所，成立于1983年9月，主要承担人参冻害防治研究、人参高产栽培技术系列化研究、农药低残留人参生产技术开发与应用研究、人参红皮病原因及防治技术研究、优质硒参加工工艺试验和二年生参栽培密度研究。1987年，人参冻害实验研究获省政府科技进步四等奖及铁力市科技成果一等奖。1991年，人参高产优质栽培技术系列化研究获铁力市科技进步三等奖。1992年，农药低残留人参生产技术开发与应用获铁力市科技进步二等奖。1996年，人参红皮病发病原因及防治技术研究获省政府科技进步二等奖。

农业机械研究所成立于1970年6月，1986年开始进行铁力1号至3号耕耙播种机、大豆精选机的试制生产和推广工作，进行3ZS-水稻除草机、手扶拖拉机水耙轮的研制，并试制4C稻麦收割机、玉米营养胚栽植机、大豆种耕梳苗机；同时，全面推广小型单体精量播种机、旱育移植插秧机、水稻工厂化育秧插秧。3ZS系列农机具获伊春市优秀科研成果。该研究所当年12月并入市农技推广中心。

这些科研单位和成立于1981年1月的工业研究所、筹建于2004年12月的林蛙研究所，都为铁力科学技术的进步和经济的发展做出了重要贡献。

二、重要科技成果及推广应用

伴随着整个社会的飞速发展，"科学技术是生产力"的思想日益深入人心，从而进一步推动了大量科技成果的推广及应用。

1986—2000年，铁力市（县）共获省和伊春市级科技进步奖8项，其中省级二等奖1项，伊春市级二等奖6项、三等奖1项。铁力市颁发科技进步奖44项，其中一等奖7项、二等奖18项、三等奖9项。2001—2005年，获科技成果奖30项，其中省级二等奖1项，伊春市级一等奖5项。1986—2000年，实施攻关项目49项，推广项目46项，星火计划16项，累计增加经济效益43 500万元；实施攻关项目33项，推广项目58项，累计增产粮食6 000万斤，增加经济效益9 500万元。

人参红皮病发病原因及防治技术，是中药材研究所取得的一项最重要的研究成果。该课题是黑龙江省"八五"重点攻关项目。1993年在铁力地区推广200平方米，到1995年已研制出"高效无残留"药剂，将染病指数控制在1.2%以内，人参红皮病控制在6%以内。该研究成果在东北人参产区广泛推广，促进了人参产业的健康发展。1995年，黑龙江省生产鲜人参约30万公斤，对20%红皮病人参的发病可以控制和防治，每公斤差价14元，增加效益400多万元，增加出口创税20万美元。1995年11月，通过黑龙江省科学技术委员会科技成果鉴定，1996年，获省政府科技进步二等奖，同时获省医药业科技进步二等奖。论文《人参红皮病发病原因及防治技术》，先后在国家级刊物《中药材》《人参研究》发表，获国家特产协会优秀论文奖及美国柯尔比文化中心优秀论文，并输入全球信息网络。

水稻三超技术，是从东北农业大学引进的市校共建项目。1995年，铁力市成立水稻"三超"协会，负责水稻"三超"技术及与之配套技术的示范、攻关与推广。经过5年实践，该技术及配套技术在铁力日益成熟，显示出具有抗寒性强、不缓苗、起身快、颗粒重、早熟等特点。到2005年，铁力的"三超"水稻试验示范从123亩增加到5万亩，亩产突破600公斤。年丰乡全省水稻

"高产大王"洪淳贵的水稻，每公顷产量达到11 020公斤；双丰镇光明村赵明臣的水稻，每公顷产量达到10 189公斤。全市水稻总产量，由1995年的67 237吨增加到94 890吨。

大豆大垄密植高产栽培技术，1998年开始试验示范，在工农乡、卫国乡各试种3公顷，在原来每公顷1 836公斤的基础上，增产1 000公斤，增产50%，使土地利用效率提高了三分之一。之后，在全市大力推广这项技术，2000年增加到1 667公顷，每公顷产量达到2 836公斤，增加经济效益300万元。2005年，全市推广面积达到3 500公顷，总产量由1997年的9 375吨增加到17 963吨。

除以上这些成果，其他如水稻苗床施磷技术、肉鸡高产综合技术、奶牛胚胎移植技术、牛冻精技术、优质牧草及玉米秸青贮技术都被广泛应用，推动了全市种养业的发展。

三、各方面为促进科技发展努力工作

铁力科技事业的蓬勃发展，与市委、市政府在那个时期的大力倡导，与有关部门的积极工作，与方方面面合力营造的热烈氛围，都有非常密切的关系。

1991年，铁力市召开首届科技大会，大会确立依靠科学技术振兴经济，推进"工业富市、农业稳市、科教兴市、联合建市"的发展战略，出台铁力市"科教兴市"实施方案。会上对全市为科技进步做出贡献的人员进行了表彰，颁发科技进步一等奖3项、二等奖4项、三等奖8项，在全市上下引起巨大反响。

1997年召开全市科教兴市大会，确定重点实施"两高一优"工程、壮大支柱工程、星火燎原工程、人才基础工程、社会发展工程、标志显示工程6大科技系统工程，出台《铁力市加速科学技术进步的若干规定》；奖励1992—1996年度科技进步成果奖29项。2002年9月，全省科技工作会议在铁力召开。2005年，承担联合国与中国政府合作的"中国农村科技扶贫创新与长效机制的探索"项目，国家级专家曾燕如专门到桃山镇、年丰乡为之开展基础调研。

第八节 医疗卫生事业的发展

从改革开放到新世纪之初，铁力的医疗卫生事业获得高速发展。各医疗卫生机构积极深化体制改革，竞相购置高新设备，引进新兴诊疗技术，提高医疗诊断能力，加强医疗保健服务，医疗卫生水平得到较大提高。

一、大幅度提高的诊疗服务能力

铁力境内市属二级医疗机构有3家：铁力市人民医院、铁力市中医院、铁力市第二中医院，一级医疗机构6家：桃山镇卫生院、铁力镇卫生院、年丰乡卫生院、工农乡卫生院、双丰镇卫生院、王杨乡卫生院，各村有卫生所74个，卫生室28个。这些医疗卫生机构共同组成遍布全市城乡的医疗卫生网络，保障着全市各族各界群众的健康生活。

铁力市人民医院创建于1945年，是集医疗、预防、教学、科研于一体的综合性二级甲等医院，为铁力区域规模最大、设备最先进、技术力量最雄厚的综合医院。"十二五"期间，医院先后荣获中国医疗卫生事业发展促进会"全国百姓放心优质示范医院"、第二届中国"公信杯·百姓放心患者满意优质品牌医院"等数十项荣誉。医院开放床位300张，在职职工444人，其中正高职称29人，副高职称60人。医院建有临床科室、医技及其他业务科室各17个，另设有体检中心，并在相关临床科室内设置了ICU、CCU、介入中心等细化的临床业务科室。"十二五"期间，对国家规定二级医院应该治疗的疾病能够治疗的达到95%以上，并在此基础上开展了大量的拓展项目。骨外科成功开展了颈椎前、后路手术和全髋人工关节置换术，完成了伊春地区首例关节镜手术和首例断指再植术；普外科的单孔腹腔镜疝修补术达到国内先进水平，受到国内业界的广泛关注；脑外科开展了脑动脉瘤夹闭术、脑胶质瘤切除术、脑膜瘤切除术；妇科开展了腹腔镜下盆腔淋巴结清扫、腹主动脉旁淋巴结切除术。微创技术发展迅猛，其手术量已占手术总量的60%。新创建的肿瘤内科与省肿瘤医院同步开展个性化化疗，得到患者普遍认可；泌尿外科成功实施后腹腔镜下肾切除术、肾囊肿去顶术、输尿管切开取石术；胸外科成功完成胸腔镜下肺大疱切除胸膜固定术。内一科东北第一家基层版胸痛中心、内二科卒中中心均获国家认证。2011年以来，医院先后投入数千万元购置了DR数字X线机、数字胃肠机、四维彩超、CT、核磁等医疗设备；建成国家级标准层流手术室并对透析室和化验室进行扩建和改造。2017年，在地方政府和上级有关部门的支持下，斥资2亿元在新址按照三级医院规模建设新的综合大楼，并将采购与之配套的医疗设备，以适应铁力市医疗卫生事业迅速发展的需要。"十二五"以来，医院累计投入1 000万元，不断提高信息化水平，建立大数据中心，逐步向智慧医院迈进。从2011年到2015年，医院陆续投资上线了核心HIS系统、电子病历系统等数十个软件系统模块，完成了智慧网络平台系统、多维应用平台系统、就医分部及整合医疗系统的结合，实现了三层设计理念即知识化医疗、数字化医疗、信息化医疗的统一。在此基础上，于2014年3月建立了大数据平台，所产生的数据对全市卫生、防疫等工作都具有重要的参考价值。

铁力市中医院创建于1984年。全院职工140人，建筑面积

8 913平方米，拥有包括CT、彩色B超、四维彩超、全自动生化仪、全血分析仪、DRX光机、乳腺钼靶机、胃镜、肠镜、电子阴道镜等大型医疗设备36台，开放病床120张，固定资产总值约2 418万元。医院中医特色明显，中药品种齐全，是市政府指定的惠民医院。自2014年3月起，中医院与市人民医院一起实施"捆绑式"改革，进入加速发展的快车道。医院严格规范医疗行为，做到依法执业；坚持药师查房，保证合理用药；加强医技科室管理，确保检测质量；深入开展人事制度和分配制度改革，实行绩效工资；加速人才培养，大量派出医护人员去上级医院进修，大大提高了医院人员的整体素质；整合临床科室，将外科、骨科合并，加强妇产科、内科、康复科、中医科建设；加强医院文化建设，充分利用院报、电视、宣传栏等形式，加强名科名医、中医保健知识及治未病的宣传，营造良好的中医中药文化氛围，使医院的知名度直线上升；搞好精神文明建设，改善医院环境，加强后勤服务管理，为患者营造洁净、优雅、温馨的就医环境。由于改革实施到位，全体员工精神面貌彻底改观，积极性和创造性得到充分发挥，各项工作成绩显著，取得了良好的经济效益和社会效益，各项指标均超过历史上最好水平。改革的成功实践受到上级主管部门和国内多家媒体的关注。自2017年年初以来，《中国县域卫生》杂志、《黑龙江日报》、《中国医院院长》杂志，先后发表多篇文章，报道铁力市中医院改革的成就，在社会各界引起强烈反响。

铁力市第二中医院，原为朗乡镇卫生院，1999年升格为市属医疗机构，更名为铁力市第二中医院。2002年改制为股份制医院。医院建筑总面积3 100平方米，有医护人员37人。设中医科、防疫科等14个科室。年诊疗10 000人次，固定资产162万元。2015年医护人员79人，床位80张。继又投资70万元，增建住院部400

平方米，对院舍进行装修改造，年业务收入350万元。

铁力镇卫生院，建筑面积886平方米，为集体所有制医院。2000年有技术人员59人，床位24张。设中医科、西医科等共20个科室。2004年改制为股份制医院。2015年有职工34人，专业技术人员20人，床位80张，年门诊量3.5万人。

桃山镇卫生院，2000年有专业技术人员42人，门诊住院楼建筑面积1 800平方米，床位42张。固定资产180万元，年收入156万元。2015年有职工60人，其中专业技术人员53人，收入170万元，年门诊20 000人次。

神树镇、王杨乡、卫国乡、工农乡、年丰乡均设有卫生院，共有专业技术人员65人，业务用房1 340平方米，开设床位40多张。2012年，因神树、卫国两乡镇行政建制撤销，神树镇卫生院并入桃山镇卫生院，卫国乡卫生院并入双丰镇卫生院。

此外，境内还有铁力林业局医院、朗乡林业局医院、桃山林业局医院、双丰林业局医院、铁力农场医院5家企业医院，与铁力市人民医院一样，属二级医疗单位。

二、新型农村合作医疗

20世纪80年代，铁力农村和其他大多数地区一样，原有的以集体经济为基础的合作医疗制度基本解体或停办，大部分村卫生室成了乡村医生的私人诊所。

1996年，铁力镇卫生院开始重办农村合作医疗。1998年，这种合作医疗已在全市50个村进行了推广。2004年末，铁力市被省政府确定为新型农村合作医疗试点市，市政府制定实施方案和试行办法，对48种常见病及癌症规定了定额补偿标准，其他病种则实行按起付线进行报销。再加与民政部门的大病补助政策相结合，对保障农民健康起到重要作用。到2005年，全市7个乡

镇、76个行政村的17 801户66 781名农村居民，已经有12 049户
36 881人参加，参合率达到55.2%。新型农村合作医疗共接纳参
合患者14 970人次，支付补偿费609 714元，其中住院补偿1 078人
484 686元，占患者医药费总支出1 616 387元的37.72%。

这种新型合作医疗制度，为铁力农民深入解决"三农"问
题，实现全面建设"小康社会"目标，已经发挥并将继续发挥越
来越大的作用。

三、保障——从公费医疗到医疗保险

铁力的公务员、事业单位工作人员等，原与各地公职人员一
样实行公费医疗。公费医疗制度，其实质是国家或政府保险型的
保障制度。

1994年初，铁力市医疗保险监督管理委员会成立，运作在铁
力市实施医疗保险。经过多年探索，到2000年制定出台了《铁力
市城镇职工医疗保险实施细则（试行）》，医疗保险办公室更名
为铁力市医疗保险中心，隶属于市劳动和社会保障局。

医疗保险范围包括全市机关、事业单位国家干部、工勤和
退休人员，党政机关、事业单位、人民团体预算内开支职工和超
编职工，离退休人员和二等乙级以上革命残废军人及机关、事业
单位预算外或自收自支职工。职工的基本医疗保险基金由个人账
户和统筹基金两部分构成。个人账户主要支付小额和门诊医疗费
用，统筹基金主要用于住院及符合住院条件门诊观察治疗期间和
符合标准指定慢性病门诊医疗费用支出。

随着城镇职工医疗保险制度的确立和完善，原有的公费医疗
对象逐步纳入基本医疗保险范围，公费医疗制度即自动取消。

四、结核、非典防治与计划免疫

铁力县1979年成立防治结核病领导小组，下设办公室与卫生防疫站合署办公。各乡镇卫生院设卡介苗接种站，设专人负责卡介苗接种和结核病防治，重点为全县新生儿接种卡介苗，对1—6年级小学生进行卡介苗复种，对中小学生进行结核病健康体检，到基层对结核病治疗进行督导。

1985年1月，按照省有关文件要求，全县开始实行计划免疫。主要通过麻疹减毒活疫苗、脊髓灰质炎疫苗、百白破三联混合制剂、卡介苗4种疫（菌）苗计划免疫来控制和消除危害儿童健康的白喉、百日咳、麻疹、脊髓灰质炎、新生儿破伤风和结核病6种传染病。是年底，使用流脑多糖菌苗将流脑纳入计划免疫。

1996年，计划免疫工作强化冷链建设，装备了冰柜和冷藏背包，保证了疫苗的运输和保存安全。2005年1月5日，在全市开展了1—4周岁儿童强化免疫工作。到年末，共计接种销售乙肝疫苗、狂犬疫苗、腮腺炎疫苗、甲肝疫苗、出血热疫苗、流感疫苗、森脑疫苗、流脑疫苗、乙肝免疫蛋白、麻疹二联疫苗21 873人份。全年脊髓灰质炎疫苗接种率99.92%，三联疫苗接种率99.92%，麻疹疫苗接种率99.72%，乙肝疫苗接种率100%，新生儿乙肝疫苗24小时及时接种率98.31%。在二级网建立疑似麻疹病例、疑似AFP病例、疑似新生儿破伤风病例异常反应监测点，建立健全了旬报制度。

1986年7月14日，在王杨乡稳水河村发生流行性炭疽病。在省卫生厅医疗队配合下，县政府迅速封锁疫区并在王杨乡卫生院设立临时隔离病房，抽调20名医务人员对患者进行隔离治疗，开展流行病学调查，对相关人群进行炭疽病菌苗接种，疫情及时得到有效控制。

对传染病的有效防治和计划免疫工作，提高了人民群众的健康保健水平，为地方经济和社会各项事业的发展奠定了良好的基础。

五、发展妇女儿童保健事业

铁力县妇幼保健站始建于1957年。1993年改站建院，扩大服务范围，陆续开展生化常规化验、男女婚前检查、婚前咨询，成立新婚学校，建立妇幼保健培训中心，成为综合性妇幼保健机构。

妇女保健工作。主要是举办培训班，传授接生、妇幼卫生工作统计、产妇保健、孕产妇系统管理等知识，在普及新法接生的基础上，推行科学接生，配置科学接生包。为孕产妇系统建卡，进行产前检查和产后诊视。在全县各村配设接生员或卫生员并进行培训，对已婚妇女进行疾病普查，对查出患病妇女进行治疗。开展母乳喂养、口服补液盐宣传和技术指导，开展适龄妇女破伤风炎毒素接种，做节育手术。

儿童保健工作。对托幼机构和学前班0—7岁婴幼儿进行常见病普查，对查出的患病儿童全部投药治疗。对佝偻病、缺铁性贫血儿童进行早期治疗。对县直幼儿园进行膳食调查，对全县入托儿童进行身高发育评价，对普查出 II 度贫血患儿进行免费治疗。对全县幼儿园（所）卫生、教育、房舍情况进行检查，将全县幼儿园（所）划分为三类。对铁力镇内托幼儿童进行重点抽样检查，对4—6岁儿童进行智商测定。

托幼机构建设情况。2000年，铁力市共有托幼园（所）80家，房屋均为砖混结构。其中多家幼儿园拥有正规的活动室、隔离室、保健室等，完全符合国家级标准。其他幼儿园也全部达到省、地标准。2005年，全市托幼机构增加到110家，全部达到地级以上标准。

创建爱婴医院情况。1995年1月，铁力市开始创建爱婴医院工作，大力普及母乳喂养，宣传婴儿保健知识。2005年，铁力市共有人民医院、妇幼保健院、中医院、中医二院、神树卫生院、桃山镇卫生院和铁力镇卫生院7所爱婴医院。

保育员培训情况。1990—2000年，铁力市教委开办保育学校，举办7次培训班，参加系统培训学员达300人。2005年底，对保育员进行10次培训，参加培训70人次。调查显示，保育员80%以上具有中师和幼师学历。

项目县工作情况。项目县项目全称是"加强中国基层妇幼卫生、计划生育服务"，是联合国儿童基金会、联合国人口基金会设立的援助中国老、少、边、穷地区项目。该项目当年拨给铁力市5万美元资助资金，建成妇幼保健院1 000平方米的综合楼。

项目县主要工作是对全市各乡镇卫生院院长、妇幼、儿保、计划生育工作人员进行培训，内容为"母婴喂养""婴幼儿急性呼吸道感染"等9个方面。后期，市政府出台《铁力市"出生医学证明书""出生保健卡"统一管理使用办法》等5项重要法规。共到位医疗设备32件全部投入使用，产妇住院分娩率达63.42%，圆满完成项目任务。

六、开展群众性爱国卫生运动

从20世纪80年代到21世纪初，铁力的城乡卫生面貌发生了翻天覆地的变化，这其中爱国卫生运动委员会做了大量重要的工作。

从2001年开始，结合卫生城市创建工作任务要求，铁力加快创建步伐，完善城市功能，全市环境卫生和生活卫生水平明显提高。2005年9月28日，省爱卫会对铁力市创建工作进行检查督导，评选铁力镇为省级卫生先进镇，评出卫生先进村3个，卫生健康社区1个，卫生先进单位10个。财政投资10万元，新增垃圾装运车、果皮箱、垃圾中转房、渗井、手推车等设备设施，市区维修、新建公厕27座（其中水冲式公厕9座）。市区街路清扫保洁率100%。市区新植树木20万株，新建草坪7万平方米，街道、公园摆放花卉20万盆。全市各乡镇、机关、学校、社区、企业、个体业户，每周五下午利用一小时开展卫生日活动，打扫室内外卫生。全市参加突击活动53 312人次，出动车辆894台次，清除垃圾16 200立方米，疏通渠道10 000多延长米，清理卫生死角364处。副市长孙姝出席在四川省绵阳市召开的"全国亿万农民健康促进行动现场经验交流会"，并代表黑龙江省在大会上发言。

群众性爱国卫生运动，对于预防疾病，提高健康水平，形成"以卫生为光荣，以不卫生为耻辱"的社会风气，移风易俗，改造社会，具有非常深远的意义。

第九节　文化事业的发展

随着改革开放的深入和群众生活水平的提高，铁力的文化事业出现了前所未有的繁荣景象。专业文艺团体创作演出了大量文艺节目，有关部门组织了许多文艺会演，这些和日益普及的电视一起，丰富了群众的文化生活。

一、群众性文化、文艺活动蓬勃兴起

改革开放后，铁力的文化、文艺活动逐渐拥有了深厚的群众基础，在省内外都具有一定的影响，为进一步发展奠定了雄厚的基础。

进入20世纪90年代，铁力的书法、美术、摄影等艺术获得很大发展，涌现出范宝峰、吕迎晨、刘世元、余斌、迟福贵、古占军、布永杰、赵力平、王全复等一大批艺术家。他们的作品风格各异，各有千秋，在群众中有很大影响。有关方面多次举办书画大赛，吸引了许多中小学生和社会人士参加。

1991年，"铁力市歌舞团"正式成立。作为铁力唯一的专业性文艺团体，经常深入乡镇村屯、工矿企业及驻军部队进行慰问演出。除演出《公公背儿媳》《红旗魂》《送情郎》等经典剧目外，还根据现实生活创作演出许多小品、独唱、数来宝、京剧联唱等，受到群众欢迎。

文化部门自1996年春节以来，先后举办"奔向21世纪"春节电视文艺晚会、春之声元宵舞会、元宵晚会、春节电视晚会、秧歌比赛、美术书法摄影作品展、冰灯冰雕游园活动等，给群众的节日生活增添了色彩。

各种群众性演出层出不穷。自20世纪90年代初，几乎每年都举办少数民族舞蹈比赛、曲艺声乐大赛、歌舞娱乐晚会、文化歌舞晚会、少儿器乐大赛、农民歌手大赛、青年歌手大赛等各种名目的赛事，参加比赛的选手来自各行各业，年龄有大有小，有数百人获得不同名目的奖励。

伴随着物质生活的改善和各种形式文化娱乐的开展，人们的文化生活越来越多姿多彩，从而改变了过去某一个时期某一种娱乐形式特别红火的现象。

二、图书与百姓关系日益密切

铁力的图书发行，主要依靠国营新华书店。改革开放后，个体业户逐渐进入图书发行领域，但新华书店所发挥的作用仍然不可替代。

铁力1954年成立新华书店，隶属黑龙江省新华书店。1986年，省成立图书音像发行集团，铁力新华书店划归集团管理。书店负责包括各大林业局和农垦企业在内的铁力区域内各大中专、中小学学生课本及教师用书的发行、销售。配合全县整党工作，发行《党员必读》《整党工作问题》等书刊。1987年书店改进工作，畅销书由门市部管理，滞销书由业务管理，实现图书管理标准化。

在图书借阅方面，铁力主要依靠铁力市图书馆。该馆建成于1984年，馆舍面积746平方米。2005年馆舍拆除，迁往铁力市文体中心新建的综合楼。新馆舍面积达1 000平方米，设有图书外借处、报刊阅览室和少儿阅览室，为市民借阅图书提供了很好的条件。

三、电视迅速走进千家万户

电视作为当代最重要的广播和视频通信工具，在人们的工作和生活中占据了非常重要的位置，发挥着非常大的作用。

铁力电视事业起步于1983年，当时只有无线电视。1994年9月27日，有线电视前端设备安装完成，10月2日晚6时，交通局家属楼50户居民成为第一批用户。到2005年，全市有线电视用户达到16 450户。在有线电视发展的过程中，市电视台自办节目数量不断增多，质量不断提高。到1994年3月9日，《铁力新闻》已由原来的每周3次播出改为6次播出。先后开办《农业技术讲座》等10多个节目和新闻专题片，及时报道铁力市的各类新闻，宣传市委的中心工作和先进人物事迹，丰富了全市人民的业余生活。电视台播出的电视新闻受到各界群众的关注，使电视成为当地传播速度最快的新闻媒介。在多年的新闻报道中，铁力电视台制作的新闻先后两次被中央电视台播发，数百次在省和伊春市电视台播发，有数十篇稿件获省和伊春市奖励。

电视的兴起和发展，不仅使新闻的传播变得极为快捷，而且满足了人们憧憬已久的坐在家里看电影的愿望，让80年代极其火爆的电影逐渐式微。

四、档案走进普通人的工作和生活

随着社会的不断发展进步，档案在社会发展中发挥着越来越重要的作用。

铁力市档案局每年对基层档案室进行抽样式执法检查，发现问题及时处理，对基层单位档案工作进行有效指导，加强目标管理。先后为全市气象预报、传染病防治、爱国主义教育、优秀旅游城市创建等许多重要工作提供档案资料方面的帮助。

档案馆达标晋级，是档案工作的重要方面。1997年11月，铁力市档案馆晋升省二级档案馆。自2000年3月起，重新编制案卷全宗，调整库房建立档案网络，完成革命历史档案著录索引和全宗简介，开放档案工作登记，并通过黑龙江省和伊春市档案部门检查验收，于2000年11月16日晋升为省一级馆。2014年2月，又在伊春市首家晋升为国家二级馆。

档案局编修的《铁力县志》，于1990年12月由黑龙江人民出版社出版，1992年获省森工总局优良志书评选一等奖，1993年获黑龙江省优秀志书评选优秀奖。《铁力市志》从2013年1月由黑龙江人民出版社出版发行。

党史编纂工作先后印行了《铁力县党的活动大事记》《马三省传》《铁力市组织史资料第二卷》《铁力市组织史资料第三卷》《铁力市组织史资料第四卷》，共计100万字。《中共铁力地方史第二卷》《中共铁力地方史第三卷》，共计59万字，先后于2012年5月和2017年9月由黑龙江人民出版社出版发行。

第十节　体育事业的发展

铁力的体育事业，在20世纪80—90年代同样得到全面、快速发展，所取得的成就足以对铁力以后的发展产生影响。

一、学校体育保障青少年健康成长

铁力的中小学体育，按照上级教育部门的要求，在促进学生身心健康，让学生掌握相应知识和技能，增强学生组织纪律性，锤炼学生顽强意志，为国家选拔后备人才等方面，都发挥了应有的作用。

铁力的学校体育一直严格按照国家有关规定实施教学。2000年，小学、初中体育教学进行改革，在坚持正常体育课教学的同时，各中小学普遍坚持课间操，坚持课间眼睛保健操，以保证学生身体和眼睛的健康。各中小学根据自身实际情况，每周安排一定时间的自由活动，以保证学生参加体育活动的时间。许多学校体育老师还组织了课外体育活动队，每周坚持抽出一定时间进行训练，在促进体育教学的同时，也为上级体育学校培养和输送了人才。

学校体育的正常发展，为社会上群众性体育事业的发展奠定了良好的基础。

二、群众体育让百姓生活健康快乐

铁力市委、市政府历来重视群众体育事业的发展，在资金紧张的情况下，要求企业和乡镇搞好相关体育设施的建设，发展群众性体育活动。

职工和城镇居民体育活动蓬勃发展。21世纪初，铁力市就成立了篮球协会，建成3个灯光球场和51个普通球场，各系统、乡镇成立了业余球队27支，经常举办节假日赛事，和周边兄弟单位球队开展友谊赛。市直机关工委连续多年组织排球赛，每年有30—40支队伍参赛，参赛人员达400余人。八一前后，有关部门举办军地乒乓球友谊赛和篮排球赛。铁力市多次被伊春市命名为"全民健身先进单位"。铁力西河公园太极剑协会、铁力体育场太极扇辅导协会、铁力西河公园大秧歌队等群众体育组织相继成立，全民健身活动开展非常广泛，活动形式丰富多彩。铁力市篮球协会与某企业联合举办中国象棋特级大师邀请赛，赵国荣等6名特级大师应邀来铁力市，全市110名象棋爱好者分别与大师对弈，促进了群众性体育活动的开展。

农民体育活动热火朝天。20世纪90年代，铁力市体委要求各乡镇开展农民体育活动，组织大秧歌、台球、排球、足球、篮球等各种比赛活动。年丰朝鲜族乡在所属各村建设篮球场、排球场、足球场等体育设施，各村利用农闲时节开展比赛。年丰乡1990年被黑龙江省体委命名为"全省亿万农民健身活动先进乡镇"，经验在伊春市体育工作会议上介绍并在全市推广。卫国乡农民徐立国参加黑龙江省军事三项赛获团体第二名，个人第五名。2002年，双丰镇举办农民运动会，12个行政村1 800多农民参赛；王杨乡举办农民篮球赛，17个村屯250人参赛。双丰镇、年丰朝鲜族乡、朗乡镇、桃山镇被评为"农村体育先进乡镇"。2005年，朗乡镇举办农民排球赛，桃山镇举办秧歌比赛，年丰乡举办足球赛，农民参加体育活动的积极性进一步高涨。

老年体育活动多姿多彩。20世纪90年代，晨练老人自发组织西河公园秧歌队、体育场老年秧歌队、农场老年人秧歌队，参加市里大型活动和商业庆典。21世纪初，相继成立铁力市体育场中老年娱乐健身协会、铁力市乒乓球协会、铁力市棋类协会等老年体育协会和11个健身辅导站，拥有会员6 000多人，推动了中老年健身活动的开展。

少数民族体育活动别具特色。铁力以朝鲜族体育活动最为活跃，并具有鲜明的民族特色。每年农闲时节，各村屯之间自发组织足球、排球、秋千、跳板、朝鲜式摔跤等各种比赛活动，既锻炼了身体，又丰富了群众的精神生活。

三、竞技体育振奋群众精神

20世纪90年代以来，铁力运动员在省和伊春市举办的运动会和各种专项比赛中均取得较好成绩，并为上级体校输送了多名优秀运动员。

乒乓球比赛成绩不俗。从20世纪90年代至21世纪初，铁力市在伊春市和黑龙江省举办的多场赛事中，均获得较好成绩。李云南在国家第六届残疾人运动会乒乓球比赛中获听力残疾组男女双打、男子单打、团体三项冠军，并被评为精神文明运动员；代表中国参加在悉尼举办的第五届世界聋人奥运会，获得男女混双第一名、男子单打第一名，被评为中国代表团优秀运动员。王玥获得红双喜永安保险杯中国乒协少儿乒乓球比赛女子甲组团体第三名。

棋类比赛战绩骄人。2002年，李文林代表伊春市参加省第六届全运会棋类比赛，获中国象棋第六名。2003年，刘冠群、牛超、王健、刘文远参加全省象棋比赛，荣获小学组团体冠军。王健荣获国家"一级棋士"称号，牛超获国家"二级棋士"称号，刘冠群获国家"四级棋士"称号。2004年，铁力参加全省大中小学生棋类比赛，分别获得中学组、小学组团体冠军。2005年，刘冠群、牛超、王健、岳跃松组队参加省体育管理局等单位举办的象棋比赛，获中学组团体冠军、小学组团体亚军。同年7月成立黑龙江省棋院铁力市棋类培训基地，并很快培养出一大批优秀中国象棋小选手。

在各类专业比赛取得好成绩的同时，铁力还成功举办2005年6月的黑龙江省县（市）级乒乓球赛和中国象棋赛。市政府持续投入大量资金，对市内各类体育健身场地、运动场地进行扩建和完善，并新建一座青年活动中心，将全市体育工作推上一个新的台阶。

第八章　发展优势举要

　　铁力拥有丰富的自然资源和生态条件以及令人自豪的人文历史，区位优势明星，境内交通便利，服务业发达，基础设施完备，既适宜发展生态北药业、林业和现代工业，也适于发展休闲旅游和生态度假。

第一节　旅游产业优势

　　铁力旅游自20世纪80年代兴起，到21世纪得到蓬勃发展，漂流、滑雪、狩猎、森林浴、原始林观光、抗联遗址瞻仰等项目，向世人展示了北疆县份的无穷魅力。

　　在红色基因方面，还有许多内容尚待充分展示。

　　早在甲午中日战争期间，铁力"五大营"士兵就曾慷慨出征，奔赴抗倭前线；"九一八"后，数十名日军初犯县境，铁力的绿林好汉竟令其片甲不归；后日寇铁蹄虽蹂躏我东北河山十余载，而义勇军与抗联将士在人民群众的支援下，在铁力的深山密林与青纱帐中，与日军进行了长期艰苦卓绝的斗争，谱写了中华民族抗击外敌入侵这首伟大史诗中一段悲壮而瑰丽的乐章。新中国成立数十年来，在中国共产党的领导下，铁力人民改天换地，建设家园，涌现出许许多多像马永顺、弓日均那样的杰出人物。

一、杰出人物篇

（一）朝鲜族兄弟的骄傲

朴吉松是在铁力战斗时间最长的东北抗联将领之一。他是朝鲜族，1936年3月参加东北抗联第五军，并加入了中国共产党。10月从五军转到三军，任一师少年排排长。1937年7月升任三师组织科长。1938年9月随军西征，途中三、六两军分头前进，朴吉松所在的三军三师在侯启刚率领下向铁力、庆城进军，于11月到达铁力北关门嘴子。朴吉松率领30多名抗联战士，夜袭铁力二屯（现工农乡胜利村）的"集团部落"，占领自卫团团部，缴获6支步枪和部分给养。

1939年2月12日和2月23日，朴吉松与高继贤、隋德胜率六支队50多名战士，两次袭击铁力东北鱼眼泡日本义勇队开拓团和关东军驻铁骊特别守备队等部敌人，击毙敌人120余名，缴获轻机枪5挺、步枪60多支、子弹数千发、马20匹。战斗中，朴吉松一眼负伤并失明。4月，朴吉松率36名抗联战士袭击铁骊西南的横泰开拓团，缴获马20匹，焚毁油库和大批建筑材料。5月3日又率队在铁力南八里川伏击敌人，截获日本移民团和伪铁骊县公署运材马39匹，打死军警10人，俘虏并处死日本木业柜头1人。9月12日，朴吉松率领20余人袭击巴彦镇四间庙村，占领了警察署、村公所和自卫团，并在撤退途中击退尾追的敌人。10月中旬，朴吉松与师长马光德率领独立二师一部，袭击了铁力北关木材出河场警防所，打死日军2人、伪警10余人，缴步枪13支、子弹1 200发、粮食3石。

1941年11月，根据中共北满省委"暂时采取迂回办法"的指示，六、九、十二支队100余人由六支队政委于天放率领越境进入苏联；留下朴吉松小队和张瑞麟、锄景芳小队分头在国内活动。1942年5月18日，朴吉松小队袭击王杨车站。6月26日，朴吉松小队和张瑞麟小队袭击田升车站东八家户屯南正在修建的日本军用机场。7月的一个雨夜，朴吉松带领5名同志袭击了木兰欢喜岭上一日本开拓团。9月12日，朴吉松与张瑞麟小队合兵一处，袭击木兰天贵镇。9月18日夜，朴吉松又带队袭击了木兰县石河镇。10月14日夜，队伍进入庆城南大罗镇。

大罗镇战斗胜利后，队伍被重新编队，分区活动。这年年底，朴吉松在安邦河上游燕窝山的密营被特务侦知，30多名日军和40多名警察长途奔袭，向朴吉松小队的密营发起进攻。朴吉松临危不乱，指挥战士们与敌巧妙周旋4个多小时，天黑后成功突出重围并迅速转移。

1943年1月，朴吉松在庆城东南福合隆村被敌人击伤逮捕。同年8月12日，在北安伪满监狱中被杀害，时年仅27岁。

朴吉松牺牲后，铁力人民一直怀念着他，尤其是朝鲜族群众更把他视为朝鲜民族的骄傲。后来，人们把年丰乡一个朝鲜族村命名为吉松村，以纪念这位英勇抗战的民族英雄。

（二）坚持到胜利

于天放，是在国内一直坚持到光复的东北抗联著名将领。

于天放原名于九公，1908年生于黑龙江省呼兰县。1928年考入清华大学，1931年加入中国共产党，任清华大学党支部书记。1932年4月，受北平市委派遣，与共产党员张甲洲一同回到张的老家巴彦县，协助张甲洲组建了北满第一支人民武装——巴彦抗日游击队，张甲洲任司令，于天放任特派员、情报处长。

1933年春，满洲省委派于天放到齐齐哈尔组建黑龙江特支，任书记。1934年3月到富锦县，从事抗日爱国活动。1937年8月，于天放来到抗联独立师（后改建为抗联第一军），任随军学校教育长。1938年秋，任十一军一师政治部主任，同一师师长李景荫一起，率部随李兆麟西征到海伦一带开展游击活动。1939年1月，东北抗联西北临时指挥部成立，王明贵任三支队支队长，于天放任政治部三任，共同率队在海伦、望奎、绥棱、铁力、绥化等地与日寇开展游击战。

1940年春节前夕，于天放率50多名指战员，冒着零下40℃的严寒，袭击了铁力西北河北岸的敌人讨伐队，击毙日伪军60多人，并冻死冻伤部分敌人，缴获包括轻重机枪在内的各种枪支40多支，还有子弹、衣物甚多。1941年夏，已改任六支队政委的于天放，率六、十二支队奔袭巴彦县四家庙自卫团和伪区政府，缴获一个排敌人的枪支弹药和许多物资、现金。1942年9月，指挥部队在敌讨伐队必经之路上设伏，将40多人的讨伐队打死大半，击毙其队长"王大巴掌"。11月，率孙国栋部袭击二道河子伪森林警察队据点，打死伪警察18人，俘虏2人，缴获许多枪支、子弹、粮食和衣物。在此期间，于天放带领小队战士，在铁力北老金沟、西北河、圣浪分水岭及绥棱等山高林密、人迹罕至之处，选向阳地点开荒种地，并不失时机地四处打击敌人。1943年12月，在极其险恶的环境下，于天放仍率小队抗联出没在铁力、绥棱、绥化等地，发动群众，组织抗日救国会，寻找机会打击敌人。

1944年12月，由于叛徒出卖并带路，于天放在绥棱县宋万金屯被捕。在狱中，他凛然面对敌人的威逼利诱和种种酷刑，使日寇一无所获。敌人无计可施，只好将于天放判处死刑，等待执行。

在即将被杀的情况下，于天放并没有坐以待毙。经过一番秘密准备后，他与同狱战友赵忠良（抗联三路军侦察队队长）打死日本看守，逃出了北安监狱。在当地人民群众的掩护下，成功躲过敌人的追捕，并到讷河组织自卫队迎来东北光复。

1952年，于天放代表当年在这里战斗过的抗联将士回到铁力，看望革命老区人民，对曾经舍生忘死支援抗联的人们表示慰问和感谢，而铁力人民也对这位抗联英雄表达了由衷的敬意。

（三）鞠躬尽瘁的县委书记

弓日均，朝鲜族，1913年2月出生，1919年随父流亡到中国。1928年参加共青团，1931年冬被派到庆城（庆安）县任庆城特支团小组长，1946年4月30日正式加入中国共产党。他在庆城先后任区公安助理、县供销社主任、区委书记等职，1950年调任黑龙江省民政厅民族科副科长。

1952年6月28日，弓日均调任铁骊县委代理书记。他到铁骊后，首先提出加强农业基础建设的想法。1954年任县委书记后，他立即主持制定了全县兴修水利、根治内涝的具体规划。从1953年到1966年10年间（其中4年庆铁合县期间一直主管工业），他带领全县人民先后修筑了呼兰河沿岸44.7公里堤防和安邦河防洪排涝工程；修建了东方红水库和年丰水库；开通了长山引水工程；治理了双丰、卫国、王杨等乡的大片涝地，使15 000公顷耕地排除了内涝；全县又扩大耕地面积1 000公顷。1956年，他提出了"水田综合治理"的设想，把全县低洼旱田改造成水田。到1956年，全县水稻种植面积由原来的2.4万亩发展到4万亩，即使农民增加了收入，又解决了全县人民吃大米难的问题。1966年全县粮豆总产达2 063.2万公斤，平均亩产107.5公斤，比他初到铁骊时，分别增加了935.7万公斤和43公斤。1956年9月，他当选为中共八大代表。1958年至1962年庆铁合县期间，他作为庆安县委第二书记主抓工业，担任松花江地区钢铁会战联合指挥部副总指挥。他同地质勘探人员一起进深山探矿找矿，发现了二股和朗乡两个较大的铁矿。矿石运到钢厂，他又和工人一起炼焦炼铁，直到高炉淌出了第一炉铁水。在工地上，他总是抢最脏最累的活干，食堂炊事员精心为他炒了两盘好菜，他接过来倒进大锅菜里，同工人吃一样的饭菜。庆铁分县后，弓日均重任铁力县委书记。他坚持每年下乡200天，夏天一张锄，秋天一把镰，白天同农民一起下地，晚间宣传党的方针政策，搞调查研究。他曾一日步行25公里，走遍两个公社的薄弱生产队，了解情况，解决问题。1963年春，年丰公社两个队种稻缺水，修水库又缺钱，他了解情况后，连夜返回县里，第二天就解决了6 000元贷款。1962年夏，年丰水库决口，大水将全县24个生产队农田淹没，还冲毁铁路造成了绥佳线停运。弓日均心急如焚，带领群众挑土、背垡子、堵口子，连续奋战5昼夜，终于战胜了洪水。

由于长期超负荷工作，积劳成疾，他患上了肾炎和肺结核，但他照样坚持工作。房产部门见他家住房狭小，特意为他维修三间砖房，但他硬是安排给一个刚调入的干部，自己仍住在那两间小茅草房里。他的亲属想求他安排个工作，他每次都耐心说服和劝导，让他们不搞特殊化。儿子初中毕业，他鼓励孩子带头去农村插队落户。

十年内乱开始后，已调任绥化地委统战部副部长的弓日均被揪回铁力批斗、关押，于1970年含冤去世，终年57岁。1978年8月1日，中共铁力县委为弓日均同志平反昭雪，恢复政治名誉。

弓日均一生对党忠诚，为人民鞠躬尽瘁，带领全县干部群众改天换地，为铁力的开发建设做出了不可磨灭的贡献，被人们称为"焦裕禄式的好书记"。

二、红色圣地篇

（一）永远的密营——老金沟

在铁力市城北距市区70公里左右的地方，铁力林业局向阳林场施业区内（行政区划属庆安县管辖），有一个在抗日战争史上闪闪发光的地名——老金沟。

1936年3月，赵尚志率领200余人的队伍由汤旺河向巴彦、木兰、通河、东兴、铁力、庆城远征，于当年夏到达铁力，司令部就驻扎在老金沟。赵尚志率队继续西征后，张光迪率小部队留下坚持斗争，也以老金沟为大本营。1937年4月，由周云峰、王明贵率领的西征部队，在老金沟住了一宿。1940年4月，三路军政委冯仲云自苏联回到东北，在老金沟传达了中共吉东、北满党组织伯力会议精神。经多年苦心经营，老金沟逐渐成为抗联三路军在铁力和庆安一带的重要后方基地，部队的后方机关、被服厂和医院，都长期设在这里。

老金沟与中共北满省委联系在一起，始于1936年12月。时东北党组织已与上级党组织失去联系，北满抗战形势日益严峻。组织派张凤岐带领队伍到庆城南部山区，将担任北满临时省委宣传部长的金策接到老金沟。从1939年4月任中共北满临时省委书记的金策，于当年6月在老金沟创办了中共北满省委机关刊物《统一》。1939年1月，中共北满省委在老金沟召开第九次常委会议，会议讨论通过了《关于目前东北革命运动和我党的任务》的决议。

1940年秋末，临时省委一名交通员被捕叛变，供出了省委就驻在老金沟，还有随省委一起活动的六支队已远离驻地、老金沟兵力十分空虚等重要情况。敌人得此信息后，迅即派令熟悉老金沟一带情况的匪特邵振鹏，率领10名武装特务化装成持枪投奔抗联的老百姓，穿密林直插老金沟。时在臭松沟活动的三路军总参谋长许亨植得知情况后正焦急万分，恰巧由老金沟前来送信的交通员于兰阁赶到。许亨植立即写了一封密信，派于兰阁速返省委，要求他在9天内走完平时十五六天才能走完的700多里山路，抢在敌前将信送到。于兰阁不负重托，只用8天时间赶回老金沟。不料敌人已于前一天赶到，幸因其不明情况尚未动手。金策看了许亨植的信后，镇定自若，与于兰阁仔细研究后，指挥于兰阁和在家的另外两名同志，在吃早饭时使敌特人枪分开，一兴消灭了这股敌特，使省委机关及附近的被服厂和医院的人员转危为安。

老金沟密营1942年12月曾遭敌人洗劫，后来恢复使用。著名抗联将领赵尚志、李兆麟、冯仲云、金策、于天放、马志山、侯启刚、孙国栋、雷炎、隋德胜等，都曾在这里战斗和生活过。金策1943年底离开老金沟去苏联，于天放、孙国栋、杜希刚、于兰阁、赵文有等继续留在这一带坚持斗争。1944年，于天放率所部去苏联未成，打死打伤日伪讨伐队数十人后返回老金沟。后于天放虽然被俘，但老金沟作为抗联密营一直被使用。日本于1945年8月15日宣布无条件投降，老金沟留守人员因消息闭塞而未能得知这一消息，后来下山筹粮才知道祖国已经光复两个多月了。

老金沟密营不仅创建时间较早，而且是至今发现的使用时间最长，且唯一坚持到抗战胜利的抗联密营。

2001年，抗联老战士陈雷回访铁力，亲笔为老金沟抗联遗址纪念碑书写了"中共北满省委老金沟遗址"的题词。

像老金沟一样的抗联密营，仅安邦河上游的崇山密林中，就还有燕窝山、神仙撂、骆驼砬子、青林沟、安乐沟、老头沟、鱼池东等多处。而整个铁力境内则多达数十处。

（二）烽火凌云山

铁力市年丰乡南部，有一座山叫凌云山，山上曾有一座远近闻名的庙宇明命寺。20世纪的三四十年代，东北抗日义勇军和东北抗日联军的将士，在这大山和古刹周围，点燃了抗日的烽火，留下了抗日斗争史上许多动人的故事。

马占山挥毫明命寺。"九一八"事变后，马占山临危受命，就任黑龙江省政府主席兼军事总指挥，高举抗日大旗，先是浴血江桥，继而转战齐克路、海伦、黑河等地。再举义旗至拜泉突围后，兵退庆城、铁力、绥棱，于6月下旬进入铁力县城，当夜驻军于设治局衙门、铁嫩公司、商号、大车店和一些大户人家。蒙蒙细雨中，马占山召集民众大会并发表讲话，慷慨激昂地当众设誓："宁可马革裹尸，誓死不当亡国奴。"不久日军追至，将军引军东撤，经桃山向南折入凌云山一带。屯兵凌云山上，马占山率众将夜游明命寺，并亲自挥毫，为寺院题写了匾额。

张甲洲、赵尚志明命寺休整。1932年，巴彦游击队在张甲洲、赵尚志率领下举兵西征，途中屡遭挫折，无功而返，一路上又不断遭受地主武装的围攻，队伍受到很大损失。经过凌云山时，明命寺道众热情地接待了这些为国家民族抛头颅、洒热血的爱国军人。

李兆麟、朴吉松寺中过年。1939年腊月二十九黄昏，明命寺来了一支六七十人的骑兵队伍，庙中道长将东西两院的僧众召集起来，连同军人一起跪在神像前，发誓决不将今夜之事泄露出去。会后，抗联战士分别到两院吃饭休息。第二天天尚未明，队伍起营，东西两院的人把烙好的黑面饼和煮好的肉放进马背上的口袋里，又凑了些乌拉、衣服、套袖、帽子和旱烟。从此，抗联与庙上的关系更加密切，经常托僧人购买粮食和棉鞋等物。日军察觉了这种关系，在明命寺后山一里多远的山头设了个警防所进行监视，还把大部分道士赶到街里下院，大庙只留了四五个人看屋。

隋团长凌云山殉国。隋德胜是抗联十一军四团团长。1938年10月，与抗联总政治部主任张寿篯、十一军一师师长李景荫一起，从富锦出发远征，于年底到达海伦，不久又退入山区，自此长期活动在庆城、铁力一带。1941年初冬，十二支队支队长朴吉松率六支队、十二支队战士从安邦河上游密营出发，去庆安大罗镇打给养，遭到国长有山林警察的伏击。在掩护撤退的战斗中，隋德胜身负重伤，在凌云山附近壮烈牺牲，时年30岁。

史文德血洒凌云山。1940年，曾当过伪警长的史文德被日本人开除，为生活计，组织人在凌云山东伐木放排，木排又被日本人没收。史文德被逼上梁山，暗中联系索利连的苏凤山等多名炮手，借故住在当所长的好友刘玉璞的南关门嘴子警防所里，趁其不备，抱走了所里的枪支，上山寻找朴吉松的抗联队伍。因事前没有联系，一时未能接上头，只好在凌云山附近转。此事很快被铁力警务科探知，特务股长中西正枝设下毒计将11人及索利连涉案者杀害。

伪警察胸怀报国志。明命寺后山顶有一片平地，日寇在这里建了一个警防所，监视抗联活动。不料该警防所所长刘纯山等7名伪警察不甘心做亡国奴，暗中成立"凌云山抗日救国会"，经常为朴吉松送粮食、衣物、弹药，还在鬼子前来讨伐时，把日本的"膏药旗"和伪满洲国的五色旗高高挂起，给远处的抗联通报信息。后事情泄露，警防所20多人被捕，刘纯山等7人被送到哈尔滨伪高等法院受审。刘纯山、徐惠民、吴春荣3人被绞死，阎绍才、曹振清、陈洪福、刘凤岐被判处无期徒刑。后来，陈、刘死于狱中，阎、曹至祖国光复始获自由。

如今的凌云山，硝烟早已散去，只有历史脚步的余音仍在震响，给后来的人们以无限的启迪。

近年，有关方面对曾被损毁的明命寺进行了修复。

三、锦绣河山篇

铁力境内有铁力、桃山、朗乡三个旅游景区，其间分布着近

40个旅游景点，能够开展漂流、滑雪、登山、狩猎、民族风情、休闲度假和乡村观光等多项旅游。

铁力景区，这一景区内的自然风光景点，能让所有游客流连忘返，乐不思蜀。

日月峡国家森林公园，是2000年底经国家林业局正式批准的国家级森林公园。它地处小兴安岭南麓，铁力林业局马永顺林场施业区内，占地面积1 001公顷。峡口是上万平方米的峡谷广场，上面建有孔子和南极仙翁塑像、木质长廊及各种运动设施，周围群山怀抱，林海苍茫，是游客休息、活动的美妙场所。广场边缘，两条砂石路向谷内延伸，一条通向日峰、月峰，一条通向拱北峰。日峰是森林公园内的最高峰，有林间小路与谷底相通。日月峰顶各悬一座高1.2米的大钟，撞击时日月合鸣，响震群山。园内"凤回头"等20余处景观，无不各臻妙境，每天吸引大量游客前来观赏。

日月峡滑雪场，坐落在铁力林业局马永顺林场，依托日月峡国家森林公园拱北峰而建，距铁力市区37公里。滑雪场以绥化电业局远大公司为投资方，占地面积约为260万平方米，森林覆盖率达85%，仅一期工程投资就达3 900万元。这里交通便利，有人工造雪设备，更集健身、休闲、度假、娱乐、餐饮、住宿于一体，是北方冬季冰雪旅游的绝佳去处。雪场坡度适宜，设施齐全，规模宏大，可以同时满足700人滑雪、戏雪的需要。娱乐区建有2 000余米长的高山滑道，200余米长的高空溜索，还有攀岩、蹦极、高尔夫球、高山自行车、网球、卡丁车以及篝火晚会等丰富多彩的娱乐项目，足以使旅游、观光、度假等活动锦上添花，让游客在惊险刺激之余尽享身心的愉悦。

透笼山（AAA级）风景区，位于222国道86.5公里处，距铁力市区35公里，占地310公顷。景区开发较早，资源利用充分，多为典型花岗岩地貌，山势奇绝怪异，极具观赏价值。全山共9峰29景，峰峰险峻，景景神奇，风光秀丽，绝色天成。春天杜鹃花红遍山崖，如火如荼；夏季群山如海，郁郁葱葱；秋天金风送爽，天高云淡，更有兴安秋叶红遍千山，与各种缤纷山色构成五花美景，令游人叹为观止；冬日雪花纷飞，山峦银装素裹，满眼玉洁冰清，令人恍若置身童话世界。景区奇峰直插云天，怪树比比皆是，"仙姑洞""一线天""斧劈石"等数十个景点异彩纷呈，令游客目不暇接，美不胜收，堪称小兴安岭绿水青山之中的一颗明珠。透笼山与日月峡国家森林公园毗邻，犹如瑰丽的双璧，给铁力的山水增添了无限神韵。

（二）桃山景区

悬羊峰，位于桃山镇南37公里，占地面积707公顷，是经黑龙江省政府批准的省级AA级风景名胜区。因其景丽石奇，山险松秀，群峰叠翠，大气磅礴，与黄山有异曲同工之妙，人称"北国小黄山"。悬羊峰过去叫亮白砬子，因山势险峻峭拔，森林里群居的野山羊为逃避食肉动物追捕，多数时间生活在笔直的悬崖上，故称悬羊，山峰也由此得名悬羊峰。景区内27座山峰比肩而立，峰峰相连，最高峰海拔900多米，集山、水、林、泉于一身，融奇峰、怪石、峭壁、石浪、古洞、岩松于一景，是充满童话色彩的绝佳景观。如果说桃山是大森林女神头上的王冠，悬羊峰就是王冠上的璀璨明珠。这里环境清幽，景色秀美，俊鸟鸣啼，怪石叠嶂，奇峰峥嵘，传说奇妙。到此一游，可以尽情地观山、攀岩、游林、戏水、滑雪、狩猎、拍照、摄像，抑或探寻野山羊的踪迹，追溯古生代地质史的奥妙，感受桃山大森林文化的原始神韵。

桃山国家森林公园，由桃山林业局建成于1980年，是呼兰河的源头，规划面积17万公顷，1989年被省旅游局批准为AA级省级风景区，1997年被林业部批准为国家级森林公园。景区内辟有原始森林、悬羊峰、八仙湖森林公园、桃源湖旅游度假村、种树山庄、桃山古洞、呼兰河源头等10余处具有林区特色的旅游景点。经上级主管部门批准，先后设立桃山中国国际旅行社、桃山中国旅行社、桃山天然野生动物饲养狩猎场、桃山旅游管理科、桃山旅游公司等多家旅游企业。经过20多年的开发和建设，这里的旅游配套设施已初具规模，形成了具有6大风景区、6条旅游线路为主的旅游胜地。桃山国家森林公园先后接待美、英、法、德、日和新加坡、港、澳、台等20多个国家和地区的旅游者。原党和国家领导人赵紫阳、王任重曾两次来这里旅游观光，曾宪梓、汪明荃、陈香桃等港澳台知名人士，都曾到过这里。

桃山野生动物饲养狩猎场，位于桃山林业局东南14公里处，鸡讷公路沿线，距铁力市22公里。狩猎场面积620平方公里，山丘面积280平方公里，水面面积69平方公里，绿地面积250平方公里。狩猎场内共有大小山峰98座。树木主要以松树、椴树、桦树为主，共200多种，覆盖率达90%。天然野生动物有：黑熊、马鹿、野猪、雪兔、狍子、獐、紫貂和野鸭子、榛鸡、山鸡等。为便于狩猎者食宿，南河林场、上呼兰林场、桃东林场都建有欧式猎人宿营地，建筑面积1 500平方米，设有客房、酒吧、烧烤间等。每年9月下旬至翌年2月的狩猎最佳时节，这里游客络绎不绝。桃山国际狩猎场设有4个区域，封闭狩猎区、动物饲养区、狩猎1区、狩猎2区，并备有狩猎枪支、车辆及导猎人员。

（三）朗乡景区

朗乡石林，是国家级石林地质公园，位于朗乡镇西部9公里的达里村境内，是近几年才发现和开发的花岗岩类型石林地质公园。景区内冈峦起伏，山峰耸峙，最高峰名为三阳开泰，海拔792米。公园内分布着各种巧夺天工的地质景观，保存完整的森林体系，丰富多彩的动物群落以及溪谷湿地，是我国北方少有的以花岗岩石林为主体的综合性自然景观。朗乡石林饱含日月精华，经千百年自然风化，形成了各种奇异的山石景致。它与南方石林迥异其趣，另具独特的观赏价值。南方石林耸立于平地之上，好似地底生长出来的一棵棵石笋，众多石笋构成石林，而每棵石笋又独立成景。徜徉于石林之间，自是妙趣横生，令人轻松惬意。而朗乡石林是在石山的山巅之上，矗立着一块块形态各异的巨石，巨石凭借山势更显雄伟厚重，巍峨壮观。要想欣赏山石的怪异，领略自然造化的神奇，必须经过奋勇攀登才能实现。游朗乡石林，每欣赏一处美景，都要付出超常的努力，能让人体会到战胜自我、征服自然的成就感。畅游中尽观胜景，让人深深感到，需要付出艰辛后才能欣赏到的美更具魅力，更能让人满足。

玉兔仙潭。该风景区位于朗乡局头道沟林场，距林业局56公里，占地6公顷，是新开发的集水上漂流、花卉观赏、度假休闲和水面娱乐为一体的综合性旅游景区。这里，全长108公里的巴兰河清澈透明，波澜不惊，具有"巴兰河源头第一漂"的美称，游客在此可自由选择漂流距离，开展惊险刺激的水上活动。水波潋滟处，石壁上题写着"玉兔仙潭"4个大字，高峻的石壁倒映在碧绿的水面，构成一幅绝美的山水画卷。绿色植物园内，各种野生花卉、林区蔬菜生机勃勃，每到夏季来临之际，园内郁郁葱葱，姹紫嫣红，香气沁人心脾。人工瀑布高40米，水流从山顶飞流直下。这里已被开发为天然浴场，其间既有令人生畏的深水区，又有清澈透明的浅水区，河面宽阔，波流平稳，水质清澈，岸边有宽阔平展的沙滩，周围满眼森林草原，空气清新，是夏季避暑的好去处。滚兔岭上的木质别墅，和"玉兔仙潭"上的缆索吊桥上下辉映，形成景区内又一种别致的风景。

第二节　北药产业优势

铁力市是全国著名的北药产区，境内自然生态良好，野生药材资源丰富，农民种植药材极为普遍，制药企业实力雄厚，发展北药业条件优越。

一、野生中草药材资源丰富

铁力区域有广袤的林地，天然林及人工幼壮林、次生林、低价林以及荒山荒坡占80%以上。这些林地土壤、植被条件优良，有机质含量高，土质疏松，养分充足，含水量适中，林下还伴生着丰富的野生药用灌、藤、草菌类植物。这些优越的天然条件，为发展药材生产提供了保障。

由于特殊的地理位置和优越条件，区域内野生名贵中药材品种十分丰富。经全国第二次药材资源普查，确认区域内药材种类达400余种，总蓄积量50万吨，具有开发前景的药材80多种。主要有人参、满山红、刺五加、龙牙楤木、龙胆草、五味子、党参、桔梗、北豆根、苍术、玉竹、穿地龙、升麻等40多种。除了这些植物类药材，还有10多种药用野生动物：鹿、林蛙、蜜蜂、熊、麝、蚂蚁等；此外，还有数十种矿物药材：马脖、猪苓、茯苓、灵芝、桦褐孔菌等。这些地道药材的特点，一是种类多，分布广，储量大；二是主要品种相对集中；三是抗逆性强，资源恢复相对快，人工栽培易于成活；四是纯天然无污染，质量上乘。

多年来，铁力市委、市政府依托资源优势，以北药种植与开发为重点，把发展北药特色产业摆上重要位置，出台多项有效措施加快北药产业建设。2017年把北药开发确定为区域经济发展的主攻方向之一，采取多种有效措施，大力推进北药生产的规模化、标准化、集约化、产业化和高端化进程。

二、人工栽培药材成就显著

铁力在药材栽培方面历史悠久，人参栽培曾经被国家认定为人参生产基地，栽培面积占全省一半以上，出过连续多年的全省人参高产大王和全国人大代表。近年人参栽培虽然有所减少，平贝母面积又快速增长，或为全省的平贝母生产基地。

2016年，铁力区域药材总面积达8 428亩，其中人参留存面积228亩，平贝母种植百积7 100亩，人工五味子种植面积650亩，其他药材450亩。北药产业带建设初见规模，形成了较有规模的种植基地15个，其中人参基地2个，平贝基地10个，五味子基地2个，新品种示范基地（合作）1个。从事北药业种养人员达8 200多人。区域以平贝、人参、五味子、反魂草、黄芪、防风等为主的人工栽培药材总面积4.5万亩。林下中药材改培总面积达17.7万亩。2016年，铁力区域北药种植实现产值22.1万元，

铁力市"铁力平贝母""铁力北五味子""中国铁力林蛙油"三种产品，均于21世纪之初就通过了国家质检总局地理标志性产品认证，"中国铁力人参"通过欧盟有机食品认证；铁力市被黑龙江省确立为平贝、人参、五味子三种中药材省级生产基地。

三、技术进步情况喜人

人参栽培技术不断进步。1.攻克人参红皮病发病原因及防治技术。1990年3月，铁力市中药材研究所承担了该课题，到1995年已研制出"高效无残留"药剂，将染病指数控制在1.2%以内，人参红皮病控制在6%以内。该研究成果在东北人参产区广泛推广，促进了人参产业的健康发展。1995年，黑龙江省生产鲜人参

约30万公斤，对20%红皮病人参的发病可以控制和防治，每公斤差价14元，增加效益400多万元，增加出口创税20万美元。1995年11月，此项技术通过黑龙江省科学技术委员会科技成果鉴定，认为，该技术在国内外处领先地位，为人参红皮病防治提供配套技术及实体模式，经检测产品农药残留量符合国际标准，经济社会效益显著，值得大面积推广应用。1996年，该成果获省政府科技进步二等奖，同时获省医药业科技进步二等奖。论文《人参红皮病发病原因及防治技术》，先后在国家级刊物《中药材》《人参研究》发表，获国家特产协会优秀论文奖及美国柯尔比文化中心优秀论文，并输入全球信息网络。2.铁力市耕地种植人参创全省成功先例。以前种植人参都是在刚刚采伐过的林地上，在耕地种植一直未能取得突破。经过多年的努力，铁力市耕地种植人参终于取得成功，2014年经省药品食品检验检测所检测，各项指标均达到国家要求。这一成果，为铁力市乃至黑龙江省突破林参种植的"瓶颈"做出了重要贡献，也为区域北药的发展开辟了道路。

苦参人工种植已进入示范推广阶段。近年来，有关部门多次深入到葵花药业、蓝天制药企业进行调研，了解掌握制药企业对地产中药材的需求情况，发现企业所试种的新品种苦参在经过多年试种基础上已获成功，2014年经省食品药品检验检测，苦参碱含量达2.9%，超出药典苦参碱含量1.2%以上的要求。该检测结果表明，铁力是苦参碱种植高含量适宜区。苦参是葵花药业主打品牌药物"康妇消炎栓"的主要原料，是抗病毒、消炎杀菌中药针剂、胶囊等多类产品的主要原料，也是农业生产高效低毒、无公害植物的杀虫剂。发展苦参生产，符合北药产业和可持续农业发展方向，前景非常广阔，现已进入示范生产阶段。2018年，苦参示范面积达40亩，正在寻求与外省制药企业的产销对接工作。

四、制药企业实力雄厚

铁力不仅拥有北药生产的自然生态优势，而且拥有多家生产药品的现代高科技企业，可以把区域内各种道地药材变成药品，帮助它们走向全国乃至世界各地，造福人类社会。

葵花药业集团（伊春）有限公司，前身为由原铁力木材干馏厂制药厂演变而来的红叶制药有限公司，是葵花药业集团股份有限公司的子公司，是铁力境内最大的制药企业，利税大户，成立于2007年1月19日。注册资本6 000万元，总资产16 848万元，固定资产7 624万元，流动资金9 224万元。工厂占地面积21万平方米，建筑面积6万平方米，现有员工264人，其中各类专业技术人员67人。

公司是国家新版GMP认证企业、国家高新技术企业、国家知识产权优势企业、黑龙江省医药行业前30名企业，是伊春市民营企业纳税先进单位，也是引领伊春地区北药业快速发展的龙头企业。公司成立以来，累计实现营业收入12.94亿元，上缴各项税费2.5亿元。其中2017年实现营业收入1.55亿元，上缴各项税费2 461万元。公司依托葵花药业集团技术和资源优势，按GMP标准进行生产布局，有4个生产车间，有栓剂、片剂、糖浆剂、颗粒剂6个剂型32个品种的中成药，主要品种康妇消炎栓、消咳喘糖浆、海洋胃药、小儿咳喘灵颗粒、桑菊感冒片、补虚通瘀颗粒等，年生产能力2 800万瓶盒。公司主导产品"康妇消炎栓"，是葵花药业在国内首创、独家生产、纯中药制剂的妇科良药，有33年临床数据支持，曾获国家中医药管理局优质产品、省优质产品、黑龙江知名品牌、黑龙江省名牌产品等荣誉称号，2005年5月获得国家中药保护委员会的Ⅱ期保护，企业享有独家生产权，产品驰名国内，市场占有率100%，市场份额位居妇科消炎栓剂市场同类产品前三名。

公司在稳步发展的同时，不断加大研发投入，正在推进抗乙肝国家6类新药"恩替卡韦分散片"临床试验和刺五加刺玫果功能饮料开发，未来3年将在两个独家品种康妇消炎栓、补虚通瘀颗粒的带动下，实现产值3~5亿元目标。

黑龙江喜人药业集团有限公司是一家新建制药企业，2013年开工建设，2016年底建成投产。该公司为喜人药业集团母公司，集团公司旗下企业还包括上海皇象铁力蓝天制药有限公司、黑龙江德康元生物科技有限公司、黑龙江日诺科技有限公司等企业。公司注册资本3 400万元，占地24 000 平方米，建筑面积 15 000平方米。建设总投资15 000万元，已经建成口服液车间、固体制剂车间、阿莫西林车间、头孢菌素车间、中药前处理车间、中药提取及收膏车间，设计生产能力为口服液每年3亿只，片剂、胶囊生产能力为每年 30 亿片、粒，中药材前处理和提取能力不低于每年 3 000吨。现有双黄连口服液（全国12家）、清开灵泡腾片（全国独家剂型，国家中药保护品种）、胸腺肽肠溶片（全国6家）、阿莫西林胶囊、头孢拉定胶囊等生产批文13个。企业不断开拓国内市场，在哈尔滨设立了集团总部及销售中心，将企业独家剂型产品清开灵泡腾片、强力止咳宁片和市场热销产品双黄连口服液、胸腺肽肠溶片推向市场。2017年投产当年即实现销售收入2 158万元，实现利税132万元，晋升规模以上工业企业。2018年随着企业市场开拓力度加大，市场销量有了新的提高，第一季度销售额达到1 500万元，仅双黄连口服液单品种销售额就达到1 073万元。

上海皇象铁力蓝天制药有限公司是肇东市自然人于永丰于2004年6月购买原伊春光明制药有限公司后组建的私营企业，是喜人药业集团的分公司，位于铁力市建设西大街229号。法人代表石莉，注册资本7 800万元，资产总额3 980万元，其中固定资产2 200万元。占地面积24 000平方米，建筑面积14 000平方米，现有职工近200人。公司主要以片剂、胶囊剂为主，共有以强力止咳宁片（独家剂型）、护肝片（薄膜衣）、甲硝唑VB6片、维D2磷酸氢钙片、肝胃气痛片为主导的70余个品种，年生产能力可达20~30亿片（粒）。公司产品由喜人药业集团统一面向全国销售。2016年1—10月份，实现产值2 196万元，销售收入2 220万元，利润182万元，税金115万元。该公司近年又投资5 000多万元新建三禾药业，投产后年产值可超亿元。

除以上企业，神树制药厂技术改造项目已经完成，年产值达2 000万元；四宝生物科技有限公司投资改造原生产线，投资30万元与东北农大联合研发创新产品，采用先进技术非伤害采收林蛙油科技研发有了很大进展。这些制药企业的规模扩大也将带动全市北药产业的发展与兴旺。

第三节　园区经济优势

因地处塞北苦寒之地，铁力的发展似乎始终没有过南方沿海地区那般火热。但从2011年7月起，这种局面被工业园区的建设打破了。

一、承载着希望的开发区

铁力经济开发区位于铁力市区东部，是省政府确定的全省21个重点产业园区之一，2016年5月9日正式晋升为省级经济开发区。

　　铁力经济开发区是按照黑龙江省委"林业经济林中发展，林区工业林外发展"的重要战略思想，以打造全市经济发展的集聚区、体制和科技创新的试验区、城镇化建设的带动区为定位，重点发展食品及林下产品深加工、医药、矿业及矿产品深加工三大产业，是龙江中部"哈铁伊嘉生态经济特色产业带"的重要节点。

　　开发区规划总面积24.12平方公里，分三期建设：一期6.37平方公里，二期12.66平方公里，三期5.09平方公里。在一期规划区内共规划了矿产精深加工、绿色有机食品及制药、机械装备制造、新材料新能源4个产业分区，重点发展4大类产业：一是依托小兴安岭丰富的矿产资源，发展支撑和带动伊春矿业发展的矿产资源精深加工产业；二是以森林食品、农副产品规模化精深加工为主，发展具有林都特色的绿色、有机食品产业；三是发挥知识产权和成果转化优势，发展具备较强竞争力的现代机械装备制造产业；四是强化核心技术和市场需求的深度融合，发展"专、精、新、特"的新材料新技术产业。

　　开发区产业项目（企业）共40个，累计完成产业项目投资31.67亿元。其中，新区规划内产业项目30个，老区规划内企业10个。2017年，完成产业项目投资2.37亿元，实现销售收入3.55亿元，实现税收2 997万元。2017年度共消耗电能152.5万千瓦时，消耗天然气111万立方米，消耗燃煤8 110吨。开发区万元GDP能耗0.3 722吨标准煤/万元，低于全市GDP能耗0.6 777吨标准煤/万元，初步形成生态文明引领、资源高效利用的工业发展体系。

　　开发区建设启动以来，累计投入4.68亿元，相继建设了道路、管网、水电、污水处理等基础配套设施。一期内2.09平方公里（新区）达到了"七通一平"，开发区与哈伊高速公路间5.75公里的连接通道工程竣工通车；在开发区外规划了总占地面积

58.3万平方米、总建筑面积74.6万平方米的配套生活服务区，居住区一期3万平方米居民楼已经回迁入住；公路物流中心和中医院新楼相继建成使用，市区与开发区间公交线路开通。开发区功能环境日臻完善，综合承载力显著增强。

二、基础设施基本完善

工业园区基础设施建设速度一直很快，目前只有少部分工程仍在继续进行。

（一）绝大部分已经完成

供水，新区一期内供水管网已完成铺设6 400米。开发区年总用水量41 700吨，日用水量119吨，主要水源为自来水公司第二水厂和地下水。开发区管委会及18家企业已接入自来水管网，目前开发区管委会及10家企业在用，因停产停建等原因停用8家。其中自来水（开发区管委会及10家企业）年实际用水量15 400吨，日平均实际用水量43吨（由原干馏圣泉水厂供应。该水厂日供水能力为1 000~1 500吨，去除供应开发区用水43吨、居民用水200吨，剩余日供水能力为757~1 257吨），地下水年实际用水量2 800吨，日平均实际用水量7.7吨，停用企业（停产停建等原因停用的8家）预计年用水量8 500吨，日平均实际用水量28吨，另外预计九河泉农业、黑臻菌包、浩富农业、金新农饲料投产后年用水量将增加15 000吨、日用水量将增加41吨。

排水，新区一期内排水管网已完成铺设24 700米，其中污排9 700米，设计能力为日排污1.95万吨。已接入污排管网企业2家（汇龙酒业、隆泰果仁），年累计实际排污量11 000吨，日累计实际排污量30吨，全部排往市污水处理厂。雨排15 000米，设计能力为日满负荷排水3万吨，年累计排水量214万吨，全部排往铁甲河。预计九河泉农业、黑臻菌包、浩富农业、金新农饲料投产后（年排污量将增加9 100吨，日排污量将增加25吨），年总排污量将达到20 100吨，日排污量将达到55吨。

供暖，新区一期内供热管线已完成铺设5 360米，其中一级管网760米，二级管网4 600米。热源来自开发区内换热站，换热站设计供热能力为10万平方米，可辐射新区一期、二期。开发区管委会及7家企业已经接通，已接入供热面积52 906平方米。2017年实际供热面积为16 206平方米，供热费用为51元/平方米，合计供热使用费用82.7万元。新区一期还有11家企业未接通供热，按办公类用房接通大网供热计算，未接供热面积26 000平方米。预计黑臻菌包、浩富农业、金新农饲料投产（供热面积将增加5 000平方米）接通供热大网后（除生产类用房），供热面积将达到8.4万平方米，换热站剩余供热能力为1.6万平方米。

供电，由220KV铁力一次变电站引入开发区3条10KV供电线路，分别为兴达线、甲线、乙线。区内现有项目实际装机总容量为21 900千瓦，3条供电线路已达到满负荷承载，每条供电线路供电承载能力为5 000~7 000千瓦。根据企业未来发展电力增容需求统计，还需供电装机容量65 415千瓦，如将用电"空挂"（哈德恩）及停产停建类（集佳、兴叶等）项目占用的6 125千瓦用电进行装机调整到剩余供电中，仍需59 290千瓦的用电量才能满足需求。

供燃气，开发区新区一期骊水大街及远广路燃气管线已由中裕燃气公司全部铺设完成，共计2 700米，隆泰食品、伊林菌包、玉梅农机等3家企业已接通并使用，年用燃气量111万立方米，燃气费用为3.5元/立方米，合计燃气使用费用389万元。其中用于供暖使用45万立方米，供暖面积为17 228平方米，供暖费用38元/平方米；生产使用66万立方米。当前由于铁力燃气需使用罐车运输及受冬季用气集中、燃气市场变化等原因影响，燃气价格波动幅度较大，2017年冬季出现了燃气供应不足，影响企业使用的情况。

通路、通讯及土地平整，通路情况：开发区新区道路与城市主干道连接畅通，新区一期、二期通过铁桃公路相连，新区内道路硬化共完成11 600米。其中新区一期内硬化7 300米，形成了"两横四纵"的环形布局；二期内硬化4 300米，形成了"三横三纵"的环形布局。通讯情况：开发区新区内移动、联通、电信等通信线路已进入，可以满足企业电话、网络等通讯需求，企业可根据实际需要自行选择。土地平整情况：开发区内项目施工场地能够保证平整、无障碍物，可以满足企业前期勘探、设计需求。

（二）未完部分在加紧建设

污水处理厂，该项目总投资3 086万元，于2017年9月19日开工建设，项目分两期建设，两期日处理能力均为1 500吨。一期已完成投资1 000万元，预计2018年7月末完工。建成后日处理污水量可达1 500吨，基础运行日需求量为900吨。二期将根据开发区污水处理需要再行建设。据统计，开发区新区日排污量为55吨，未达到污水处理厂运行最低标准。

工业蒸汽设施，开发区尚未形成蒸汽供给设施，区内项目主要通过燃煤、燃气等方式进行生产类蒸汽转换。根据现有区内项目生产用蒸汽统计，日蒸汽需求量约为400蒸吨（含金新农饲料加工项目）。目前，已委托黑龙江省规划设计院进行开发区工业蒸汽可行性研究报告编制。宇翔热电集团计划在开发区新上生物质发电项目，项目将包含供电、供热、蒸汽，计划根据该项目调整相应规划。

变电站，鉴于开发区内当前电力容量已不能满足需求，为保证实现双回路稳定供电，保障开发区内企业发展需求，亟须建立开发区变电站。今年3月初，经政府沟通协调国网伊春供电公司到国网黑龙江省供电公司争取开发区变电所项目。该项目已列入2019—2020年省电力项目储备库,国网黑龙江省供电公司正在进行前期手续准备工作,将尽快上报省发改委,计划按照农网电网投资项目,申请中央预算资金建设(该项目设计从一次变电站引出,需占用基本农田。目前国网伊春供电公司与省国土厅、铁力市国土局正在开展对接工作)。

三、产业项目种类繁多

已经投试产项目(15个)。1.哈德恩耐磨材料项目。2013年末投产,占地8.8万平方米,完成固定资产投资5 500万元。拥有全自动铸球生产线、热处理淬火及回火生产线3条,1.0吨中频感应电炉4台套,日加工高铬耐磨球能力20吨。2017年6月,企业通过自主招商对外合作产生合同纠纷,目前正在通过司法程序解决,暂未启动生产。2.琦峰管业钢管加工项目。2013年7月投产,占地5.83万平方米,完成固定资产投资3 000万元,拥有设备12台(套),年生产钢管能力4万吨,保温管能力5万米。2017年,生产螺旋钢管607吨,实现销售收入2 887万元。3.泓旭机械铸造项目。2013年末投产,占地9.57万平方米,完成固定资产投资7 840万元,拥有设备28台(套),年生产能力1.5万吨。2017年,生产汽车配件75吨,实现销售收入2 887万元。下半年投资1 500万元进行技术改造,改造后产能达到2.8万吨。4.玉梅水稻插秧机组装项目。2013年投产,占地2.97万平方米,完成固定资产投资1 550万元,拥有设备20台(套),日组装插秧机20余台(套)。2017年,组装插秧机1 500台,实现销售收入875万元。5.中佳建材复合墙板生产项目。2015年8月投产,占地11.3万平方米,已完成投资2 800万元,拥有搅拌机、板车等设备18台(套),日产墙板能力200平方米。产品主要自产自用,供应企业在伊春建设的五星级宾馆项目。6.鸿舜纸业纸箱加工项目。2015年7月投产，占地2.5万平方米，完成固定资产投资4 000万元，拥有1 800型纸板及彩印箱生产线各一条，加工设备13台（套），日加工纸箱能力2万件。2017年加工纸箱200万件，实现销售收入164.7万元。7.澳骊源食品液态奶加工项目。2015年9月投产，占地1.5万平方米，已完成固定资产投资3 300万元，拥有巴氏杀菌奶、酸奶、冰淇淋生产线各1条，日处理鲜奶量1.5吨。2017年加工鲜奶及酸奶300余吨，实现销售收入218.7万元。8.汇龙酒业酒类生产项目。2015年12月投试产，占地3万平方米，已完成固定资产投资6 700万元，拥有酒类生产线2条，年产优质果酒能力2 000吨。2017年生产原酒40余吨，现因企业沉动资金不足，暂时性停产。园区正在积极对外招商，为企业嫁接助力。9.隆泰食品果仁生产项目。2014年9月投产，占地1.58万平方米，完成固定资产投资3 000万元，拥有腐竹及果仁生产线2条，年加工松仁能力350吨，加工腐竹能力1 000吨。2017年实现销售收入2 006万元。2017年投资460万元完成腐竹车间技术改造，年生产腐竹能力达到1 500吨。2018年计划投资700万元进行果仁车间技术改造，现改造正在进行，达产后年加工果仁能力500吨。10.福生冷冻粘玉米加工项目。2013年8月投产，占地1.48万平方米，完成固定资产投资2 000万元，拥有生产设备10台（套），年加工粘玉米能力2 000万穗。2017年，加工黏玉米1 800万穗，玉米粒500吨，玉米叶3 200吨，实现销售收入2 143万元。11.玉双食品黏豆包加工项目。2015年3月投产，占地1.44万平方米，完成固定资产投资3 400万元，年加工能力1 100吨。2017年生产加工黏豆包550吨，实现销售收入2 487万元。12.喜人药业生物制药项目。2015年9月投产，占地2.4万平方米，完成固定资产投资4 200万元，拥有固体生产线、口服液生产线及生化生产线各1条，生产设备7台（套），年生产各类普药能力20亿粒。2017年生产胶囊1 000万粒，片剂1 200万片，实现销售收入2 158万元。13.葵花药业生物制药项目。2007年1月投产，占地面积16万平方米，完成固定资产投资7 624万元，现有4个生产车间，6个剂型32个品种中成药，年生产能力2 800万瓶（盒）。2017年生产药品10.3万件，实现销售收入151.55亿元。14.伊林菌脉木耳菌包生产项目（盘活原鸿运达家俬、帅杰厨具两个项目）。2017年11月投产，占地面积10.29万平方米，完成固定资产投资8 600万元，拥有生产设备78台（套），年生产木耳菌包能力1 500万袋。截至2018年4月，生产菌包832万袋，实现销售收入1 497.6万元。2018年计划投资100万元，进行厂区围墙修建、地面平整、庭院绿化等附属设施建设，现正在施工。15.松涛物流贸易中心项目。占地面积8.5万平方米，建筑面积3.2万平方米，是一家运用电子平台管理的物流综合贸易市场，自2015年10月中旬开始进入试运营阶段。目前入驻企业42家，现有员工120人。2017年完成产值100万元，上缴税金30万元。2018年前5个月完成产值48万元，上缴税金12万元。

停产停建项目（10个）。1.北方玻璃钢缠绕管生产项目。占地面积4万平方米，已完成固定资产投资4 000万元，完成钢构厂房和办公楼主体框架，因建设资金不足停建，地上物已抵偿给施工单位，施工单位正在对外寻找替代项目。2.华泰粉体产业园项目。该项目包括铁力市华泰粉体环保有限公司超微细微重钙粉体项目、铁力市点石成金环保科技开发公司石头造纸项目、铁力市九桐造纸机械公司造纸设备加工项目和铁力市晟泰纸制品开发公司系列纸制品加工项目。占地面积28万平方米，已完成固定资产投资8 000万元。目前，该项目部分土地和厂房分别转建为纸板纸箱加工（鸿舜纸业）和农业种子加工仓储项目（浩富农业），还有剩余用地22.37万平方米，现处于停建状态。3.战火神龙森林消防机械项目。占地面积3.2万平方米，已完成固定资产投资5 300万元。企业2015年投试产，共组装生产森林消防车20余台。2017年实现销售收入533.3万元。现因市场销路问题停产，企业有意转让或寻找替代项目转产。4.三角翼航化动力飞机制造项目。占地面积7万平方米，已完成固定资产投资2 500万元。因市场需求因素影响，组装飞机出现滞销，造成企业亏损停产，企业正在寻找替代项目适时转项。5.集佳牧业肉鸡屠宰分割项目。占地面积5万平方米，已完成固定资产投资7 500万元，建设各类用房4.5万平方米，拥有分割鸡生产线、大牲畜屠宰生产线各1条。因企业负债较多、资金链断裂建成未投产。6.凌云塑料制品生产项目。占地面积1.67万平方米，已完成固定资产投资2 000万元，因资金链断裂建成未投产。企业有意整体转让、出租或对外合作。7.兴叶家具生产项目。占地面积1.58万平方米，已完成固定资产投资1 000万元，因投资方撤资项目停建，地上物已抵偿给施工方，施工方有意对外出租、转让。8.恒辉木业家具生产项目。占地面积3.8万平方米，完成固定资产投资5 100万元，实现销售收入1.88万元，因资金及市场等原因，处于停产状态，地上物现抵押给黑龙江辰能担保有限公司。9.方尧笔业文具生产项目。占地面积1万平方米，完成固定资产投资2 000万元，因生产成本高、市场销路不好等原因停产，企业有意对外出租、转让。10.润丰生物菊苣粉生产项目。占地面积5.68万平方米，完成固定资产投资7 000万元，建筑面积3.1万平方米，由于企业自身原因建成未投产。

新建项目（3个）。1.黑臻菌包生产项目。由伊春黑臻食用菌种植有限公司投资建设，计划投资1.25亿元（不含流动资金），占地5万平方米，年生产木耳菌包3 000万袋。2018年4月18日开工建设，已完成投资1 500万元，完成3栋厂房及围墙基础施工，完成总工程量的20%，预计11月份竣工并投试产。2.金新农饲料加工项目。由铁力市金新农生态农牧有限公司投资建设，计划投资1亿元，占地4.07公顷，年加工猪饲料能力24万吨。2018年4月28日开工建设，正在办理质量监督和安全监督注册备案手续，进行场地平整，预计2019年5月投试产。3.艾眸眼罩生产项目。由铁力市艾眸医疗器械有限公司投资建设，计划投资 8 100万元，项目计划分两期建设，一期计划投资5 100万元，二期计划投资3 000万元，占地面积1.07万平方米，年生产眼罩能力260万个。已完成投资1 300万元，购买办公楼及厂房，计划6月份进行厂房改造，9月末完工全面投产。

续建项目（2个）。1.九河泉农业稻米加工项目。2018年3月末复工建设，已完成投资8 500万元，完成工程总量的90%，正在进行厂区路面硬化及附属设施建设，预计今年6月末竣工并投试产。2.浩富农业种子加工项目。2018年4月份复工建设，已完成投资4 200万元，完成总工程量的90%，正在办理不动产登记证，预计10月份投试产。有老区项目（10个）：老区共有企业10户，其中停产5户。2017年共实现销售收入210.8万元。主要从事实木门、家具、印刷品、刨光材等生产及加工业。

工业园区建设和发展的道路一直都不平坦。然而未来，它将引领铁力区域经济的发展。

第九章　发展远景展望

在2002年11月 8 日至14日召开的中国共产党第十六次全国代表大会上，江泽民代表中共中央在报告中提出了新的"三步走"发展战略：中国社会从上世纪末进入小康社会后，将分2010年、2020年、2050年三个阶段，逐步实现现代化的目标。2010年前，是第一步，这一时期国民经济和社会发展的主要奋斗目标是：实现国民生产总值比2000年翻一番，人民的小康生活更加宽裕，形成比较完善的社会主义市场经济体制；从2010年到2020年，是第二步，根据十六大的规划，到2020年实现国内生产总值比2000年翻两番的目标；从2020年到2050年，是第三步，通过30年的奋斗，基本实现现代化。

正是从那个时候起，2020年，这样一个原本和其他年份没有任何不同的时间点，被赋予了不同寻常的重要意义，同中华民族的伟大崛起紧密地联系在了一起，也同铁力市的远景目标紧密地联系在了一起。

第一节　铁力的远景目标

同全国其他县市一样，铁力的远景目标与2000年的全面小康目标具有非常紧密的联系。

一、目标的提出

在2016年12月20日召开的中国共产党铁力市第十二次代表大会上，时任铁力市委书记王立奇在代表市委所作的报告中指出："未来五年，是全面建成小康社会、实现第一个百年目标的决胜阶段，也是我们践行新理念、实现新跨越、奠定新地位的关键时期。特别是国家出台一系列支持东北振兴的政策，习近平总书记两次对黑龙江发表重要讲话，亲临黑龙江和伊春视察并作出重要指示，为我们加快发展注入了强大动力。"

报告中明确提出，今后五年的主要奋斗目标是：围绕全面完成"十三五"规划目标任务、全面建成小康社会的总目标，努力实现"三增三超五提升"，即：公共财政收入实现年均5%以上增长，城镇和农村常住居民人均可支配收入实现年均8%以上增长，社会消费品零售总额实现年均9%以上增长；地区生产总值超过117亿元，固定资产投资五年累计超过210亿元，工业增加值超过20亿元；经济发展层次、群众生活质量、社会文明程度、经济发展环境、管党治党水平不断提升。

二、五个方面的要求

主要奋斗目标提出来了，那么，我们该怎样去努力实现呢？在《关于制定铁力市国民经济和社会发展第十三个五年规划的建议》中，中共铁力市委明确指出，要实现全面建成小康社会总目标，就要努力实现以下五个方面的目标要求：

县域经济实现跨越发展。在努力提高发展质量和效益基础上，保持经济中高速增长。到2020年，地区生产总值和城乡常住居民人均可支配收入比2010年翻一番，区域生产总值年均增长

8%。2018年各项主要经济指标进入全省县域前30名，2020年部分经济指标进入全省县域前20名。产业发展优化升级，向更高水平迈进，农业更优，工业壮大，服务业比重进一步上升，形成特色鲜明、优势突出的主导产业集群。

人民生活水平普遍提高。城乡居民收入持续增加，整体收入差距缩小，中等收入人口比重上升。现行标准下农村贫困人口实现全部脱贫。教育、医疗、文化等事业全面振兴，公共服务体系和社会保障体系更加健全。

公民素质和社会文明程度明显提升。精神文明建设全面推进，中国梦和社会主义核心价值观更加深入人心，爱国主义、集体主义和社会主义精神引领社会主流，人民群众思想道德素质、科学文化素质、健康素质明显提高，全社会法治意识不断增强。

生态文明建设明显进步。绿色生态产业得到快速发展，生产方式和生活方式更加绿色、低碳。资源开发利用效率不断提高。主要污染物排放总量大幅减少，城乡空气质量明显好转。

深化改革取得重要成果。行政体制改革、财税金融改革、医疗卫生改革等各项改革深入推进。非公经济加快发展，区域合作持续深化。创新型城市建设扎实推进。法治政府基本建成，司法公信力明显提高。

以上五个方面，第一个方面"县域经济实现跨越发展"。这是实现所有重要目标的基础。"必须在努力提高发展质量和效益基础上，保持经济中高速增长。到2020年，地区生产总值和城乡常住居民人均可支配收入比2010年翻一番，区域生产总值年均增长8%。"没有这一基础，所有目标都将成为空中楼阁。第二个方面"人民生活水平普遍提高。"提高人民群众的生活水平，是中国共产党发展生产的根本目的。第三个方面"公民素质和社会文明程度明显提升"和第四个方面"生态文明建设明显进步"，是标志着人类社会发展进步的两个重要方面，是在实现"人民生活水平普遍提高"这一目标的同时必须实现的重要目标。第五个方面"深化改革取得重要成果"。之所以要把"深化改革"列入重要的发展目标，是因为改革是社会发展的内生在动力，只有继续深化改革，我们的社会才会不断前进。

第二节　为实现目标要勇闯新路

要实现伟大的远景目标，绝不能因循守旧，一定要勇于开拓，敢闯新路。

一、闯出五条新路

如何实现这五个方面的奋斗目标？市委在报告中指出：今后五年必须在过去良好发展的基础上努力奋斗，闯出"五条新路"：

在提升综合实力上闯出一条新路。树立跨越发展、进位升级意识，深挖资源潜力，推进调结构转方式快发展，做优农业、壮大工业、提升服务业，努力推动增长向中高速、产业向中高端迈进，构建现代产业体系，全面提升县域经济实力，伊春转型发展龙头引擎作用更加凸显、排头兵地位更加牢固，力争跨入全省县域经济发展上游行列。

在发挥生态优势上闯出一条新路。建设伊春小兴安岭生态功能区南部屏障，打造国家级生态文明示范区。立足生态优势，加快发展以生态旅游为牵动的生态产业和绿色经济，真正把"绿水青山、冰天雪地"转化为现实生产力，为伊春在全省生态文明建设和经济转型发展中发挥带头作用提供有力支撑。

在推进改革创新上闯出一条新路。把改革创新贯穿经济社会发展各领域各环节，认真落实全面深化改革各项举措。紧密联系实际，勇于探索创新，从最紧迫的事项、从老百姓最期盼的领域、从最突出的问题、从最易达成共识的环节改起，尽快启动实施一批方向明、见效快的改革，以改革取信于民。对情况不清、条件尚不具备的要深入研究，搞好统筹谋划；本着大胆探索、试点先行的原则，稳步推进各领域改革。

在统筹区域发展上闯出一条新路。抓住剥离企业办社会机遇，全面承接辖区内森工企业、农垦企业社会职能，统筹推进教育、医疗、文化和基础设施资源的布局优化和科学配置，构建铁力区域社会事业和城镇建设新格局。推进区域规划、基础设施、产业布局、公共服务、社会管理统筹发展，开创区域发展新局面。

在改善民生福祉上闯出一条新路。坚持守住底线，突出重点，完善制度，确保每年把公共财政支出的70%以上用于民生投入。实施便民利民安民助民惠民措施，积极回应群众重大关切，保障基本民生，提高共享水平，全面提升百姓幸福感、安全感和归宿感，建设和谐铁力。

二、具体规划——实现五个方面的跨越

这是五条全新的道路。要在这五条道路上走通、走好，全市人民必须在市委的领导下，艰苦奋斗，按照市委制定的既定方略，实现五个方面的跨越：

推进经济转型升级，在率先发展上谋求跨越。把转方式调结构作为振兴发展的重中之重，大力开发生态资源潜力，扬长补短，聚优成势，凸显铁力在伊春率先发展地位，发挥更大龙头引擎作用。

　　实现这一跨越，要做足四篇大文章：

　　一是做足资源文章，勇当"林区工业林外发展"开路者。高举工业兴市大旗，坚持资源引导产业发展战略，全力打造林区工业林外发展的承载区。做强主导产业。积极培优食品及林下产品深加工产业，坚持"粮头食尾""农头工尾"导向，形成以稻米、生猪、乳品加工、速冻食品为主导，食用菌、浆果、酒业、肉鸡、林蛙等全面繁荣的食品产业阵容，带动代收、储存、包装、流通等全产业链发展；发挥龙头企业拉动作用，统筹用好铁力国家地理标志保护产品和绿色食品标识，打造著名商品和知名品牌，抢占国内市场。扶强医药产业，支持葵花、喜人等制药企业做大做强，促进医药产业高端化品牌化发展。做大矿业及矿产品深加工产业，依托鹿鸣钼矿优势，适时发展以钼冶炼、钼化工为主的下游产业，促进企业裂变发展，延伸钼产业链条；推动铁、金、玉石等资源开发利用。到2021年，三大主导产业增加值在工业增加值中的占比达到50%以上。同时，改造提升家具等传统产业，积极发展总部经济等新经济新业态，培育光伏发电、新型建材等新能源新材料产业。做大"一区两园"。突出产业集聚、体制和科技创新、城镇化带动功能，完善基础设施和配套功能，提高承载力，建设比较优势突出的龙江中部特色经济开发区。加快双丰产业园建设，按照生态化理念打造小兴安岭地区家具产业集聚地。创新"一区两园"体制机制，着力打造两园互补、内外联动、跨园合作的产业发展格局。做实项目支撑。按照储备一批、谋划一批、建设一批、竣工一批的思路，抓好项目建设，促进产业项目持续生成、尽快达成、形成财源。积极谋划和争取一批对全市重大基础设施完善和产业调整具有战略意义的重大项目。坚持两眼向外和内资撬动，注重专业招商、顾问招商、能人招商、以商招商，带动全民招商，不断推动招商突破，形成骨干项目支撑。扶持现有企业改造升级、健康发展。

二是做足生态文章，争当"现代农业生态化发展"先行者。以强农业、惠农村、富农民为目标，坚持绿色有机方向，大力发展生态特色农业，示范引领伊春现代农业发展。着力发展绿色有机种植业。鼓励发展绿色水稻、棚室蔬菜、菌类等高品质、高附加值作物，推广绿色技术，发展种养立体式、循环化发展模式，全面优化生产结构和生产布局，努力延伸农产品价值链。加强龙头企业和品牌建设，推进"互联网+农业"模式，实现由"种得好"向"卖得好"转变。到2021年，全市绿色有机水稻种植面积达到43万亩。加快发展生态畜牧业。强化政策引导、典型引路，加快将畜牧产业打造成富农产业。重点扶持壮大奶牛、生猪产业，重振肉鸡产业，兼顾夠牛、肉羊、蛋鸡、鹿等产业。扩大林下猪、林下鸡、稻田鸭等特色养殖规模，鼓励发展适应气候、有潜力、有市场的特色养殖。招引行业龙头企业建设生态化养殖基地，发展"公司+基地（农户）""集中养殖+饲料加工+精深加工+有机肥生产"等新模式，延伸产业链，全面提升畜牧产业规模化、生态化水平。到2021年，畜牧业产值占农业总产值的50%以上。加快建设现代农业服务体系。着眼于现代农业发展需求，进一步完善以农业公共服务为主导、农村合作经济组织为基础的农业综合服务体系建设。健全完善区域性综合服务机构，培养新型职业农民，加大农业技术创新和推广力度，提高农业科技化、机械化、智能化水平。积极培育农村合作经济组织，提升服务农业和农村的自觉性。高度重视农产品质量安全，建立"从田间到餐桌"的质量安全可追溯体系。围绕市场需求，加强农产品流通服务，促进农产品销售。强化与高等院校、科研院所合作，促进产学研有机结合。发挥金融机构、网络平台服务"三农"作用，拓宽农业融资渠道。

三是做足山水文章，当好"生态旅游业重点突破"服务者。着眼繁荣伊春南线旅游，发挥旅游服务、集散功能，努力打造伊春全域旅游"前哨"、哈尔滨"后花园"。加强区域旅游统筹规划、整合开发，全域化、去景区化、市场化、商品化推进旅游产业升级，加快实现由新兴旅游城市向成熟旅游城市转变。提升对外互联互通水平，加快哈佳铁路电气化改造项目协调推进步伐，积极谋划和争取铁力至伊春铁路客运专线项目，立足伊春地区的通航项目，破解制约旅游发展的交通瓶颈。提升旅游接待服务功能，借助铁力火车站改造，谋划建设一处集咨询服务、商品销售、休息中转等功能于一体的伊春南部铁路、公路节点旅游集散中心。引进餐饮、酒店、娱乐知名连锁企业，提升中心城区服务接待能力。加强整体宣传促销，打捆宣传推介铁力旅游。突出发展冰雪经济，围绕冰雪旅游、冰雪体育、冰雪文化、冰雪教育等做好"冰天雪地"文章，拓展四季全域游。推进文旅产业深度融合，提升旅游文化内涵。依托旅游业发展带动，促进第三产业全面繁荣。

四是做足"双创"文章，担当"大众创业万众创新"领军者。适应经济发展新常态，抢抓国家、省政策机遇，大力推进创新创业。积极搭建全民创业载体，加快释放众创空间活力，支持创新工场、创客空间、社会实验室、智慧小企业等新型众创发展模式，引导大学生回乡创业、农民返乡创业和群众自主创业。推进电子商务产业深度融合，鼓励传统企业和新型市场经营主体创新网络营销模式，打造电子商务发展生态系统。发挥科技创新引领作用，推进产学研相结合，推动跨区域、跨领域的成果转化和协同创新。

推进环境优化升级，在改革开放上谋求跨越。把优化发展环境摆在事关全局和长远发展的重要位置，着力破解体制机制障碍，全力打造全面振兴好环境。

实现这一跨越，要从三个方面入手：

一是务实推进深化改革任务。坚持主动承接上级改革任务，稳妥推进我市改革工作，力争尽快在关键环节和重要领域取得决定性突破。深化政府机构和事业单位改革，加快转变政府职能，健全完善权力清单、责任清单。推进社会事业体制改革，创新收入分配制度。推进国有林场改革，创新农业经营体制。推进民主法治领域改革，创新多元调解矛盾纠纷机制，落实户籍制度改革任务，推进社区居民事务自治。推进党的建设体制改革，深化纪律检查体制改革，以改革深化促进工作提升。

二是拓宽市场主体发展空间。把培育壮大市场主体作为加快经济发展的重要推动力量，积极帮助民营经济松绑、清障、减负，营造一流的投资、生产、贸易环境。持续推进简政放权。健全完善扶持非公有制经济发展机制，壮大中小微企业规模。认真落实税费改革措施，切实减轻企业负担。积极发展多式联运加快企业物资周转，推行市场统一准入制度，探索"负面清单"管理模式。激活存量企业，主动从供需两端出发帮助企业解决瓶颈障碍，恢复既有产业和企业动力。严肃查处破坏发展环境典型案件，不断优化发展环境。加强诚信体系建设，打造"诚信铁力"。

三是融入扩大开放总体格局。牢固树立开放包容意识，积极融入国家沿边开发开放和"龙江丝路带"发展战略，全面提升对内对外双向开放水平。注重发挥资源优势和区位优势，认真研究国家、省相关政策，加强筹划，主动对接，逐步开拓优势市场，更多地将产业活动融入国家产业分工与合作经济体系。依托省级经济开发区，本着优势互补、利益共享原则，主动承接产业转移，推动区域"飞地经济"发展。

推进城乡发展升级，在现代宜居上谋求跨越。顺应城乡发展规律，加快城乡建设与管理升级，实现内涵和环境的全面提升，促进城乡一体化发展。

实现这一跨越，要从两个方面着力：

一方面，坚持以人民为中心的发展思想抓好城市工作。以打造伊春副中心城市、扮靓林区南大门为目标，提升城市发展水平。在科学建设上下功夫，增强城市承载力。突出生态与现代、传统与活力、人文与科技相结合的城市特色，高标准规划和建设城市。结合辖区内农垦、森工事权移交，科学调整城镇建设规划。依托老工业区搬迁改造、城区路网贯通、经开区扩张，推动城市生活区沿呼兰河向西北延伸，产业区向东部集中；借助铁路立交建设繁荣道南经济，扩大城市辐射力和人口承载力。加快推进站前区域整体改造，巩固和提升龙江中部交通节点优势，擦亮城市窗口。规划辟建城市支路和公共停车场，缓解交通压力。完善城市水电气热源网和管网建设，新建日供水能力3万吨的净水厂；启动新水源地谋划建设工作；居民天然气使用率达到80%以上；城区供热能力达到1 100万平方米，全面提高城市"三供三治"能力，满足城市发展需要。在美化环境上下功夫，提升城市吸引力。坚持以改促城、以景缀城，打好建筑外立面改造、背街小巷改造、庭院及老旧小区改造和绿化改造"四大战役"。稳步推进房地产开发，消灭城区连片棚户区。推进城区路网改造，强化城乡接合部和背街小巷的道路硬化和卫生清理工作。加大城市绿化力度，建设产业公园和儿童公园，完成铁甲河景观带建设，推进呼兰河沿河绿化，新增公园面积46万平方米，人均公园面积由7.67平方米提高到10平方米，达到省级园林城市标准；城市建成区绿化覆盖率达到37%、绿地率达到34%。在精细管理上下功夫，优化城市服务力。推进智慧城市建设，提升城市管理智能化、机械化、精细化水平。加大投入，建设相对完备的信息网络基础设施。整合自然资源、城市立体空间、地下管网、人文资源等方面基础数据库，充分发挥大数据服务决策作用。打造"互联网+"产业融合新模式，重点在行政管理和新兴服务等领域建成"互联网+"行业应用平台，提升政府服务和城市经济发展水平。完善数字城管指挥平台系统，抓好市容秩序整治，提高环卫装备机械化水平，全面提升城市管理效率。

另一方面，坚持以全面小康标准推动农村发展升级。坚持保住底线和提升品质相结合，全面改善农村环境。着眼全面小康，推进农村"硬化亮化美化净化绿化"，推行生活垃圾集中清运处理，统筹解决农村改厕、排水、通讯、健身场地设施等问题；实施"点亮乡村"工程，到2017年解决全部中心村和12个省级贫困村的全部村民组照明问题，到2018年满足全部村屯基本照明需求。到2019年彻底解决农村安全饮水问题；2020年改造消灭全部农村危房，农村砖瓦化率达到95%。建设精品特色乡村，结合镇村地域特点、历史文化特色和产业布局，充分尊重农民意愿，力争到2021年每个乡镇打造1—2个精品特色村。注重培育文明乡风，推进农村移风易俗，力争中心村星级以上文明户比重达到60%。推进乡镇职能"重心下移"，加强农村社区建设，提高村民自治水平。

推进民生改善升级，在区域统筹上谋求跨越。坚持民生为重，立足全局统筹各项社会事业发展，让全面小康的成果真正惠及区域、城乡每一名群众。

实现这一跨越，要做好七个方面工作：

一是大视角推动区域一体化发展。紧跟森工企业和垦区农场改革，推进城市统一规划建设管理、教育卫生等社会资源有机整合，实现区域统筹发展的目标。积极稳妥承接"四局一场"移交的社会职能，到2017年上半年完成铁力林业局移交承接工作，2018年完成承接其他南三局移交办社会职能，到2021年基本完成与"四局一场"的改革承接任务。大力提升铁力市在伊春全域发展格局中的地位，在更大范围、更宽领域、更高层次参与区域分工与合作，推动区域之间规划协同、交通互联、产业协作、资源共享、服务均衡、环境同治、治安联防。重点加强区域公共服务资源规划整合，提高教育、医疗、城市管理等社会事业发展水平。

二是高质量完成精准脱贫任务。把扶贫工作作为实现全面小康的重大政治任务和首要民生工程来抓，严格落实扶贫责任，坚决保证如期实现脱贫目标任务。加大政策落实和资金、项目争取力度，健全贫困户自我造血机制。坚持实事求是，按照国家、省、市脱贫标准，统筹解决收入、安全住房、就学、医疗、救助、饮水安全等关键问题，抓好整村推进、整村脱贫，落实因户、因人扶贫举措，鼓励社会力量扶贫，确保2017年底全面精准退出，后三年巩固扩大成果。建立长期保障机制，杜绝因灾、因病、因学返贫问题。

三是高水准发展教育事业。以教育核心竞争力伊春排头、省内争先为目标，办好更高质量、更加公平、人民满意的教育事业。2021年，学前三年毛入园率达到90%；高中毛入学率达到97%；义务教育质量水平大幅提高，中小学生核心素养显著提升；职业教育实现特色化办学，增强服务地方发展能力；整合社会办学资源，规范民办教育发展。高标准改善办学条件。培养树立优师名师，建立与教育事业发展相适应的优秀教师队伍。推进市一中改革试点，打造省级示范高中名校；深化教育领域综合改革，实现区域、城乡、各阶段教育资源的科学布局、优化配置、有效整合，努力提高乡镇中心校办学水平，打造铁力大教育发展格局。

四是大幅度提升全民健康水平。优化区域医疗卫生资源配置。深化医药卫生体制改革，推进医疗联合体和医养结合体建设，探索构建分级诊疗服务新模式，建立医疗、医保、医药"三医"联动机制，努力形成"小病在基层，大病去医院"的就医格局，降低群众就医负担。推进健康铁力建设，由以医疗为中心向以健康为中心转变，提高基层医疗机构健康服务能力，提高区域内城乡居民健康水平。推进覆盖城乡的突发公共卫生事件应急、疾病预防控制、食品药品安全等体系建设，增强群众健康保障能力。

五是深层次推进文化建设。发挥文化引导社会、教育人民、推动发展的重要功能，挖掘和保护铁力文化遗址、抗日斗争史、创业史，赋予"骊马"文化丰富内涵，塑造铁力人文精神。支持各类民间文艺团体发展，鼓励创作更多有市场价值和铁力特色的文化精品，广泛开展群众性文化活动，满足群众精神文化需求。鼓励发展文化创意、广告设计等文化产业。打造特色地域文化，努力建设全国知名的排球之乡、象棋之乡、合唱之乡。加强青少年活动中心、群众健身馆、科技馆、美术馆、排球馆等平台建设，完成广播电视节目无线数字化网络建设，完善公共文化体育设施。全面开展精神文明创建活动，深化社会主义核心价值观教育，提高市民文明程度。

六是全方位增强社会保障和社会治理能力。落实就业扶持政策，重点解决高校毕业生、农村富余劳动力、就业困难人员就业问题，促进高质量充分就业。建立统一完善公平的社会保障体系，实施全民参保计划，着力解决低收入群体社保问题，提升社会保障能力。积极应对人口老龄化，加快发展养老服务业。深入推进法治铁力、平安铁力建设，完善社会治理体系，提升社会治理能力，确保社会大局和谐稳定。

七是大力度回应群众重大民生关切。坚持从群众最期盼的事情做起，从群众不满意的地方改起，回应群众关切，提高群众获得感和幸福感。下大力气解决群众反映强烈的突出问题。五年内彻底解决城市居民入户饮水质量问题，确保市民饮用放心水、达标水。适时根据气候变化，调整供暖周期，保障及时供暖。推进水、热、电等实行网上缴费，进一步方便群众。彻底解决历史遗留的房产证办理难和拆迁户回迁难问题。全面畅通民生诉求渠道，把问需于民落在日常，把解决重大民需落在实处，真正把党和政府的温暖体现在老百姓的生活幸福上。

推进生态建设升级，在绿色发展上谋求跨越。牢固树立"生态就是资源，生态就是生产力"理念，筑牢小兴安岭南部生态屏障。

实现这一跨越，要加强四项工作：

一是树牢生态文明意识。加强生态文明教育，引导群众树立生态为先意识，倡导文明、节约、绿色、低碳生产消费理念，推动形成资源节约、环境友好的生产方式和消费模式，既要建成殷实富庶的幸福家园，更要保护山清水秀的美丽家园。

二是加强生态保护建设。坚持党政同责，落实一岗双责，严格执行自然资源资产离任审计、损害生态环境终身追责制度。加快生态功能区建设划定，坚守森林、湿地、植被、物种生态保护红线。推进封山育林、退耕还林、绿化造林，使生物多样性得到有效保护。加大森林资源管护和经营力度，提升森林防火和控灾减灾能力。

三是加大环境保护力度。实施污染物总量控制，不断提高环境质量。深入实施大气、水、土壤污染防治行动计划，重视水源地保护。加强工业污染防治，确保达标排放，严格执行环境影响评价和"三同时"制度，确保新污染源排放达标。抓好企业生产全过程节能节约管理和高耗能产业技术改造，降低能源、土地、水消耗强度。加强农业面源污染治理，持续推进农业"三减"行动计划。加大节能减排力度，2017年底前彻底取缔不达标燃煤小锅炉，淘汰剩余黄标车；到2020年全面完成非正规垃圾堆放点的集中整治工作。

四是推进资源合理利用。树立可持续发展意识，发挥小兴安岭生态多样性优势，加快发展绿色生态产业。着力发展林下经济、北药产业，推进健康养老和生态旅游产业融合发展，促进资源合理利用。加快新能源开发利用步伐，力争在光伏发电产业上取得突破。发展循环经济，构建覆盖城乡的资源循环利用回收体系，推动重点企业、园区逐步实现循环发展、清洁生产。

三、实现跨越———览众山小

这五个方面的跨越，是铁力人民在党的领导下，必须实现的历史性跨越。实现了这五个跨越，铁力人民就将以全新的姿态，站到一个更高的历史起点上，并全面激发出"会当凌绝顶，一览众山小"和"雄关漫道真如铁，而今漫步从头越"的豪迈情怀，以崭新的风貌，饱满的信心，昂扬的斗志，与全中国各族人民一道，在习近平新时代中国特色社会主义思想的指引下，奔向世纪中叶的伟大目标，去实现中华民族伟大复兴的中国梦！

2020年，将成为铁力历史上一个光辉的节点。到那时，铁力的经济将进一步发展，生态环境将进一步改善，人民群众的生活水平将进一步提高，一切都将变得更加美好！

2020年，这个牵动着铁力市40万人民心弦的伟大时刻，正迎着新世纪的灿烂阳光，绽放着青春的笑脸，迈着欢快的脚步，向我们大踏步地走来！

让我们满怀激情，去迎接这一天的到来！

铁力大事记

1891年

镇边军统领富古唐阿率兵2 500人进驻铁山包，在治城东4里处修筑5座营垒，呈梅花形，人称"五大营"。

1894年

是年，境内移入满族百姓5 000人，每户授地45垧，免租30垧升科。

富古唐阿率镇边军开赴中日甲午战争前线。

1895年

是年，从绥化迁入满、汉、锡伯族百姓1 200户，设40屯，每屯30户，屯垦于境内西部平原。

1900年

11月24日（农历十月初三），俄兵入侵铁山包，焚毁镇边军五大营。

是年，镇边军右翼右营前哨哨长马常成战殁，其弟马常营袭职，任铁山包镶蓝旗云骑尉。

1904年

11月27日（农历十月二十一），金（金牛山）怀（怀獾山）马（马鞍山）煤矿始行开采。

是年，省巡按署衙门在大口面（今年丰乡政府驻地）设矿务总分局。

1906年

12月，北团林子（今绥化市）五营协领移驻铁山包。乌珍布任协领。

1911年

是年，铁山包疆界，西以铁山包河与余庆（今庆安）为邻，南至横太山、喇叭河流域，东至大马鞍山、小马鞍山、怀獾山、金牛山，北至藕根河流域。境内人口为21 263人。

1912年

是年，铁山包设邮政分局，由商号"公兴涌"代办全境邮政业务。

由金纯广资助，道士孙永庆募化集资，开工修建凌云山明命寺庙宇。

1915年

2月17日，黑龙江省巡按使署任命王树声为铁骊设治局首任设治员，兼铁山包协领署协领。

1917年

2月，马显廷、马苊卿各自呈领北关门嘴子林地200平方公里，始伐林木。

1918年

12月，官商合办省属"铁嫩森林公司"，大批采伐、运销境内木材。

是年，城内增设女子初等小学1处，四乡增设初等小学4处，全县有学童200余人。

1919年

2月，张修林开办"和发东"诊所，铁骊始设中医诊所。

是年，凌云山明命寺（又名太圣宫）修建告竣。该寺为当时省内较大庙宇，有山门、钟鼓二楼、大阁、玉皇殿等建筑，巍峨壮观。

1920年

11月，设治员邹洗创立义仓，境内每垧地征谷2升，年内储量152石。民国13年开仓放粮110余石赈济灾民。

1924年

9月，李福绵筹8万大洋拟在铁骊兴办火犁（拖拉机）农业有限股份公司，大力开荒振兴地利。

1925年

7月，奉黑龙江省教育厅令，将铁骊劝学所改称铁骊教育局。

1927年

1月，成立实业局和通俗教育社。

是年，全境划为衙内、田升、后黎家、何凤楼4个百户，百户设长。

1929年

2月，撤销绥兰道尹公署，铁骊隶属黑龙江省。至伪康德元年由黑龙江省划出，隶属伪滨江省管辖。

7月30日，黑龙江省民政厅将通河、汤原、木兰、铁骊等地界址勘划完毕。

1931年

是年，铁骊成立火犁公司，年内开荒数十垧，由于耕作粗放，不久即撂荒。

1932年

春季，入侵铁骊的日本关东军从绥化乘汽车行至安邦河大桥时，遭到"双英""匹合"两支民众武装截击，20多名日军被全歼。

6月27日，马占山率部由通河入铁骊，召开群众大会，动员抗日救国，后渡依吉密河开往海伦。

是年，中共八县（铁骊、庆城、巴彦、绥化、绥棱、望奎、木兰、通河）地委设在铁力境内喇叭河一带。

1933年

5月，日本关东军侵入铁骊。

废铁骊设治局，置伪铁骊县公署。铁骊划为丁级县，赵桂岩任伪县长，日本人结诚忠任参事官。

1936年

8月1日，东北人民革命军第三军正式改编为东北抗日联军第三军，所辖第五、六、七、八、九师活动于铁骊南部山区。

10月，大批日伪军队对汤原、宾县、木兰、通河、依兰5县实施"大讨伐"，抗联第三军主力3个师挺进铁骊山区。

11月，抗联第六军政治部主任李兆麟率100人袭击神树日本关东军兵营，击毙其指导官森升。

12月，赵尚志率抗联第三军骑兵队500余人到达铁骊，与六师及一师先遣队会师，向海伦西征。

抗联第五军一师在关书范带领下挺进松花江以北，在铁骊、庆城、通河等地开展游击活动。

是年，抗联第三军二师七团团长张连科率60余人，在马鞍山一带与日本关东军作战。

1937年

按伪满文教部训令，铁骊各学校开设日语课，强制学生学习日语。

曹丹忱开设"文光诊所"，为境内首家西医诊所。

1938年

4月6日，抗联第三军二师七团团长张连科及14名战士，在马鞍山附近与日伪军警联合讨伐队激战中为国捐躯。

秋末冬初，抗联第三军警卫团政治部主任朴吉松率30余名战士，夜袭铁骊二屯（今工农乡胜利村）伪保甲所，缴获长枪8支。

1939年

4月，设日本青少年铁骊训练所，所长原日军少将高桥要一。年内，训练义勇队员2 876人。

6月，抗联第三路军龙南部队在铁骊鱼眼泡战斗中，击毙伪绥化警察队50名，缴获长短枪50余支。

是年，伪县公署将呼兰河沿岸40余户居民强行并入二屯，拆毁房屋90余间，并将二道河子一农户5间草房烧毁。

境内设立日本开拓团15个，有日本开拓民2 996人，霸占耕地8万余亩。

1940年

2月12日，高继贤、朴吉松率抗联第三路军龙南部队在铁骊北依吉密河夜袭日伪军联合部队，毙敌70余人。

2月15日，抗联第三路军龙南部队在小依吉密河与日伪军激战，击毙日军20余名，伪军30余名。

3月3日，抗联第三路军一师师长周庶范率部在北关门嘴子同日本关东军守备队、伪军警联合"讨伐队"交战，歼敌10余人。

5月3日，抗联第三路军十二支队在铁骊南八里川伏击日本移民团，歼灭日军20余名，缴获马39匹。

5月20日，抗联第三路军第六支队袭击圣浪车站，歼敌30余名，缴枪30余支，现款9 000元。

6月1日，高继贤率抗联第三路军六支队43人，夜袭铁骊县日军守备队和伪警察武装，毙敌70人，缴轻机枪1挺，步枪15支。

是年，抗联赵尚志部36名战士，夜袭横太山日本开拓团（现卫国乡杨德仲屯），缴获一批武器、弹药和马匹，烧毁了油库。

1941年

10月下旬，抗联十二支队长朴吉松，率20余名队员与六支队张光迪队伍汇合，在铁骊南部山区群众中开展抗日救国宣传工作。

冬，抗联第三军六支队十六大队长隋德胜，在凌云山与日军作战光荣牺牲。

12月，日军5县军警联合"讨伐队"在燕窝山与抗联交战，逮捕抗联3名朝鲜族女战士。

1942年

3月1日（农历正月十五），抗联第九支队长孙国栋率20余人，与神树森林警察队在石长北沟交战，击毙伪警察2人，缴获轻机枪1挺。

5月19日至22日，朴吉松和孙国栋率45人袭击桃山、王杨车站伪铁路警护分团驻所及伪警察分所。

伪铁骊县警务科与日本宪兵队联合逮捕铁骊地区抗日积极分子王树声等26人，6月16日将13人押送哈尔滨检察厅判刑。

10月，中共北满省委书记金策在庆城南山召开抗联第三路军龙南部队干部会议，决定将50余人统一编成3个小队。于天放小队在海伦、绥棱活动，朴吉松小队在铁骊、庆城活动，张瑞麟小队在巴彦、木兰、东兴活动。不久，朴吉松在庆城县福合隆村被捕，于1943年8月在北安被害。

1943年

2月25日，抗联第三路军指挥部留守人员，在铁骊县640高地与日"讨伐队"交战。

春，日本关东军在黄大窝棚（现东方红村）修建军用飞机场，占地25平方公里。

7月，抗联马克政部队在神树埋汰沟子与第九支队汇合，向绥棱方向转移。

1944年

是年，抗联战士20余人袭击了日本关东军黄大窝棚飞机场。

1945年

8月15日，日本无条件投降，铁骊人民奔走相告，举行群众大会欢庆胜利，搭建牌楼，张灯结彩，连续庆祝3日。

8月22日，苏联红军小分队一行3人在马鞍山着陆，迫使铁骊日本守备队全部缴械投降。

9月26日，中共党员马三省和革命群众张增录，被伪神树保安队杀害于神树铁路西大桥。

1946年

1月15日，成立铁骊特别区，何佩林任区长。

2月5日，撤销铁骊特别区，成立县佐办事处，辖铁骊、田升、神树3个区。李大光任县佐。

2月至3月，为建立巩固的东北根据地，党中央从山东胶东根据地选派700名地方干部参加北满剿匪建政斗争。徐柏生于2月6日到达，任铁骊特别行政区（也叫中心区）政委。唐光裕、孙兆鸿随即先后到达。

3月6日晚，徐柏生、唐光裕、孙兆鸿3名党员秘密组建中共铁骊第一个支部。

3月中旬，改庆安县大队第四连为铁骊县大队，改庆安县公安四分局为铁骊公安科。徐柏生率县大队十余轻骑追杀"黑龙"（于振江）、"五洲"（王忠清）百余名土匪，由后黎家追击到庆安河北，初战告捷。

5月，刘先、原野、吴国天等被派到铁骊，筹建地方民主政权和地方党组织。

6月5日，庆（安）、铁（骊）分县，恢复铁骊县制。

6月14日，县大队在徐柏生政委指挥下，出击聚集在杨德仲屯的土匪，击毙匪首"黑龙"及机枪正副射手等土匪7名，击伤6名，生擒1名，缴获马19匹、步枪7支、轻机枪梭子2个。

6月7日，铁骊县政府成立，原野任县长。

1947年

2月4日，黑嫩省政府成立。铁骊县隶属黑嫩省北安专属；中共铁骊县工委归中共西满分局第一地委领导。5月，铁骊县归黑嫩省第三专署管辖。9月16日，恢复黑龙江省原建制，铁骊县由省直辖。

6月下旬，全县开展"大生产运动"。农业扩大播种面积2 600垧，工业大力兴办公营企业。在日伪遗留企业基础上，新建利民油坊、胜利米厂、解放炼油厂、神树煤矿、大众车铺、共同皮业社、军属被服厂等。

10月下旬，为贯彻落实《中国土地法大纲》，全县开始平分土地。运动排除土匪骚扰，到12月初全面铺开。

为解决战勤急需木材，县政府组织采运大队开赴鹿鸣沟，采运木材5万立方米。

全歼境内"五洲""黑龙"两股顽匪，匪首"五洲"（王忠清）在庆安县被处决，剿匪斗争胜利结束。

铁骊县动员60人、25副担架、13台大车组成首批担架队，随军参加辽沈战役。

省政府在铁骊建立荣军疗养院，先后接待解放战争和抗美援朝战争中致残人员2 200人。荣院于1954年10月迁往绥化。

1948年

年初，根据党中央和东北局的部署，结合土地改革，开展"三查"（查阶级、查思想、查作风）、"三整"（整顿组织、整顿思想、整顿作风）的整党运动。目的主要是解决党的地方组织，特别是农村基层组织中存在的组织不纯和作风不纯问题。全县有13名党员被清除出党。

2月，铁骊县派出由150人、17副担架、10台大车组成的第二批担架队，随军参加解放彰武、昌图、大榆树、四平等战役。

3月，铁骊县政府发放房地执照，确认翻身解放农民的房屋土地所有权。

田升区潘家岗村黄殿卿办起了全县第一个农业生产互助组。

8月中旬，县委召开公开建党大会。中共铁骊县工作委员会改为中共铁骊县委员会。

1949年

3月，县委书记刘先、县长原野、吴国天（代县长）等20余名县委、县政府干部奉调南下，支援新区建设。

4月1日，黑龙江省委任命贾樟为铁骊县委书记。

7月，铁骊县民主政府改称铁骊县人民政府。

1950年

2月，中共铁骊县委设纪律检查委员会，唐光裕兼书记。

3月，召开新民主主义青年团铁骊县第一次代表大会。

5月22日，召开全县第一届体育运动大会。

是月，设铁骊县人民检察署。

6月，铁骊县派出60人、10副担架组成的第三批担架队，随东北军区炮兵一师开赴朝鲜战场，于1951年9月载誉而归。

8月15日，车麟镐在朝鲜战场坚守384.2高地战斗中牺牲。朝鲜民主主义人民共和国最高人民会议常务委员会决定，授予他朝鲜民主主义人民共和国英雄称号。中华人民共和国民政部追认他为革命烈士。

11月，开展抗美援朝运动。全县报名参军的167人，捐献炒面1.65万斤、猪肉3万斤、草垫子500个。

1951年

6月23日，中共黑龙江省委转发东北局《关于开展捐献飞机大炮运动的指示》。指示要求职工一般3万至4万人、农民25万至30万人捐献一架战斗机；工商业者可多捐一些，但不要影响经营积极性。到年底，全县共捐献东北流通券567 223 369元。

10月1日，县发电厂建成投产，总装机容量为75千瓦。

10月15日，全县机关、企事业单位开展"反贪污、反浪费、反官僚主义"的"三反"运动。

11月，黑龙江省副省长于天放来铁骊视察工作。

是年，按照国家颁发的"城市户口管理暂行条例"，在全县范围内建立户口管理制度。

1952年

1月，田升区潘家岗村在黄殿卿互助组基础上，试办起全县第一个农业生产合作社。

2月上旬，全县开展"反对行贿，反对偷税漏税，反对盗骗国家财产，反对偷工减料和反对盗窃经济情报"的"五反"运动。

3月8至9日，美帝两批4架军机侵入铁骊上空，投下大量带菌昆虫，县委、县政府动员全县群众紧急行动，用扫帚扑打，用谷草焚烧，消灭了美军投下的带菌生物。

6月28日，弓日均任中共铁骊县委代理书记。

1953年

5月15日，成立铁骊县选举委员会，开始全民普选工作。

7月1日，进行第一次人口普查，全县总人口88 017人。

11月2日，全县实行粮食统购统销政策，使用国家和省制发的粮票。

11月15日，黑龙江省人民政府第二副主席于杰来铁骊视察工作。

1954年

3月27日，召开铁骊县首届人民代表大会第一次会议。

10月27日，省人民政府决定，将伊春县第三区管辖的朗乡、小白两镇及英山、广林两村划归铁骊县。

11月2日，弓日均任中共铁骊县委书记。

1955年

9至12月，全县113个临时互助组、265个常年组，组成93个初级农业生产合作社。

10月1日，中国人民解放军农业建设第二师第四团与铁骊国营机械化农场合并，组建黑龙江省铁骊国营"十一"农场。后于1976年改称铁力农场。

1956年

1月，撤销田升、神树、新建3个区公所，全县按地域分设14个小乡。

是月，全县手工业在社会主义改造中组建14个手工业生产合作社。

2月，全县93个初级农业生产合作社组建34个高级农业生产合作社。

3月5日，经国务院批准，黑龙江省设绥化、牡丹江两个专员公署。铁骊县隶属绥化专员公署。

3月20日，召开中共铁骊县第一次代表大会。

9月15日，县委书记弓日均被选为中共八大代表。

铁骊县选派15名能工巧匠赴京参加人民大会堂工程建设。

11月19日，根据国务院（内齐字第207号）文件指示，铁骊县改称铁力县。

铁力林区伐木工人马永顺当选为全国人大代表，赴京参加会议。

1957年

5月18日，根据中央《关于整风运动的指示》，县委成立整风办，全县党政机关及文教、卫生等企事业单位普遍、深入地开展反官僚主义、反主观主义的整风运动。

7月2日，全县开放"农贸市场"，活跃了城乡物资交流。

1958年

1月23日，在文化、教育、卫生等部门开展"反右"斗争。斗争持续到冬季，全县有109人被错划为"右派分子"。

5月18日，县委贯彻中央八届二中全会精神，在全县掀起学习、宣传、贯彻、执行总路线的高潮，提出垧产6 000斤的所谓跃进指标。

8月，马永顺参加全国群英会。

全县掀起群众性的找矿热潮。东部山区群众配合地质部门先后探明铁、煤、铜、锌、石墨等19个矿点。同月，二股和朗乡两处铁矿大兴开采。

掀起全民大炼钢铁的高潮。县委号召全县人民为"钢铁元帅升帐"做贡献，在东岗街小铁路两边建起小土高炉几百座，1959年3月发展成"庆安县钢铁联合厂"。

9月3日，县委在太山乡进行人民公社试点。

9月15日，根据国务院决定，铁力和庆安两县合并为庆安县，原铁力县所在地改为铁力镇。

9月末，松花江专署在神树建立石墨矿。当年建设，当年开采，当年获利200多万元。

12月，根据国家重点建设项目计划，在铁力县兴建林产化工企业——铁力木材干馏厂。

1959年

秋季，全民支援农业，为创造大面积高产田大搞秋翻地，深翻到1尺以下，结果破坏了地力。

是年，罗致焕在全国冬运会上，分别以8′24″和18′36″8的成绩，获男子速滑5 000米和10 000米两项第一名。

1960年

5月，由于自然灾害的影响，粮食奇缺，全县城乡开始推广苞米连棒加工及从苞米叶、白菜根、榆树叶、甜菜渣、麦秆、稻草、豆壳等12种农副产品中提取淀粉的做法，解决人们口粮之不足。

11月15日，县委遵照中央《关于彻底纠正"五风"问题的指示》，在全县纠正共产风、浮夸风、命令风、干部特殊风和瞎指挥风，而以纠正共产风为重点，带动其余四项歪风的纠正。

1961年

3月，中央决定精简职工，压缩城镇人口参加农业生产。铁力成立精简职工、压缩城镇人口办公室，开始进行精简压缩工作。至1962年，全县共精简职工305人，压缩城镇人口8 622人。

9月，中共中央政治局委员、国务院副总理谭震林到朗乡林业局视察两天。

1962年

2月，县委、县政府按照中央关于人民公社"六十条"的规定，在全县农村实行"三级所有、队为基础"，以生产队为核算单位，恢复"三包一奖"的生产责任制，贯彻多劳多得原则，调动了农民的生产积极性。

7月31日，黑龙江省省长李范五到铁力木材干馏厂视察。

10月20日，国务院117次会议决定恢复铁力县制。

1963年

2月24日，罗致焕在日本轻井泽举行的世界速滑锦标赛上，以2′9″2的成绩获1 500米速滑第一名，打破世界纪录，成为我国速滑项目第一个世界冠军。

2月，全县开展"学雷锋、树新风"活动。

11月16日，召开中共铁力县首届代表大会（1962年庆铁分县后重新排届次）。

1964年

3月4日，全县有47名年轻干部下放到工农业生产第一线进行劳动锻炼。其中到工业生产一线的3名，到农业生产一线的44名。

6月5日，全县首批知识青年117名下乡插队，参加农业生产。

1965年

8月20日，铁力县以弓日均为首的300名干部，参加海伦县社会主义教育运动。

12月，全县开展社会主义教育运动，绥化地委派社教工作队进驻铁力县。

1966年

5月8日，中共黑龙江省委召开第544次常委会议，讨论小三线建设。确定伊春、铁力、庆安、巴彦、木兰、通河等地为小三线建设基地。

本月，建立新峰石墨矿。

6月20日，县一中7名教师贴出全县第一张大字报，批判"反动学术权威"，拉开铁力县"文化大革命"的序幕。

本月，何有林任中共铁力县委书记。

1967年

1月初，"公检法"三机关被解散，成立铁力县人民保卫组。

3月29日，成立铁力县"革命造反派联合总部"。在铁力县人民武装部支持下，该组织于4月9日夺取了县委、县人委的党政财文大权。

4月21日，铁力县革命委员会成立，下设办事组、政治部、生产部、武委会等。

1968年

1月20日，中国人民解放军铁力县军事管制小组成立，对"公检法"三机关实行军事管制。

1969年

3月12日，成立中共铁力县革命委员会核心小组，何有林任组长，开始恢复党的组织活动。

7月19日，黑龙江省卫生厅在铁力县召开"全省防病改水现场会"。

9月9日，红旗公社群英大队农民姚长富，在王杨铁道口为救列车拦惊马而英勇牺牲。

1970年

4月1日，伊春市改为伊春地区，实行地市合一，将铁力县由绥化地区划归伊春地区。

7月1日，铁力县共产主义劳动大学成立，集中安置待业知识青年。

9月16日，召开铁力县中共第二次代表大会，何有林任县委书记。

1971年

9月，全县开始声讨、批判林彪的叛国罪行和《五七一工程纪要》。

11月，调整企事业职工和国家工作人员工资，全县有2 164人升级。

12月16日，新峰石墨矿副矿长陈亚轩在神树铁道口抢救列车拦惊马英勇牺牲。

1972年

5月，全县财贸战线开展"一打三反"（打击投机倒把、反政治犯罪、反经济犯罪、反贪污盗窃）运动。

7月24日，县内新增桃山、红旗、卫国3个人民公社。全县人民公社由6个改划为9个。

12月，"华罗庚优选法"小分队到铁力推广"优选法"。

是月，田升公社建国大队第三生产队出土石钺一枚，经有关专家鉴定系原始社会晚期文物，送省博物馆保存。

1973年

8月，撤销铁力县公安机关军事管制小组和县人民保卫部，恢复县公安局和县人民法院。

是年，县农业机械研究所研制的铁力3号糠耙，在全县销售3 200台。

铁力县粮油机械厂试制成功PSP型筛粉机，纳入国家生产计划，开始批量生产。

1974年

4月，全县开展批林批孔运动。

6月，安装50千瓦黑白电视差转发射机。

11月15日，曹震任铁力县委书记兼铁力县革命委员会主任。

12月，县委组织全县农村干部赴山西省昔阳县大寨大队参观，学习大寨大办农业的经验。

1975年

10月，安邦河公路大桥竣工通车。

中共黑龙江省委书记任仲夷视察铁力火柴厂。

是年，全县大豆平均亩产296斤，受到国务院表彰。

1976年

1月25日，《黑龙江日报》报道，1975年铁力县亩产上《纲要》。

2月6日，县委召开铁力县"农业学大寨"群英会。

8月，铁力县机械厂加工、组装的100台12马力手扶拖拉机出厂。

1977年

1月20日，经国务院批准，田升改称双丰。田升镇公社、田升火车站、田升林业局名称随之更改。

是月，全县实现粮豆双上《纲要》。县委副书记罗盛彬参加全国农田基本建设会议作典型发言。

9月，铁（力）双（丰）输变电线路工程建成投入运行。全长19.48公里，耗资64万元。

国家外贸部确定双丰林区为五味子生产基地。

10月，中国科学院资源考察团到铁力县考察农业资源，为本县的农业开发提供了科学资料。

11月2日，县委抽调313名干部组成"基本路线教育工作队"，深入全县城乡74个党支部开展整党整风和领导班子建设工作。

是年，县农业机械研究所研制的ZZS–型水田动力中耕除草机和4G–185型收割机，获伊春地区优秀科技成果奖。

1978年

8月6日，中共铁力县委为在"文化大革命"中被错误批斗的弓日均平反昭雪，恢复名誉。12月25日为弓日均举行了追悼大会。

是月，中共铁力县委、县政府在工人文化宫召开群众大会，为在"文化大革命"中被关押批斗的张广权、徐行等18名干部彻底平反。会上宣读了县委的平反决定，县委书记曹震讲了话。

9月25日，县委为在"文化大革命"中被错抓错判的干部和群众彻底平反，恢复名誉；为被迫害致死的干部和群众平反昭雪；对搞打、砸、抢，残害干部和群众的坏人进行公开处理。

1979年

3月，县委为错划的109名"右派"分子摘帽，落实政策；对188名地主富农分子摘帽，并为其子女改变了成分。

6月10日，林业部部长罗玉川视察双丰林区。

11月3日，中共黑龙江省委书记杨易辰来铁力视察工作。

是年，黑龙江广播电视大学在本县设立电大工作站。1985年改称"黑龙江广播电视大学铁力分校"。

全县11 258名知识青年全部返城。

1980年

2月25日，全县开展以讲文明、讲礼貌、讲卫生、讲秩序、讲道德和心灵美、语言美、行为美、环境美为内容的"五讲""四美"文明礼貌活动。

8月1日，沈阳军区司令员李德生来铁力视察哈伊国防公路建设。

是年，铁力县粮油机械厂研制成功"玉米分级筛"，纳入国家计划生产。

1981年

春季，全县普遍采用地膜覆盖种植蔬菜技术。

5月20日，徐行任铁力县县长。

7月30日，黑龙江省省长陈雷到铁力火柴厂视察。8月2日为桃山古洞题词。

9月，全县集资45万元，安装1 000千瓦彩色电视差转发射机。

是月，中共中央委员、共青团中央第一书记韩英来铁力视察桃山林区。

1982年

2月，县委成立对台（湾）工作领导小组。

4月8日，林业部部长杨钟到铁力木材干馏厂视察。

7月1日，进行第三次人口普查，全县人口359 966人。

是月，铁力木材干馏厂生产的"刺五加片"荣获黑龙江省优质产品奖。

1983年

1月，全县农村实行家庭联产承包责任制。

2月，国家机关、科技、文教、卫生等部门调整工资。全县有1 849人升级。

3月27日，全县开始清理在"文化大革命"中造反起家、帮派思想严重、搞打砸抢的"三种人"。

5月15日，根据国务院"关于政社分设，取消人民公社名称、建立乡（镇）人民政府和经济管理委员会"的指示，全县进行撤社建乡工作。生产大队改称村，生产小队改称村民小组。

5月31日，桃山乡人民政府改为桃山镇。

6月1日，动工兴建铁力县城自来水工程。

8月16日，全县开展严厉打击刑事犯罪活动。

9月28日，国家农牧渔业部副部长张修竹到铁力农场视察。

12月6日，徐行任中共铁力县委书记。

是年，全县国营奇业实行经营承包责任制。

铁力县被国家认定为全国人参基地县。

1984年

1月26日，刘尧林任铁力县政府县长。

是月，经省政府批准，铁力县红旗乡改称王杨乡。

7月17日，县委召开全县知识分子工作会议，通过《改善知识分子工作和生活条件的十条规定》。

是年，铁力县开始采用水稻寒地旱育稀植种植新技术。

1985年

2月8日，铁力县被中共黑龙江省委命名为"农业产值翻番县"。

2月17至18日，国务院总理赵紫阳和全国人大常委会副委员长王任重视察桃山林区。

3月，神树镇石长村挖掘出土一具铜器，经专家鉴定为金代女真人炊具——六錾耳铜锅。由伊春市文管站收藏。

6月，铁力镇供销社收购部收购金代古船形錾铜熨斗一个。由伊春市文管站收藏。

1986年

3月3至6日，省顾问委员会主任陈雷、李敏到朗乡林业局视察，为原北满省委机关驻地遗址题词。

5月3日，黑龙江省委书记孙维本来铁力检查工作。

7月21至22日，县委、县政府召开经济体制改革会议。

8月10日，公安部原部长于桑，省公安厅原厅长、省武警总队司令员颜世勇来铁力视察。于桑为铁力题词。

10月19日，铁力县第一座卫星地面站在北山电视转播台建成。

1987年

6月8日，省人大常委会主任李剑白来铁力视察工作。

10月10日，经省委批准，原伊春市委农工部部长姜言福任铁力县委书记。

1988年

1月27日，联合国儿童基金会驻华办事处代表曼佐尔夫妇，由经贸部宋心鲁陪同到铁力县考察儿童工作。

9月13日，国家民政部批准铁力撤县建市。12月20日，召开铁力市成立大会。

1989年

3月19日，省长邵奇惠、省政府秘书长刘公平等来铁力检查工作。

6月30日，公安局召开警察宋月光追悼会。宋月光是在双丰镇市场执行公务时，被罪犯刺成重伤经抢救无效而牺牲。

7月3日，铁力市曰伊春市代管。

8月15日，中国足球队全体队员来铁力、桃山一线观光旅游。

1990年

3月23日，伊春市委决定商伯成任中共铁力市委委员、常委、书记，姜言福任中共铁力市委副书记、市政府市长候选人，李周护为铁力市人大常委会主任候选人。

5月16日，市委、市政府在年丰乡召开水稻插秧现场会，推广洪淳贵机械插秧技术和金达吉手工插秧技术。

12月15至18日，以苏联乌克兰加盟共和国尼古拉耶夫州"尼顿"科学生产中心副经理列奥尼特为团长的苏联代表团，应铁力市政府邀请来铁力洽谈经济技术协作项目。

1991年

3月20日，省农委、省黄金局、伊春市黄金局、七零七地质队、桃山林业局负责同志来铁力市，研究大安河金矿开采事宜。

10月22日，副省长陈云林到铁力市检查工作。

10月23日，伊春市委决定，免去姜言福铁力市委副书记、市委常委、市长职务，调伊春市总工会工作；于灵彦任铁力市代市长。

1992年

1月30至31日，黑龙江省委书记孙维本、副书记马国良在伊春市委书记王东华陪同下，来铁力市视察工作。

2月13至28日，铁力市委书记商伯成、副市长金宗学等一行15人，应邀赴日本、韩国考察、洽谈项目。

4月10日，铁力市委书记商伯成任黑龙江省委组织部副部长。

7月21日，伊春市委决定李醒峰任铁力市委书记。

1993年

4月3日，铁力市纪律检查委员会和铁力市监察局合署办公。

12月30日，铁力市商城举行开业典礼。

1994年

4月1日，铁力市委七届二次全会提出铁力市今后一个时期经济建设主攻方向，就是要加快发展"种植业、养殖业、建材业、矿产业、森林培育业、林产品加工业、食品加工酿造业和粮食、饲料加工业"等十大产业，进一步优化产业结构，构建区域经济新格局。

5月14日，铁力市商业系统第一家股份制企业铁力市日用工业品秋林股份合作公司成立。

6月4日，省委书记岳岐峰、副书记马国良到铁力视察乡镇企业龙迪木制品有限公司，并看望水稻大王洪淳贵。

8月3日，全国优秀民办教师王杨乡爱林小学教师邵景云赴京领奖，并参加全国"十佳"民办教师评选活动。

8月23日，铁力市委宣传部、团市委、市教委联合授予高鑫同学"见义勇为好少年"荣誉称号。高鑫14岁，是朗乡镇中学初中二年级学生。4月16日下午，2名同学失足落水，情况万分紧急。高鑫勇敢地跳入河中，救出了2名同学。

12月9日，在全省农田水利建设"黑龙杯"竞赛评比中，铁力市被评为一等奖，获得奖金45万元。

1995年

1月14日，铁力市委、市政府在市人民体育场举行"严厉打击刑事犯罪分子大会"，对一批危害极大、后果严重的犯罪分子进行公开宣判。杀人犯庞程鹏等12名罪犯被依法逮捕，苗文江等4名杀人犯被依法判处死刑。

3月31日，桃山镇高明三、张国军等13名种植、养殖大户被黑龙江省和伊春市评为"高产大王"和"高产能手"。

8月2日，铁力市第一家股份制企业铁力市聚乙烯塑料制品厂正式开工生产。

11月21日，铁力市科研成果，"八五"重点科研攻关项目"人参红皮病发病原因及防治措施"在省城哈尔滨通过省级鉴定。

1996年

7月29日，由于大面积集中降水，铁力市爆发历史上罕见特大山洪。

11月8日，双丰木材市场正式加入中国北方木材市场，成为分市场。

1997年

5月1日，铁力二股铅锌矿选矿场举行开工典礼。该选矿场是铁力市五大支柱产业中矿业开发重点建设项目，也是铁力市招商引资主要项目。

12月19日，铁力市首届"十佳公仆"命名表彰大会在政府礼堂召开，授予李焕斗、刘铁顺、刘富等10人为铁力市"十佳公仆"。

1998年

2月25日，铁力市农田水利建设第六次荣获"黑龙杯"竞赛金奖。

5月8日，全市企业产权制度改革动员大会在市政府礼堂召开。

5月22日，铁力市首批爱国主义教育基地命名揭匾仪式在市烈士陵园举行。

10月10日，中国共产党铁力市第八次代表大会在市政府礼堂举行。

1999年

3月14日，铁力市与铁力农场联办首届科普大集开集。

6月16日，铁力市成功参加第十届哈洽会，与国内外客商签订经济技术合作协议20项，总签约额达13 830万元。

6月25日，全市"十佳公仆"命名表彰大会在政府礼堂举行，徐志民、许百令等10人被授予第二届"十佳公仆"称号。

12月31日，市广播电视中心186米电视塔主体工程竣工。该电视塔是当时铁力市最高建筑物。

2000年

1月13日，马永顺追悼大会在铁力林业局职工医院举行。全国劳动模范、林业老英雄马永顺因患突发性心肌梗死，于2000年2月10日逝世，享年87岁。

3月1日，全国人大代表、桃山华农参药集团有限公司董事长高明三赴京参加全国九届人大三次会议。

6月29日，伊春市委决定任命姚立亭为铁力市委书记，孟庆杰为市委副书记。

2001年

1月17日，由黑龙江省宏大智能网络公司组织施工的铁力市上网工程，经过网上测试和实际操作，顺利通过验收正式运行。

1月18日，黑龙江铁力红叶制药有限责任公司正式成立。公司经过"两个置换"成功进行产权制度改革，国有经济全部退出，成为全体员工持股的民营股份制企业。

3月1日，铁力市公安局被国家公安部授予"2000年全国优秀公安局"光荣称号。

6月13日，桃山镇福兴村挖出日军掩埋手榴弹、手雷，成为日军侵华战争又一罪证。

9月26日，林业英雄马永顺纪念碑在二股日月峡国家森林公园落成并举行揭碑仪式。中共中央政治局常委、全国政协主席李瑞环为马永顺纪念碑亲笔题词。

12月27日，黑龙江省省长宋法棠在省政府秘书长滕昭祥、伊春市委书记吴杰凯、代市长李延芝及有关部门领导陪同下，对铁力市"三个代表"重要思想学教活动情况及铁力市悦威牧业公司和金龙实业有限公司进行视察。

2002年

1月9日，全国政协常委、原国家计委副主任郝建秀来铁力视察。

3月18日，经铁力市委、市政府批准，市人武部、公安局巡警大队联合对日伪时期掩埋在桃山镇福兴村附近沉井内的52枚手雷实施引爆。

4月2至3日，由黑龙江省国土资源厅、省地质勘探局专家组成的考察组对朗乡石林进行实地考察，同意将朗乡石林申报为国家级地质遗址保护区。

8月15日，中央电视台"心连心"艺术团来到铁力，在马永顺纪念碑前进行慰问演出。

2003年

8月9日，黑龙江电视台、吉林电视台等7家电视台在铁力市金骊都宾馆召开由黑龙江电视台主办的"2002年东北三省四台广告年会"。

11月1日，体育总局冬季运动管理中心滑雪部部长田有年一行了解日月峡滑雪场建设情况。该滑雪场被国家体育总局确定为2003—2004年度全国大型高山滑雪系列比赛场地和闭幕式会场。

2004年

4月8日，黑龙江省委副书记栗战书到铁力市检查指导工作。

6月21日，国家保密局副局长蔡仁来铁力市检查工作。

12月30日，市中心商城正式运营。市中心商城由正阳购物市场改制而成，面积上万平方米。

2005年

1月16日，省委书记宋法棠在伊春市委书记杨喜军、市长许兆君等领导陪同下，对铁力市畜牧龙头企业建设情况进行视察。

1月23日，铁力市邀请省内30多家新闻媒体和旅行社，在日月峡滑雪场举行铁力市"荣膺中国优秀旅游城市"新闻发布会。

2月1日，省委副书记周同战到铁力市，作保持共产党员先进性教育活动专题报告。

5月21日，国家食品药品监督局认证管理中心专家组一行4人到铁力市，对兴安神力药业平贝母种植基地进行GAP认证现场检查。

9月23日，全国人大代表调研组来到铁市，就农民致富、改革措施落实和税费改革后农业和农村工作面临形势进行专题调研。

2006年

5月10日，《黑龙江日报》《黑龙江经济日报》《农村报》记者到铁力市采访社会主义新农村建设工作。

6月8日，中央三个新闻媒体记者，到市二小学、五中、宏伟社区采访未成年人教育"四自五爱"工程典型经验。

8月13日至14日，国家生态示范区建设验收组在铁力市检查验收生态示范区建设工作。

9月18日，铁力市委书记孟庆杰和多名市委常委，参加烈士纪念园揭幕仪式。

2007年

1月21日，中央督查组在铁力市检查换届工作情况。

8月2日，中国青少年发展基金会、黑龙江省青少年发展基金会领导，视察铁力市希望小学建设情况。

9月16日，国家信访局副局长许杰等一行5人在铁力市调研。铁力市委书记孟庆杰、市委副书记杨国利陪同。

2008年

3月14日，铁力市被黑龙江省人民政府授予省级教育考核先进市称号。

11月3日，铁力区域内8个人参、五味子、平贝种植和种鹿繁育及鹿产品加工基地，被命名挂牌市级北药基地。

2009年

4月1日，我国当代著名艺术家、设计家、策划家、雕塑家文元衍教授，北京大学党委宣传部长赵为民，到铁力市就城市品位建设进行参观指导。

7月7日至9日，国家计生委副主任江帆，由省计生委、伊春市计生委领导陪同，到铁力市视察工作。

7月20日，国家防汛抗旱总指挥部检查组，到铁力市检查防汛工作情况。

7月25日，国家粮食局局长聂振邦，由省粮食局和伊春市林管局领导陪同，到铁力市检查粮食作物种植、仓储等工作情况。

2010年

5月27日，卫生部工作组，到铁力市检查健康教育工作开展情况。

6月6日，铁力区域"1+5"经济社会发展模式论证会在铁力市召开。伊春市委领导出席会议并讲话。省财政厅、省发改委、省旅游委、省委政研室等有关部门领导，东北农大、省委党校、省农业经济研究所、省政府发展研究中心多位专家、教授出席会议并发言。

11月8日，财政部工作组，到铁力市检查指导工作。

2011年

3月31日，以"科学技术普及与现代农业和新农村建设同行"为主题的2011年黑龙江省暨伊春市铁力科普大集在铁力市隆重开幕。省政协、省科协、伊春市领导参加开幕式。

4月12日，黑龙江省委副书记、省长王宪魁，副省长吕维峰、于沙燕等省领导，到铁力市视察调研春耕生产、森林防火等工作。

6月13日，国务院医改办县级医改调研组，到铁力市就医改情况进行调研。

8月6日，黑龙江省省长王宪魁，在省有关部门负责人及伊春市领导陪同下，到铁力市检查指导工作。

9月13日，中纪委、中组部换届风气督导组组长张秀明、副组长赵树斌一行7人，在伊春市委领导陪同下，到铁力市检查指导换届工作。

10月17日，河南洛阳钼产业园区企业家一行6人，在伊春市工信委负责人陪同下，到铁力市进行投资考察。

2012年

2月11日，黑龙江省电视台经济频道记者，深入到葵花药业集团（伊春）有限公司进行全面采访。

2月18日，中铁资源集团伊春鹿鸣钼铁冶炼项目专家组到铁力市产业园区，就钼铁冶炼厂建厂事宜进行考察洽谈。

3月1日，中央电视台《歌声与微笑》栏目组，到铁力市就铁力市业余声乐团即将参加相关节目录制进行审核。

4月9日，黑龙江省委书记吉炳轩，在省有关部门和伊春市领导陪同下，到铁力市视察工作。

5月12日，黑龙江省委副书记、省长王宪魁，在省政府秘书长李海涛和有关部门以及伊春市领导陪同下，到铁力市视察工业园区。

9月6日，新华社黑龙江分社副总编孙英威率新华社黑龙江分社记者，到铁力市就资源型城市经济转型和保障房建设情况进行采访。

9月28日，韩国驻沈阳领事馆总领事赵佰向一行，在伊春市副市长李龙吉陪同下到铁力市参观考察。

12月3日，江苏扬州根源光热科技公司董事长高永贵一行，到铁力市就平板真空玻璃生产加工项目建设情况进行对接。

2013年

3月23日，江苏扬州根源光热科技公司董事长高永贵一行，到铁力市就拟建路灯组装分公司事宜进行洽谈。

同日，北味集团公司董事长齐振东一行，在伊春市农委副主任陶明新的陪同下，到铁力市进行参观考察。

12月6日，由人民日报社黑龙江分社社长郑少忠带队的人民日报社黑龙江分社与黑龙江省工信委联合调研采访组一行，深入到铁力工业园区进行调研采访。

2014年

4月18日，多元亚洲水务有限公司董事长郭文华一行，到铁力市参观考察，与铁力市领导签订了铁力市城区供水补充协议。

24日，北京佳龙集团副总经理黄桂芬、田德富一行，到铁力工业园区考察洽谈。

6月4日，蒙牛乳业集团到铁力市回访最美乡村教师仲威平，并举行捐赠仪式。

8月14日，第十一届全国中学生排球锦标赛，在铁力市举行。中国中学生体育协会专职副主席王刚，中国中学生体育协会排球分会常务副主席王慧波出席开幕式。

2015年

5月5日，铁力市委召开党政干部会议，宣布黑龙江省委关于张泱同志不再担任铁力市委书记，王立奇同志任伊春市委常委、铁力市委书记的决定。

5月21日，北京佳龙集团，到铁力市考察投资项目建设进展情况。

6月17日，黑龙江省委书记王宪魁，在省委秘书长李海涛和伊春市领导陪同下，深入到铁力工业园区进行调研。

8月20日，香港和北京客商到铁力市参观考察。

8月27日，阿里巴巴北方大区经理赵亮及新浪黑龙江首席执行官褚汐雯一行，到铁力市考察调研电子商务发展情况。

10月27日，北京泰富集团客商，到铁力市考察洽谈项目。

11月30日，台湾、承德客商，到铁力市考察洽谈项目。

12月4日，北京中油瑞飞信息技术有限公司，到铁力市洽谈投资事宜。

12月17日，北京长城公司客商，到铁力市考察洽谈项目。

2016年

5月4日，中国铁路总公司第三设计院项目组王汉平一行，到铁力市对接哈佳电气化铁路改造升级等事宜。

5月18日，新华社黑龙江分社社长李凤双一行，到铁力市就"林区工业林外发展"工作进行调研。

6月6日，中国国际工程咨询公司社会事业部主任汪洋一行，到铁力市就伊春市铁力城区老工业区搬迁改造方案编制事宜进行研讨。

7月11日，中国网库集团副总裁贾宝英一行，到铁力市考察落地农产品产业带项目。

7月16日至17日，中南集团董事局主席陈锦石一行，到铁力市考察北药种植、旅游产业情况。

9月19日，国家电投黑龙江分公司经理王国力一行，到铁力市考察新能源投资情况。

同日，中国普天公司副总裁王治义一行，到铁力市考察投资情况。

12月3日，葵花药业总裁关彦斌一行，到伊春市考察调研。

后 记

　　《铁力市革命老区发展史》是根据黑龙江省老区建设促进会转发中国老区建设促进会〔2017〕15号文件精神，在铁力市委、市政府的领导下，由铁力市老区建设促进会组织编写的。

　　本书编写坚持以马列主义、毛泽东思想、邓小平理论、"三个代表"重要思想、科学发展观和习近平新时代中国特色社会主义思想为指导，坚持以《中共中央关于建国以来党的若干历史问题的决议》和党的十一届三中全会以来的路线、方针、政策，特别是党的十九大精神为依据，坚持辩证唯物主义和历史唯物主义的观点，遵循实事求是、以史为据的原则，客观、真实地反映在党的领导下，铁力老区人民发扬革命精神，进行新民主主义革命、社会主义革命和建设、改革开放和为夺取新时代中国特色社会主义伟大胜利、实现中华民族伟大复兴的中国梦而不懈奋斗的光辉历程。

　　在编写方面，本书按照李吉光同志的观点，在内容编排上采用编年体与纪事体相结合、以编年体为主的体例，在事与人的关系上采用以事带人的体例，在记叙方式上采用以叙为主、叙论结合的体例。对于全书的结构布局，参考了《雅安革命老区发展史》编纂提纲的内容安排和篇目设定。

　　本书的编写由郭春光、马东升负责，王守勤、栾耀华、徐力雅主持编写和修改，高宽负责协调有关部门和单位。以上领导同志都分别阅读了书稿。执笔编写人员为姚玉明、潘作成，姚玉明编写第一至六章和序言，潘作成编写第七至九章和大事记、后记。

　　本书许多重要史料取材于2017年9月出版的《中共铁力地方史》（黑龙江人民出版社）和《铁力抗日斗争史录·邹本东著》（黑龙江人民出版社），使用了由铁力市老区建设促进会、档案局、文化旅游局、工信局、北药办、铁力市工业园区等部门和单位提供的资料和图片。在此一并表示感谢。

编者

2018年8月